人物叢書

新装版

橘守部

たちばなもりべ

鈴木暎一

日本歴史学会編集

吉川弘文館

橘　守部肖像（東京都大田区　橘文二氏蔵）

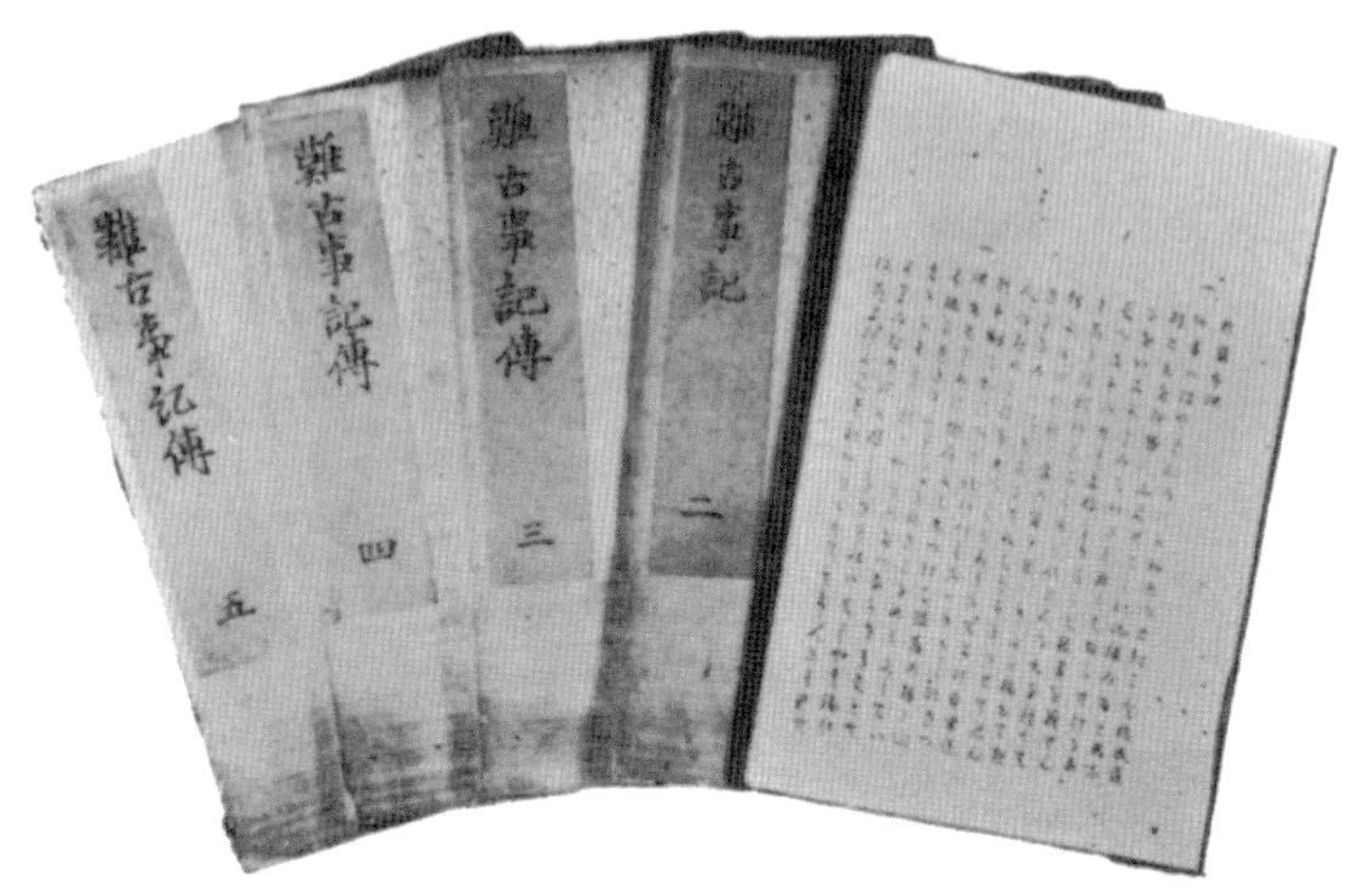

橘守部自筆定稿本『難古事記伝』（慶応義塾大学付属研究所斯道文庫蔵）
（本文 221 ページ参照）

橘守部筆牽牛花自画賛（東京都墨田区　長命寺蔵）

はしがき

〝天保の四大人〟の一人に数えられる橘守部は、本居宣長以後の国学界が、ほとんどその鈴屋の学派によって風靡されていた大勢に反抗し、宣長と異なる一家の学を確立することに努めた学者として、国学史上に異彩を放っている。

事実、守部の遺した各種の業績、なかんずく『記・紀』『万葉集』の注釈的研究や古歌・古文の修辞学的研究などには、佐佐木信綱氏以来多くの研究者によって指摘されているごとく、創見に富む学説がちりばめられており、守部の曾孫橘純一氏の編纂によって大正十年に発刊された『橘守部全集』一三巻が、昭和四十二年、「補巻」一巻を加えて再刊の運びとなったのも、守部の学説に対する関心が今日なおかなり高いことを裏付けているようである。

守部はまた、その独特の学説を唱えて桐生・足利をはじめ各地に勢力を拡げたが、門人には機業家・豪農といった民間有力者が多かったから、地方庶民文化の発展と国学普及との関係を知るうえで重要な手がかりを与えてくれる人物でもある。

この守部については、橘純一氏による『全集』首巻所載の「解題」ならびに「小伝」、太田善麿氏が昭和十九年『国学大系第十四巻橘守部集』の巻頭に執筆された「解説」、高井浩氏がここ十数年来続けてこられた両毛国学発達史の研究などにより、その学問と伝記上の事実について多くのことが解明されてきた。

しかし、独学と称せられる学統の問題、古典研究に対する基本姿勢、守部学の精髄と自負する「古道」の内容といった、まだ検討の余地の残されている面も多く、そのためか、守部が生涯の間に閲した学問上の深化や思想上の発展ないし変化の過程を、その生きた時代との関連においてあとづけようとするいわば全体的な考察は、これまであまり行われなかったように思われる。

小著では、こうした点を考慮するとともに、未刊の稿本や埋もれていた書簡類についても諸所に赴いて採訪し、つとめて守部の経歴と業績とを正しく描き出すように心懸けたつもりであるが、もとより生来の菲才に加えて浅学の身、どこまでその意図が達せられたかは、かえりみてはなはだ心もとない。気づかぬ不備、思わぬ誤謬も少なくないであろうから、これらは博雅のご叱正を仰ぎ、後日訂正の機会をもちたいと切望している。

人物叢書の一冊としてこの稿を草するについては、尾藤正英先生の特別のご配慮をいただき、また伊東多三郎・瀬谷義彦両先生の温かいご指導に負うところが大きい。それにもかかわらず恩沢を被ることのみ分にすぎ、遅々として学の進まないことを反省すると、内心まことに忸怩たるものがある。

なお、慶応義塾大学付属研究所斯道文庫、静嘉堂文庫、および天理図書館の方々は、文献の閲覧にさいしいろいろと便宜をはかってくださったが、静嘉堂文庫の丸山季夫氏からは文献の所在についても有益なご教示にあずかった。守部の故郷伊勢を訪れた折、地元の飯田宣雄・後藤慶生・伊藤信夫・阪本幸男の各氏から受けたご好意も忘れがたい。橘家の当主文二氏、長命寺の住職小林昭延氏にも何かとご厄介をかけてしまった。

この拙い一書がともかくも世に出るにいたったのは、ひとえにこれら各位のご懇情と、先学諸賢のご学恩の賜ものであって、本書の性質上そのつど詳しく断わらなかった場合もあるが、ここにそのことを明記し深謝の意を表したい。

昭和四十六年七月

鈴木暎一

目次

はしがき

第一　少年時代 …… 一

一　生　誕 …… 一

二　一家離散 …… 八

第二　江戸出府 …… 一六

一　芝新銭座の生活 …… 一六

二　八丁堀の生活 …… 二三

三　泊洦舎に学ぶ …… 二九

第三　幸手時代 …… 三九

一　蓬壺のあるじ …… 三九

二　著作活動の開始……四七
三　神典研究の端緒……五八
四　桐生・足利門人との交渉……六六
第四　江戸進出と学問の進捗……七九
一　転居と『山彦冊子』の出版……七九
二　『山彦冊子』の意義と反響……九五
三　『三撰格』の成立……一一九
第五　社会不安の中の著作活動……一三三
一　社会観の変化……一三三
二　神典研究の推進……一七六
三　門人の支援と著書の刊行……一九三
第六　守部学の熟成と晩年の生活……二〇六
一　神典解釈法の確立……二〇六

二　古典研究の内容と成果……二三七
三　晩年と終焉……二五九
略　系　図……二七八
略　年　譜……二七九
守部門人の分布概況……二九二
主要参考文献……二九三

口絵

橘守部肖像……巻頭
橘守部自筆定稿本『難古事記伝』……巻頭
橘守部筆　牽牛花自画賛……巻頭

挿図

「橘守部翁生誕之地」の石碑……二
浜子筆『橘の昔語』の複製本……三
父飯田長十郎元親の墓……一五
『莵翁歌話』……二〇・二一
清水浜臣肖像……二三
『穿履集』(自筆)……二四・二五
橘守部翁遺蹟碑……四〇
本居宣長肖像……四九
橘守部の津田正生宛書簡……五九
『神道弁』の稿本(自筆)……六二
『讃江戸歌』の石摺本……七一
『山彦冊子』の版本……九九

伴信友肖像……一〇七
『天保十二年改 毎春年頭書翰名前大略』(自筆)……一一〇
平田篤胤肖像……一一三
『長歌撰格』の巻下草稿本(自筆)……一三四
獅子印と「池庵」印……一六五
『三大道弁』(自筆)……一七〇
『温源録』の稿本(自筆)……一七六・一七七
「擬難陳三十番歌合」……二〇〇・二〇一
『稜威道別』上木伺いの書付……二〇九
『稜威道別第一稿総論』(自筆)……二一七
『記伝慨言』の稿本(自筆)……二三一
『稜威言別』の版本……二四一
『万葉集緊要』の板木……二四六
橘守部の色川三中宛書簡……二六〇・二六一
橘守部自筆の書道手本……二六三
橘守部愛用の硯と上蓋の自筆「鑑識」……二六四
橘冬照の色川三中宛書簡……二七四・二七五
橘守部の墓……二七六

第一　少年時代

一　生誕

生誕の地

近鉄名古屋線の桑名駅と四日市駅との間に、伊勢朝日駅がある。ここで電車を降り駅のすぐ北側を通っている県道（旧東海道）を西南方向に七町ほど行くと、左手に八〇坪ばかりの空地が目にはいる。現在、三重県三重郡朝日町小向(おぶけ)九一二番地に当るこの空地が橘守部生誕の地であり、幼少期を過ごした屋敷の跡である。

「橘守部翁生誕之地」の石碑

この屋敷跡と程遠からぬところに朝日町役場があり、役場の入口には「橘守部翁生誕之地」と刻まれた石碑が、枝ぶりのよい松に包まれるようにしてひっそりと立っている。この石碑は地元の飯田源兵衛氏が昭和二十七年（一九五二）九月、佐佐木信綱氏に揮毫を依頼して建てたもので、「橘守部翁生誕之地」と大書した左右両側にはやはり佐佐木氏の筆で「くちせぬ名を国つ学(まなび)の道のとに残せる大人(うし)はこの里ぞ生みし」と詞書し、

時じくのかぐのこのみのかぐはしきたかき名仰がむ八千とせ後も

の歌一首も刻まれている。

生誕

父は飯田長十郎元親

母は楠与左衛門守忠の妹

橘守部は、天明元年（一七八一）四月八日、飯田長十郎元親という者の長男として伊勢国朝明郡小向村に生まれ、幼名を旭敬、のち吉弥、元服後は元輔と称した。生地小向村は桑名より約一里、四日市へ向かう東海道沿いに細長く開けた農村で、生家は守部出生当時、「大荘（庄）屋格」待遇を与えられていた、この地方の由緒ある素封家であった。母は同国桑名郡萱町新田村（現桑名市）の郷長、楠与左衛門守忠の妹というだけで名は伝わらない。守部にはすでに七歳の町子と四歳の富子という二人の姉があった。年表を繰ってみるとこの年、松坂の本居宣長は五十二歳、ちょうど『古事記伝』中巻の執筆に着手したとこ

「橘守部翁生誕之地」の石碑

『橘の昔語』

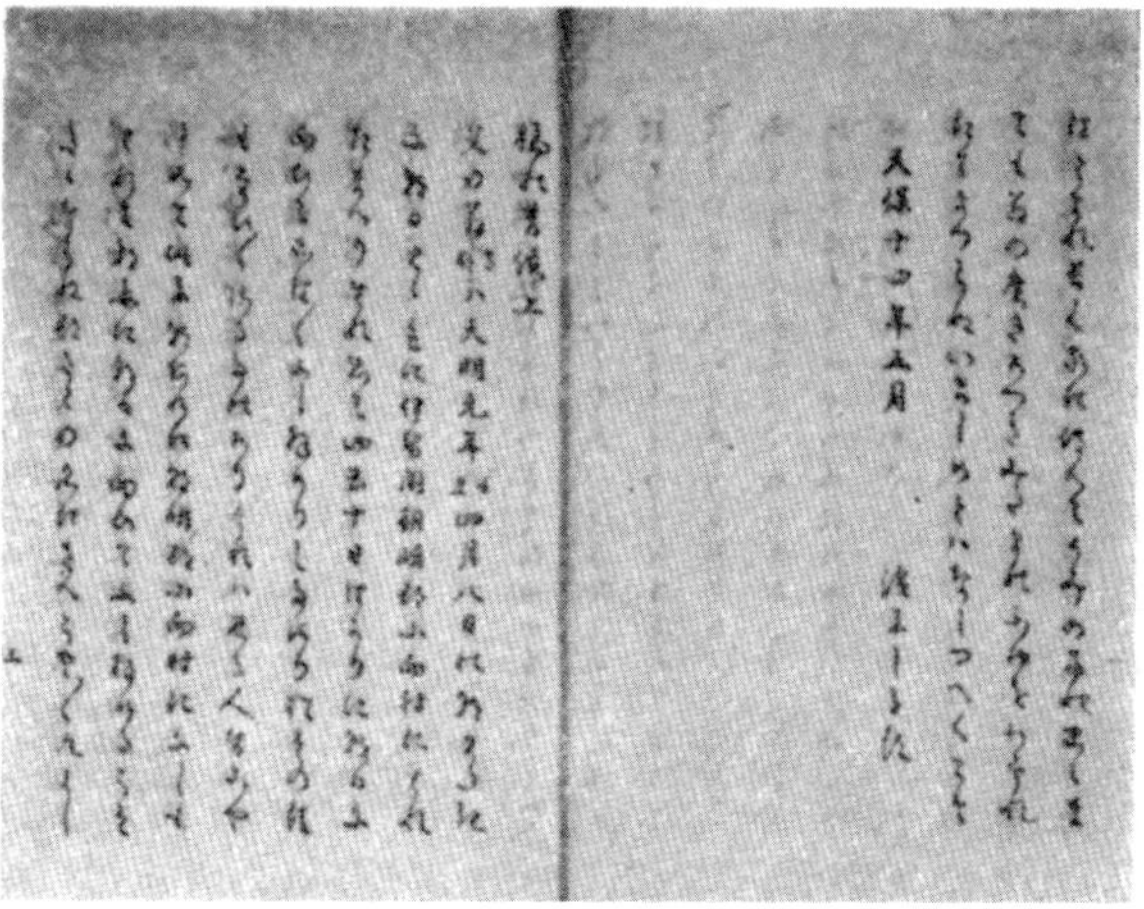

浜子筆『橘の昔語』複製本（『贈位記念橘守部伝記資料』所収）

ろであり、伴信友は九歳、平田篤胤は六歳になっていたはずである。

守部の生い立ちから青年時代までの閲歴は、さいわい天保十四年（一八四三）五月に成った『橘の昔語』によっておおよそ知ることができる。『橘の昔語』は、娘の浜子（当時二十七歳）が「父の子として父の事をしらで止べきならじとて、年ごろいせにも問あはせ、又翁にもをりをり承りて、すこしは記しおきつるに、今年は伊勢よりもとむる人のこれかれありければ、更にこゝかしこにとひさだめて、一わたりしるして、わかつになん。」と書き綴った小冊子であり、『橘守部全集』第十二にも収載されている。ただ、「生れ出て四‐五十日ばかりに、朝日に向ひてしばしふし拝めりしことあり。……父もこれをふかくあやしみて、幼名を旭(アサ)敬(キャ)とおふせかへられたり。」などとあるように、浜子の顕彰的な執筆動機からみて厳密な意味での伝記資料とはいい難い面もあるが、すでに還暦を過ぎ国学者として大成した六十三歳の守部が、青少年時代をどのような意識で回顧していたかを窺いうる点で、かえって興味深いものともいえるのである。以下しばらく主としてこの『橘の昔語』（『昔語』と略称）に依りながら、守部の成長のあとをたどってみることとしたい。

家系

北畠具教

飯田角兵衛

守部の語るところによれば、その家系は北畠親房（一二九三―一三五四）に発し、伊勢の国司で戦国期の武将北畠具教(とものり)（一五二八―七六）を経て、近世初頭の飯田角兵衛なる者の時には一時加藤清正（一五六二―一六一一）に仕え、武勇の誉を高くしたこともあった、という（高井浩氏「桐生吉田家所伝史料による橘守部伝の補正―幸手時代まで―」『群馬文化』一二五号）。

飯田半兵衛

この飯田角兵衛は、『加藤清正侍帳』（『続群書類従』第二十五輯上所収）にみえる「飯田覚兵衛」と同一人ではないかと考えられ、それによれば食禄四五〇〇石余、与力一四人を率いる有力な武士であった。ところで、北畠から飯田への接点に位置する人物として、飯田半兵衛なる者が注目される。半兵衛は、北畠具教から伊勢国司の地位を譲られた具教の養子織田信雄

（信長の次子。一五五八—一六三〇）に仕えた老臣であって、『織田信雄家士分限』（写本。茨城県筑波郡、長嶋家蔵）では南伊勢を中心に二九〇〇貫文余を与えられ、しかも天正年間（一五七三—九一）、徳川家康がたびたび書状をこの半兵衛に送っているところから察し（中村孝也氏著『徳川家康文書の研究 拾遺集』）、戦国末期の禍乱中、信雄の信望を担って家康との交渉に当っていた人物のようである。半兵衛と覚兵衛との関係は不明のことに属するが、年代から推して覚兵衛が半兵衛の子もしくは孫と想定してみるなら、天正十二年に信雄が改易されてから肥後に下って加藤家に仕え、加藤家また改易ののち、覚兵衛もしくはその子孫が、故郷の地伊勢に戻って土着したのであろうか。

系譜上の誇り

いずれにせよ、右のような点を考慮すれば、飯田氏が北畠氏を祖と仰ぐにいたったたいきさつも、比較的よく説明がつくように思われる。伊勢には、国司北畠氏に従っていたいわゆる国衆の土着した経歴をもつ旧家が多かったから、飯田氏もそうした旧家の一つとみてよいのであろう。松坂の木綿問屋小津家に生まれた宣長が、血縁的には無関係で家系上の祖先であるにすぎない本居姓を名乗ったのは、本居氏が代々北畠氏に仕えた由緒ある武門の家柄だったからであって、守部の場合も、このような系譜上の誇りが、古典研究の情熱を喚起する内面的源泉の一つとなっていたにちがいない。著書などに「北畠源守部」の署名が散見するのは、このよき証左となしえよう。なお守部が、母方の楠氏に対しても父方同様強い自負の念を抱いていたことは、またのちに述べる機会がある。

「北畠源守部」

角(覚)兵衛の子孫がいつから小向(おぶけ)村に住んだかはわからないが、父元親の二―三代前から家運はなぜか衰退に向かって地所を失うことが多く、従来守り伝えた「郷士」の名さえ削られて、元親の代には近郷の亀崎・金井・大鐘といった村々の「大荘屋格」を与えられるにすぎなくなっていた。それでも、繁った竹藪をめぐらした生家にはなお三―四棟の土蔵が立ち、乳母と奉公人数人を抱えていたというから、傾いたとはいえまだ活計に心煩わされるようなことはなかったのであろう。とすれば、今の空地となっている八〇坪だけではいかにも狭すぎるから、ここを含めてもとの屋敷はもっと広かったと考えられる。

家庭内の不和

ところが、はやくも守部出生の翌天明二年、家庭内の不和から「婦徳をそなへ貞操たぐひなき人」といわれる母親が家を去り実家へ帰ってしまうという、まことに不幸な出来事が起こった。しばらくは母の帰りを待ちわびていた姉弟であったが、豪放で直情家だったらしい元親はこれを許さず、一年ばかりも経て長櫃などが運び出されるにいたっては、事態の深刻さに幼い心も千々に乱れたことであろう。長女町子は弟妹の手を引きながら「こたび何の罪もなきに出し給へるぞ聞えがたき。此三人の子どもをいとほしとおぼさば、今三人のねぎ事をいれてかへさせ給ひてよ」と、たびたび父に哀訴したものの聞きいれられず、悲歎にくれて自害を企てたことがあった。そのときとびかかって姉の懐剣をとりおさえたのが幼い守部であった、と伝えられている。結局守部三歳の年、母は離縁となった。まもなく町子は、「父の恩の深き事は申すもさらなれど、母の行末おぼつかなかりければ、われはよわき方につきてたすけ奉らん。二人の者は父君によく仕へ奉れとて」母の許へ去ったが、母のあとにはただちに後妻が家に入り、妾も同居していたというから家庭内はかなり複雑であったと察せられる。しかし守部は、伯母や乳母の親身の養育によってつつがなく少年期を迎えた。

母離縁される

『昔語』によれば、六－七歳のころ飯田吉弥と公称して父の職務を一部分担し、居村小向村の「一村名主」になったという（桑名藩では名主でなく庄屋といったはずであるが、ここに「名主」とした理由は明らかでない）。とはいえ、この歳の少年に村政を行えたわけはなく、後にも述べるように、実際には従兄の杉浦信英なる

「一村名主」となる

杉浦信英

者が父の職務を助けていたらしいので、守部の就職は事実としても名目上のことと考えられる。『昔語』の中には、継母や妾に対してもよく孝養を尽くし、村人にも恩眷（おんけん）を施して信望をえた報告などもあるから、早熟かつ利発な少年として成長していったのであろう。八歳にして家から一四町ほど離れた隣村の金光寺（朝日町大字縄生に現存）へ手習いに通い始めたが、筆のさばきは抜群で師匠の特別の勧奨を受けていたにもかかわらず、最初の七文字を習っただけで中止のやむなきにいたった。この時分から家に凶事がうち続き、送り迎えする者がいなくなったからである、という。

金光寺に手習いに通う

二　一家離散

一家潰滅の悲劇は意外に早く到来した。『昔語』はこれを寛政四年（一七九二）のこととし、その理由を次のように説明している。

寛政四年に一家潰滅

此ほど世の大かた人は父君の短慮ゆゑに、あたら御家亡びたりといひあへれど、然（しか）のみにはあらざりき。はやく安永の九年に家を造り改めけるに、其材の中に神木のまじりてありけるをしらで造りたれば、そのたゝりなりりき。もとより父は真心にていさゝかも曲らざる人なりければ、若き時より軍学兵法をこのみて、ますらたけ雄なりければ、領主の曲りたるをいたく怒りて糺し過せりし事あり。これも百姓をいたはりての事なりけれど、偏執の念さりあへず。又あやにくに其比ほひ同領の民ども一揆をおこせし事たび〳〵に及びければ、健き人の常としてあらぬ疑ひをうけて、終に無実の罪におとし入られ給ひしにぞ有ける。猶それもかれも、もとは皆かの神木の祟りよりおこれりしまが事なりしぞかし。

元親、一揆加担の嫌疑を受ける

一家潰滅の原因を「神木の祟り」に帰し、終生これを信じて疑わなかったことは、後年の守部の心状からも十分推察できるのであるが、ここではその主観的判断とは別に、元親が領主の曲矯を糺断し、また一揆加担の嫌疑を受け、ついに罪に問われたとする記述の方に注目してみたい。

封建制度の危機が進行する

いったい守部が幼少期を過ごした天明・寛政期（一七八一―一八〇〇）頃は、幕藩制社会の存立の経済的基盤が大きく揺らいで、社会組織も崩れ始め、封建制度の危機が急速に進行しつつあった時代である。これに対処すべく幕府・諸藩ともしばしば政治改革を試み、種々打開策に腐心していたけれども、武家財政の破綻、武士の困窮、士気の沈滞、農村の荒廃と百姓一揆といった現象は、いずれも幕藩制社会の矛盾の拡大する姿にほかならなかった。

桑名藩の場合

はやく寛永年間(一六二四―四三)から新田開発に積極的に取り組んできた桑名藩(一一万石)でも、享保(一七一六―三五)以降財政状態がいよいよ悪化してきたため、守部出生の翌天明二年(一七八二)には洪水の惨禍に苦しむ農村に検地を強行し、またかねて町方・在方へ課していた御用金四〇〇〇両を督促することがあった。

百姓一揆

これに対し、各村の庄屋は農村の窮状を訴えたが藩当局の聞きいれるところとならず、朝明(あさけ)・員弁(いなべ)両郡にその数三万といわれる大規模な百姓一揆が起こった(『三重県史』)。しかし桑名藩では、「倹約之儀上下一和ヲ以精々出精簡(ママ)要ニ候。米価之儀豊作つゞき候得ば引下ゲ候事ニ付、前々米価引下ゲ候節之義、よくよく存、此節ゟかねてつゝまやかにいたし、過度ある事致スまじく候。尤倹約ハ上下共永久ニ心懸可レ申事ニ候。」(『桑名藩御触留』天明八年十一月十五日の条、西尾市立図書館蔵)などと常套手段の倹約令をくり返すばかりで、有効な財政難打開の方策とて立てえない状態であった。

小向村の状況

まして東海道沿いに位置する小向村(文政十二年の調査によれば、村高一〇六四石、戸数七七、人口三五六)は近郷二五ヵ村とともにいわゆる助郷(すけごう)村であったから、村民困窮の実態はきわめて深刻であったと思われる(『桑名市史』)。

助郷の制

助郷とは、宿場常備の人馬の不足を補充するため近隣の村々を指定し人馬を徴発する制度であって、こ

『待問雑記』

の制度が交通需要の漸次増大するにつれて農民に甚大な苦痛を与えた事実はよく知られている通りである。小向村のみならず、元親の管轄下にあったといわれる金井（現桑名市）・東大鐘（現四日市市）もともに助郷村に属し、天明八年（一七八八）からは西大鐘（現四日市市）も増助郷村に加えられている。『昔語』の「同領の民ども一揆をおこせし事たび〳〵」という記述の中に、農村疲弊に拍車をかけた助郷負担の重課を推測しても大きな誤りはないであろう。元親が「領主の曲りたるをいたく怒りて糺し」「無実の罪におとし入られ」たというのは、こうした社会情勢と無関係ではないと思われる。

守部はこのような父親の行動を「偏執の念さりあへず」と評している。その心情は理解できるものの、自我に執着しすぎていた、というのである。守部はのち文政十二年（一八二九、四九歳）に『待問雑記』上・下二巻、後編一巻（『全集』第十二所収）を著わし、その中で「いかほど避（サケ）がたき人乞需（コヒモト）むとも、公の訴書（ウタヘブミ）、徒党（カタウド）集る誓書（チカヒブミ）などは、禁（ツヽシ）みてかくまじきわざなり。もとより犯す事もなく、与（クミ）もせねど、露顕（アラハ）る時は、同罪遁（オナジツミノガ）れがたし」と書いているが、これはそのような体験的反省の意識に基づいたものに相違ない。国学者として大成したのちも学統を問題とせず、独自の学説を掲げて学界に切り込んだ守部の負けぬ気は父親譲りであるかもしれないが、社会的活動にはきわめて消極的で、神威を畏み実践の場面から一歩退いたところで学問研究に没頭していくのであって、かかる守部の精神態度についてはまたのちにくわしく述べるところがあろう。

小向村を立退く

いかなる罪を受けたのかについての具体的な記述はないが、ともかく元親と守部は代々住まってきた小向村を立退かざるをえなくなった。豪気の元親もさすがに意気消沈したのか、弱冠十二歳の守部に事後処理の一切の采配を委ねたとのことである。そこで守部は継母と妾に家財と金子を与えて実家へ帰し、一族・従者にもそれぞれにたつきを与えて身のふり方をはからったという。

その程武具馬具はたきぬなどを、みそかにうりに出て、よしなきもの丶手に入つときくも、としへて後の事なればかひもなし。……さてかくをしまずあたへつくせしを、二人の姉聞つたへ来て、千両にあまるこがね、みむねよむねのくらまちにみてし資財を皆やりはて丶、其身は何をもて身をたつるぞとてくちをしがりけるに、すつる神あればたすくる神ありと、所々より問おとづれて贈れる物も又いと多し。

伊桑村に落着く

こののち元親は守部を伴って一時流浪したが、ほどなく縁あって四日市領の伊桑村

（現四日市市）に落着きこの地で逼塞（ひっそく）した。その後しばらく元親父子は、守部の従兄に当り一四歳年長の杉浦信英（のぶふさ）（母代りをしてくれた伯母の子）の好意にすがることが多かった。信英はかねて姉町子の聟がねにと定められ、傾きつつある家運を挽回すべく元親を助けていた人物である。明敏な信英は一家の危難を予知し、元親のはやる心をいさめて自重を促していたが、十七歳のとき翻然大坂に行き、翌年堺筋の唐物問屋、山城屋儀兵衛なる者の家督を継ぎ、金子をやりくりしては元親に五〇両、離縁された守部の母に五〇両、町子に五〇両と賑給（しんきゅう）し力を添えてきたのである。伊桑村で父の住まいを建て、従者の世話までしてくれたのもこの信英であった。

信英、一家の危難を予知する

大坂へ出る

一家の始末がつき父の居所もひとまず定まったところで十二歳の守部は、信英の誘掖（ゆうえき）により、乳母と家僕二人を引き連れて大坂に出た。この出立のときに際し、「なさけをしれる人ありて、……かの人々のはなむけを一つに合せ、おのがじゝも持よりて、こがね二百五十両を出し、これを此子のたつきにしてよとて信英につく」という。まもなく、信英が所用で赴くことになった機会にはじめて江戸の地を踏み、ほぼ一年滞在したのち再び大坂に戻ったが、さらに留まりたいと願ったほど江戸の人々の厚情に接し、不

江戸へ赴く

遇の生活に一時の明るい思い出をつくることができた。

信英の急逝

ところが寛政六年（一七九四、守部十四歳）の春、兄事（けいじ）していた信英の急逝に遭遇、この衝撃だけで「木をはなれたる猿の子のこゝちして、をちこちのたつきもなく、心ぼそき事いはんかたもなし」という状態であるのに、加えてその年の十月三日、母代りをしてくれた伯母（信英の母）も息子の後を追うようにして世を去っては、「なげきのうへに愁へをかさねて、心にもあらぬ法師にさへならばやとおもふばかりなりき」というほどであったから、度重なる身の悲運に宿業の深さを痛感したことであろう。しかし気を取り直し、従者三人には裏長屋をもたせ、守部自身は上町の豪家の主人で念仏行者の関一心斎なる者の隠宅に寄食することとなった。一心斎は信英の養家の親類筋でもあろうか。またこのころの守部は、義太夫語りになろうとしたことがあったとも伝えられている。

信英の母逝く

父元親没する

父の遺訓

その後二年あまり一心斎の恩顧にすがって暮らすうち、寛政八年九月（十六歳）突然元親の病報に接し、伊勢へ馳せ帰り看病を尽くしたがその甲斐なく、十月八日遂に父をも死出の旅路へ見送ることとなった。元親は今わの際のとき「かならず学問はせよ。その学問は又かならず皇朝の古へを学ぶべし云々。」との遺訓を残したといわれる。この遺訓についてはのちにも述べるが、固定的な身分秩序のもとで、学問による立身以外に守部の才幹を伸ばす方途の見出し難い現実を、元親は体験を通じて敏感に察知していたのかもしれない。

江戸へ出る決意を固める

後のわざおこなひはてゝ、一周のみそぎをはらば、こたびは江戸にまかりなんやとて、四十九日を過して、大坂にゆきて人々の心をとひけるに、げに身をたつるには江戸こそよからめ、一周までには心ざしをもせんといふまゝに、つきぬなごりを惜みて、とし比のあつきなさけの露のゐやしろとて、なき父の遺物の内、蓮如上人の一軸、しろがねの香爐を儀兵衛にあたへ、赤銅(あかがね)の仏具三具足といふを一心斎にむくいす。一心斎よりもこがね五十両はなむけせり。

父元親の墓（朝日町　浄泉坊）
墓面の文字は「前郷長飯田長十郎元親之墓」の十二字にして，墓石側面に，「寛政八年丙辰十月八日歿　江戸　橘守部建之」とある。いずれも守部の筆蹟である。

かくていつまでありともつきぬべき別れならざれば、なく〱いとまをつげてかへりぬ。その又のとしの九月ばかり、ちぎりしごとく人をおこせて、何くれの事をとりまかなひけるに、父のあとに金百両ばかりありき。先これをもちて江戸にくだりてすみか定めたまへ、そのうへは大坂よりはやくあづかりし弐百五十両に、今弐百五十両をそへて参らせんといふをたよりにてくだる。

生母の許を訪れる

寛政九年（一七九七）十月のことで、守部は十七歳になっていた。江戸への出立に先立ち、三重郡川原田村（現四日市市河原田町）の岡田平九郎なる者と「故ありて」再婚し、健在であった生母のもとを訪ね、一ヵ月ほど逗留し、つきぬなごりを惜しむことができたのは、守部にとって終生忘れえぬ思い出となったことであろう。

江戸へまからんにはとて、はじめてたづね参りつるに、母君は申すも更なり、家のうちこぞりて待よろこび、月ごろおしとゞめられてあるその間に、父のうせ給ひつる事などかたりけるに、母なみだをこぼして、墓まゐりせん事をこひて、まゐりていますがごとくさまざまになぐさめてかへれり。されど今の夫をはじめ誰ひとり心あしくおもふ者のなかりけるは、常の行ひ正しく、心のいさぎよかりし故にぞある。

町子と富子の嫁ぎ先

母にはこれまでも内々便りを出していたけれど、父の在世中は憚って面会もせずにいたのであった。ちなみに、幼くして別れた町子は玉垣郷の正信寺（現鈴鹿市西玉垣町）に、また富子は増田村の源流寺（現桑名市増田）にそれぞれ嫁した。二人とも僧家の妻となったのは「一人は父にわかれ、一人は母にはなれ、つひに生れし家さへ亡びうせて、有為転変の世のありさまを感じ給ひてなりけり。」、と『昔語』は記している。

第二　江戸出府

一　芝新銭座の生活

江戸へ到着

江戸への道中は、大坂へも伴った乳母と二人の家僕を連れて出立したが、熱田の宿まで慕い追ってきた父の妾であった人も加わり、都合五人となった。十月末（寛政九年）の頃無事に到着し、一行が落着いたのはかつて十二歳のとき信英に連れられて江戸に滞在したおり住んでいた芝の新銭座の家で、「一とせかゝりをりし家なりければ、わが家にかへりしこゝちす」るところであった。この家は信英の養父の従弟に当る人が所有していたものを譲り受けたのであるが、「まことあつき人なりければ、立日をのべて何くれとうしろみたすく」とあるから、守部はかねてその手筈をととのえて出府したのであろう。

主従八人暮らし

やがて国元に残してきた継母も出府し、下女も雇って「主従八人」の暮らしとなった。

庭などもありていとひろく、よき家なりければ、いつの程にか妾なる人いせのまゝ母のもとへ告しらせてければ、こも又おひ来ぬれば、下女をくはへて、主従八人、なす事もなくあかしくらすあひだも、二人の母の深実、従類どもの忠誠、たとしへもあらざりけるが、そのあたりにはめづらしくやありけん、近ほとりの人々聞つたへて、見に来めるが多かりけり。

生活安定する

二人の准母と家僕らもみな睦みあって内職にいそしみ、伊勢から持参した金子には手をつけずに済むほどであったというから、一応生活の安定も得られたものとみえる。そのころのことを追想しながら語る守部の言葉として浜子は、

たとへばやむごとなき公達の、おちうどとなり給ひて、打もらされし者どものかしづく如くなりければ、ちまたのすまひにては、めにつきしもことわりなりけり。……大かたかく家のうちのどかに、人々の心のうるはしくなごびかはしつる事、父の代にもをさく\聞えず。わが代となりてもむかし今にためしなく、およそ此四－五年の間ぞ、翁が生涯のおもひ出なりける。

と書き留めている。母との離別、生家の没落、流浪、寄食、父の死去と転変極まりなか

団欒の生活

った身の上を思うと、ささやかながら得られたこの団欒(だんらん)の生活が、あたかも守部をして「やむごとなき公達」の思いにひたらしめたのであろう。

勉学の開始

このような生活の中で、「幼き時よりかくうき中におひたちて、こゝかしこさまよひつれば、此年まで手ならひもせず、物をもよまず、誠に一文不通にて過し来りぬ」ことを遺憾に思う気持ちもさることながら、「かならず学問はせよ」との父の遺訓が強く心を把えて離れなかった。勉学に精を出すあまり身体に障りはせぬかと気づかう家内の者が、書籍を隠し、硯や机をとり片付けてしまうのに妨げられながら、仮名付の四書などを読み、手習いを始め、二十歳を過ぎた頃には独学で辞書をたよりに四書五経を読みおえる程度の学力は身につけていた。そして、次第に白文にも馴れ、『史記』『漢書』を読破し、さらに『文選(もんぜん)』の訓点を適宜改めるのもさして困難なこととは感じない力量を備えるにいたった。

老僕一人が残る

こうしていよいよ「からやまとの書(ふみ)どもを、かたはしよりよみ見んの心」をおこしたが、ちょうどこの頃、まめまめしく仕えてくれた二人の准母・乳母・家僕らは相次いで没し、わずかに老僕忠兵衛一人を残すのみとなってしまった。一家の者が次々と世を去

遊里に通う

金看板甚五郎に救われる

新銭座の家売り払う

り、身辺とみにつのる孤独感に耐えかねたのか、守部は誘われるままに遊里に通うことがあり、そこで「女難にもかゝり、身をあやまつかたも人よりはこよなう甚しかりけり。」という。もっとも、二十歳前後の『昔語』の記述、とくに守部の遊蕩生活に関しては、浜子も故意に曖昧な書きぶりをしているところがあって、正確な年次は把み難いけれども、やはりこの時分のこととして、遊里で思わぬ危難に逢ったさい、金看板甚五郎という俠者が二〇両の金を立引いて救ってくれたばかりか、その後また同人から三〇両を恵まれたこと、あるいは火災にあって仮宅に住んでいたとき、見も知らぬ尼僧が一〇両入りの包みを障子の外から投げ入れてくれたことなど、芝居のような逸話が記されている。この逸話が示すように、当時の守部は、かなり耽溺の生活を送っていたらしく、有金も使い果してしまったようで、やがて新銭座の家も売り払わねばならぬ始末となった。江戸の遊楽の巷で通人として幅をきかせた富裕な遊蕩児は蔵前の札差が多かったから、金看板もこうした類の富豪だったのかもしれない。

江戸の状況

一般に当時の都市なかんずく将軍の膝元である江戸では、士民の風俗紊乱、遊里の繁昌、遊民の増加という消費生活の畸型的膨張による矛盾と混乱が甚しく、犯罪の続出など種々の社会悪の温床ともなっていた。もちろん経済の発展と殖産の富により概して市民の生活は向上し、内容も豊富になってきてはいたが、その経済的利潤の大半は為政者と特権的豪商が握って、庶民の生活安定には役立たず、細民の増加によって貧富の差は拡大していたのが当時の実情であり、このような社会においては健全な精神的秩序は保持しえないから、時代の風潮もおのずと頽廃と倦怠の色濃いものとなっていたのである。

しかし守部はこの遊蕩の生活にひたり続けたわけではなかった。ほどなく一人残った老僕も没してしまうと、独居の寂寥感に耐えながらはじめて自己の進路を真剣に摸索し、生計の手段にも思いを及ぼさざるをえなくなったが、このとき、学問への道に突進しようと固く決意したのである。

二　八丁堀の生活

新銭座の家を売り払い八丁堀に移り住んだのは二十三－四歳の頃かと思われる。遊蕩の数年が学問への立志を遅らせはしたものの、いまや誰に気がねする必要もなくなって、一人暮らしの中でひたむきな勉学を開始した。この意味において、八丁堀への転居は本

勉学に没頭

格的な学問研究へのよき機縁ともなったようである。「いざ是より身をこらしてうき瀬をしのぐ下ならしがてら、世々の軍書、諸家の系譜、宇治大納言物語、今昔、十訓抄、著聞集等の雑書どもを、ことごとくよみ見むとおもひたてる比なりければ、」守部は一切面倒な用事を省いて勉学に没頭することとしたが、その時期の生活の模様を『昔語』は、次のように興味深く伝えている。

大鍋ひとつの生活

人をもおかで大鍋ひとつかけおきて、くろ米に湯をさしていでき次第にまかせつれば、いひにはならで、なかばなま米なるをりもあり、又焦れつきていり米のやうなる時などもありけれど、火をおこすもうるさかれば、それすら多くは朝ゆふ二度に省き、をりにふれては一度にて事足はして、たらはずともおもはざりき。

隣人の好意

ある時隣家の人これを見ておどろきて、さらば御膳まゐらせんとて、其時々持運びくるをかたくことわりて、み心ざしはかたじけなけれど、これも我身の修業に侍ればさしおき給へ、しひてほしとおもひ侍らば、人ひとりをつかはんもやすかれど、何事もうるさくなりけるまゝに、わざとかく閑居し侍るなりとおさへとゞむ。さらばお汁ばかりもと申せど、猶それも其たびごとによろこびをきこえ、立居などしてうるさく侍るなり。もしうゑて死ぬばかりの事もありなんには、こなたよりこひにいで侍るべし。ゆめ〳〵それまでは柴の戸をなあけ給ひそといふに、ます〳〵おどろきて、いとほしみあへりき。かれ其後はきゝ伝ふる人々、煮豆、梅ぼし、やき塩などこゝろぐ〳〵にめぐみ来れど、それすらもわづらはしくて、多くは用ひざりき。かくして馴るればなれ行ものなりや、後には二日三日づゝもくはずにありし事もありつれど、さして物ほしとも思はざりき。ひと日ものに出けるついでに、土橋の岡田平吉がり立よりて、今日にて三日半日ものくはずといひて、わらはれける事ありき。その日も多くの道をありきたれど、つかれもせざりしにこそ。又水無月の土用のあひだも、夜のふすまは冬のまゝにて、大夜着と云ものをかさねて暑しとも思はず。

手習い塾を始める

かくするうちに家を売却した貯えも残り少なくなって、とにかく生計の用意にと、王羲之の『十七帖』や尊円法親王の真蹟などを求め手習いに励んだ。五−六〇日も習うと人から手習いの師匠になるよう奨められるほどに上達し、請われるままに塾を開いてみると、幸い存外の好評を得た。のみならず守部の筆蹟は人々の認めるところとなり、麻布の市川貢松台、池の端の蓮池堂文盟とともに「当今三人の能筆なり」ともてはやされるようにさえなったという。今日残された筆蹟からみても、守部の手筋のよさはほとんど天賦の才であったと思われる。ともかく塾には「富家の子どももあまた参りて、家の内おもひよらず賑へり。」という盛況をみせ、子供にまじって大人の姿もおいおい見受けられるようになると、手習いばかりではすまされず、書を講ずる必要にも迫られた。

葛西因是の講義を受ける

このような事態になると、いままで全く独学の守部は、字句の解釈や読くせで我流に堕しているところがありはしないかと心にかかり、文化二年（一八〇五、二十五歳）はじめて築地の儒学者葛西因是（一七六四―一八二三。名は質、字は休文、通称は健蔵、林述斎に学び昌平黌の講員。老荘の書に親しみ『老子輯註』の著がある）の宅に出向いて、講義の席に連なった。学んでみると音がちに読む以外とくに変わったところとてなく、文義も自分の流儀とあまり異なっておらず、大いに安心し自信を得たが、なおついでにと講義に通っていると、その熱心さに注目した因是は、一日守部を呼んでその経歴を聞くや、

因是の懇切

「よき儒者にとりたて侍らん」と懇切な言葉をかけてくれた。しかしそのことがかえって心苦しく、塾から足が遠のく結果となった。なぜなら守部にはさきに触れた父の遺訓があって、このころすでに「皇朝の古へを学ぶ」志を固めていたからであるという。そ

父の遺訓の内容

の遺訓とは次のようなものである。

わがために汝までもかく浪人の身となれる事いとびんなし。されどそは今立かへらぬ事なれば、世のありさまとおもひのどむべし。今より後は世のたつきをうしなひて、うき瀬に沈む事もあらん。よしやさりともそのうきにはくづほれず、かならず学問はせよ。その学問は又かならず皇朝の古へを学ぶべし。今松坂に本居宣長といふありて、其名は高けれど、たゞ己が学びをたのみて、神典の解べき矩(のり)をしらず。これ春満(あずままろ)以下真淵が弊風を、今一きはきすぐに補ひたるのみなり。久老(ひさおゆ)も力たらはず。吾が師谷川氏も学びのすぢたゝず。かゝれば汝はかれらが学風にひとりはなれて、もとの真を見出べし。わが家に古き神秘の口訣(くけつ)ありつれど、近き比となりてうせて見えず。その神秘はしか〴〵なる趣のものなり。わづかの欠本にて事足ばかりはあらざりけれど、いましが才にてはつひにさとり得る事あらん。子を見る事親にしかず。おひたちよりその兆見えき。きはめて心ざしをはたすべし。よしや漢籍はよまずなりぬとも、漢意(からごころ)に勿(な)まどひいりそとのたまひける。

すでに述べたとおり、父の没した十六歳当時の守部には、まだ何らの学問的準備もなかったはずであるから、この遺訓には守部自身の潤色がかなり加えられているとみるべきであって、文字通りにこれを受けとるわけにはいかない。諸先学なかんずく宣長に対する批評が、「神典の解べき矩をしらず」と具体的なかたちをとって表現されているのもいかにも不審である。守部の学問展開の進路をあわせ考えると、要するに伊勢の国学

谷川士清

者谷川士清（ことすが）（一七〇九―七六。字は公介、通称は養順、淡斎と号す。代々津の医家。垂加流神道家玉木葦斎に学び宣長とも交わったが、宣長が『古事記』を尊重したのに対し、『日本書紀』重視の立場をとり、『日本書紀通証』三十五巻を著わした。このほか国語辞典として『和訓栞』九十三巻の著もある）に一度は学んだことのある元親が、落魄（らくはく）した一家の不運を嘆き、今後は皇朝の古えを学ぶ学問によって身を立てるよう諭した遺言と、国学の一党一派に属さず、独創的学風をみずから誇称した後年の守部の主観的事実とが重なり合って、この『昔語』の文章となったのではあるまいか。

守部の神典研究と士清

　とはいえ、ここに一応注目しておかねばならないのは、元親が士清をとくに「吾が師」と呼んでいたという問題である。なぜなら、後述する守部の神典研究の態度には、元親を介して士清に結びつくところなしとしない面があるように思われるからである。たとえば、

『書紀』重視の態度

㈠　守部は士清と同じく『古事記』よりも『日本書紀』を重んじ『稜威道別（いつのちわき）』（後出）以下の神典研究書を著わしていること。『書紀』の「一書」について守部は、「かく少し

づつの異同までを悉く挙られたるは、是も撰者の心の篤きなり。又そのかみは、家々の伝説、記録等の多かりし徴（シルシ）なり。」（『稜威道別』）とみているが、これは士清の『書紀』についての評言、「垂加翁（山崎闇斎）曰く、古来の説、詳なる有り、略なる有り、同じき有り、異なる有り。親王（舎人親王）博くこれを聚（あつ）め、具（つぶさ）にこれを記す。敢へてこれを取捨せざるは敬の至なり。これ以って万代の達書と為す。」「神代紀は則ち神祇の旧史、註は亡慮（スベテ）数十家各（おのおの）得失有り。取舎（ママ）せざる可からず。」（『日本書紀通証』、原漢文）に気脈の通ずるところがある。

(二) 守部が神典解釈に際し、家伝の「神秘の口訣」なるものを登場させていること。玉木葦斎に学んだ士清には、垂加流の「神道許状」の伝統が残っており、元親は神典解釈の方法について何か著述以外の面授口訣を得、それに感銘を受けることがあったのかもしれない。

しかし、これらはあくまでも後年の神典解釈の態度からの推測にすぎず、守部がこれをもって士清の学系に属するとみることは、もちろん当らない。

ともあれ、父の遺訓を受けた十六歳の時点で、守部が国学立志をはっきり決意したとは考え難いが、少なくとも葛西因是の講筵（こうえん）に列した二十五－六歳の頃には、一生を費し

国学者への道

て進むべき国学者への道をすでに歩み始めていたようである。やはりこの頃のこととして『昔語』には、「をりしも伊勢国の郷士の江戸にあるに聞っとて、わがもとへ申し入たり。いと貴き由緒にて、本領地方（じかた）五百石の上こたび御取立あらんといへり。是尋常の浪人ならばいとよき立身の小口なりけるを、こもかの遺言をおもみしてゆかずなりぬ。」という記事もある。

『橘の昔語』の続編書かれず

『昔語』は、守部が父の遺訓を体して学業に専念した素志を子孫が忘れぬよう諭すことをもって終っている。原本には『橘の昔語上』とあるから、続編の構想もあったものとみられるが、浜子が上巻執筆ののち二年、二十九歳にして病没したため実現しなかった。まことに遺憾なこととすべきであるが、ともかくこれによって出生から青年時代にいたる守部成長の過程を概略知りうることは、伝記研究上の意義にとどまらず、守部の学問理解のためにも有益な史料となりうるのである。

三　泊洦舎（さざなみのや）に学ぶ

守部は、葛西因是の許を去ってからいかなる経路をたどって国学者への道を歩んでいったのであろうか。この点については従来、「どの書物にも、和学上の師匠の名を伝へて居ないので見ると、恐らく、当時江戸在住の和学の先生の門は、一度も潜つた事はないのであらう。比較的に浜臣とは近づいてゐたやうに見えるのは、或は、歌の上に交通があつたものか。当時の学者の癖として、一度でも質疑状を寄せた者は、悉く、門人帳に記入する風であつたから、後年、彼が世に幅かる憎まれ者になつた際に、其師匠の名を発き出す者も、あるべき筈であるのに、其がない所から見ると、独学といふことには、殆、疑ひを狭む余地がなさ相である。」（折口信夫氏「橘ノ元輔源ノ守部」『折口信夫全集』第廿九巻所収）とする考えが一般に行われている。しかしはたしてそうであろうか。

清水浜臣

ここに、右の一文にも親交の事実が指摘されている清水浜臣（一七七六—一八二四。月斎、泊洦舎と号す。上野不忍の池の端に住む。家業は医者。真淵の門人村田春海に師事し、古典の考証と和歌・文章をもって聞えた。守部より五歳年長）のもとで、守部は少なくとも半年、勉学に励んだと

千坂廉斎の『莞翁歌話』

みられる興味深い記事が千坂廉斎（名は畿、字は千里、通称は莞爾。古賀精里の門人で昌平黌の教官を勤めた儒者。国学にも関心が深く浜臣の門に学んで歌文の指導を受く。元治元年八月没、年齢不詳）

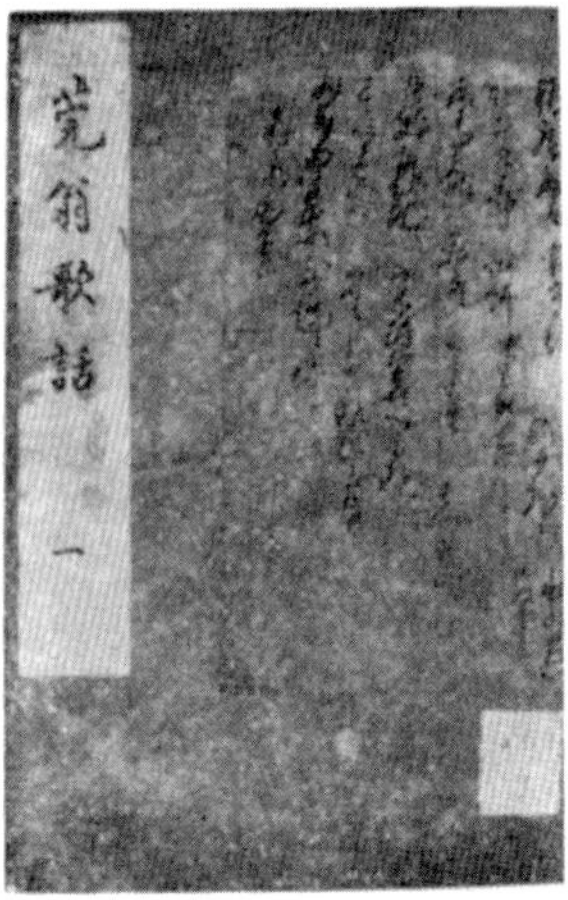

『莞翁歌話』巻一の表紙

『莞翁歌話』の守部に関する記事

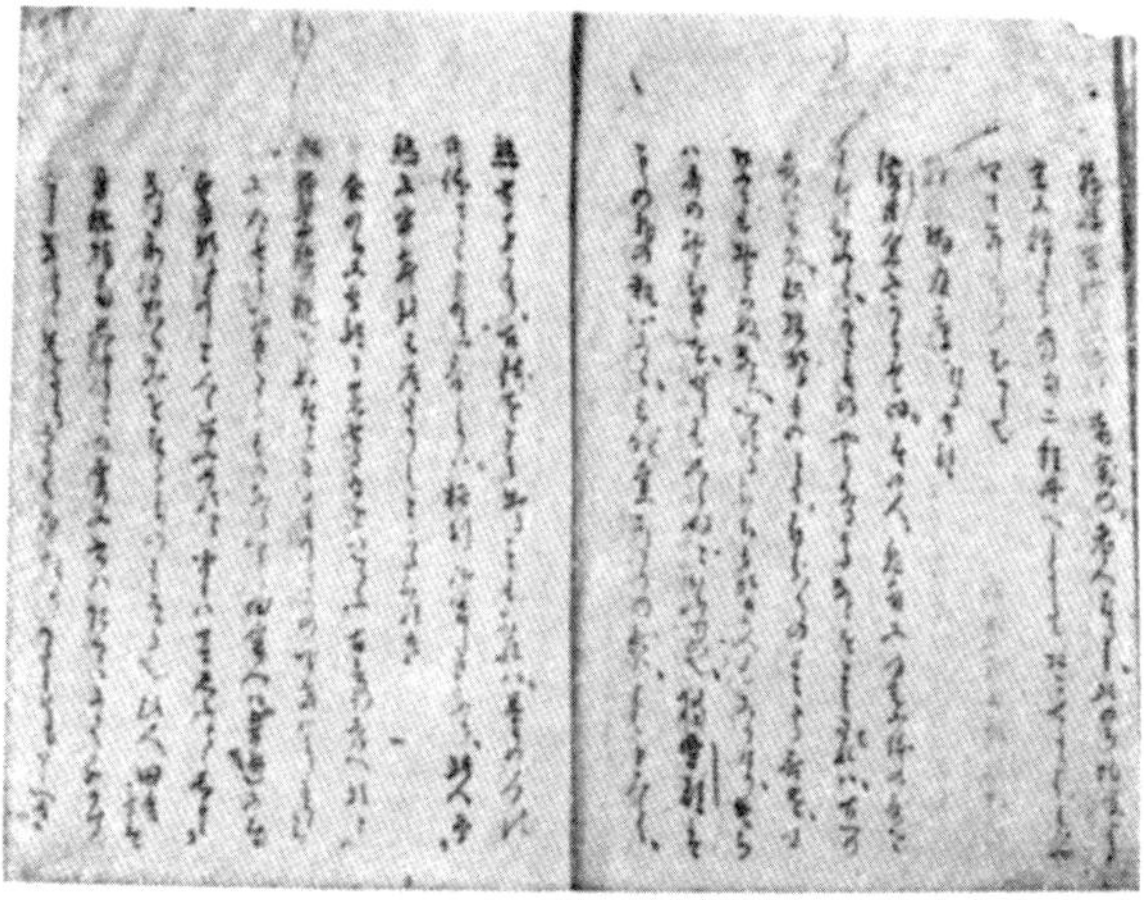

『莞翁歌話』巻一、「橘庭麿後に守部」の部分

の筆記『莞翁歌話』二〇巻（国立国会図書館蔵）の中に見出されるから、次にはこの点について説明することとしたい。その『莞翁歌話』の、守部に関する記事は巻一と巻二の二ヵ所にみられる。まず巻一には「橘庭麿後に守部」と題して、

浜臣余にかたりて曰、今の人兎角に万葉体の哥をよむといふて、かた言のやうなるうたなどをよミてハ、古への哥ハミな、此様なるものとて、自分〳〵のよミたる哥を、万葉ニもおとらぬなど、心得るらちもなき人もありけり。是らハ哥のおもむきを、少しもしらぬといふもの也。独守部はことの外の熱心にて、三代集あたりの哥ハ、よくよみて、熟せる上より、

守部、浜臣の塾に入る

古体をよミ出ることもあれバ、並々の人の古体とてよめる哥よりハ、格別に宜しきなり。此人予が塾に半年計も居たりしとかたられき。

とあり、また巻二には「橘元亮（輔）守部の事」という題のもとに、

いつの頃にてか有けん、清水浜臣語りて曰、いま書（ふみ）よむ人らハ万葉ぶりの哥よむと称して、かた言まじりにて、長くいふべき事をつゞめいひ、

清水浜臣肖像（国立国会図書館蔵）

俗語などまじハるもしらず、結語なども定かならぬ哥をよミてハ、これハ万葉に倣（なら）へりとて、ミするたぐひの人ぞ多かるハ、もとが物のわけをわきまへぬよりおとりぬれバ、其よしあしをわきまへん事もなりがたし。ふるきうたにハ、古き語格ありて、ミだりに其真似したれバとてなるまじき事也。これらハ万葉のうたを一首か二

守部、浜臣に古体の歌をみせる

首おぼえてをるをもて、其口つきを学びえたりとおもふなるべけれど、それは自分きはめの了簡といふものニて、其様成事なりがたき事也。古き体を学バんとならバ三代集あたりの書は勿論、後々の集などをも大かたよみ得ての上とせずんバ有べからず。五－六年も以前の事なりしが、元亮といふもの予が塾に一年ばかりも居たりしが、是ハ哥すきにて、三代集抔(など)をバよく読たるものなりしが、時々古体の哥を学びてよめりとて見せたりし。さすがに古集をよく読わけたる功有故ニか、万葉をもしらぬ万葉よミよりハ大きに勝りたりきとて、かたりきかせ給へりし。……其後廿年程も過て元亮江戸へ来て住居せり。末後ニハ法恩寺橋わきの細道に然るべき家をかひ得て住たりき。

詳しくは後述するところにゆずるが、守部は文化六年（一八〇九）八月、二九歳のとき武州幸手(さって)へ移り、庭麿と称し、蓬壺(よもぎがつぼ)と号した。その後二〇年間幸手で生活し、文政十二年（一八二九）八月、再び江戸へ出て深川大島町へ、さらに天保二年（一八三一）七月から浅草浅草寺(せんそうじ)境内に転居、弘化二年（一八四五）十二月から浅草蔵前へ、そして嘉永元年（一八四八）六月末頃、本所法恩寺橋際に移って、翌年没した。

『莞翁歌話』には、右に引用した部分の前後にも守部の消息を語る重要な記述がみられ、浅野梅堂の『寒檠璅綴』

泊洦舎に学んだ時期

それは必要に応じ追々引用することとするが、ここに少なくとも半年、浜臣の泊洦舎（さざなみのや）において真摯（しんし）な態度でむねと歌学びに励み、他の門人に伍してはやくも頭角を現わしていた守部の姿を確認することができる（ある時期に「半年計」、また別の機会に「一年ばかり」居た可能性も考えられる）。『莵翁歌話』のみならず、浅野梅堂（一八一六―八〇。名は長祚、字は胤卿、蔣潭とも号す。赤穂浅野藩の支族にして三五〇〇石を領す。従五位下中務少輔に任ぜられ、京都町奉行・江戸町奉行などを歴任。博覧多識で詩文および画を善くした）の筆録『寒檠璅綴』（かんけいそうてつ）（『芸苑叢書』所収、国立国会図書館蔵）にも、

橘守部ハ下総ノ農民ナルガ、江戸浅草ニ寓住シテ和学ニ長ゼリ、其師浜臣ハ清水元長ト云、加茂（ママ）真淵ガ門人也。

と、守部をやはり浜臣の門人とする記事が見出されるのである。ここに「下総ノ農民」とあるのは、守部が武州幸手に二〇年間住んでいたことから発した誤解と考えられるが、ともかくこの『寒檠璅綴』の記事は『莵翁歌話』のそれを裏付けるものとして注目されよう。

『穿履集』雑上の表紙

それならば泊洦舎において学んだのはいつ頃

とみなしうるのであろうか。これを確定するに足る史料は今のところ見出し難いが、

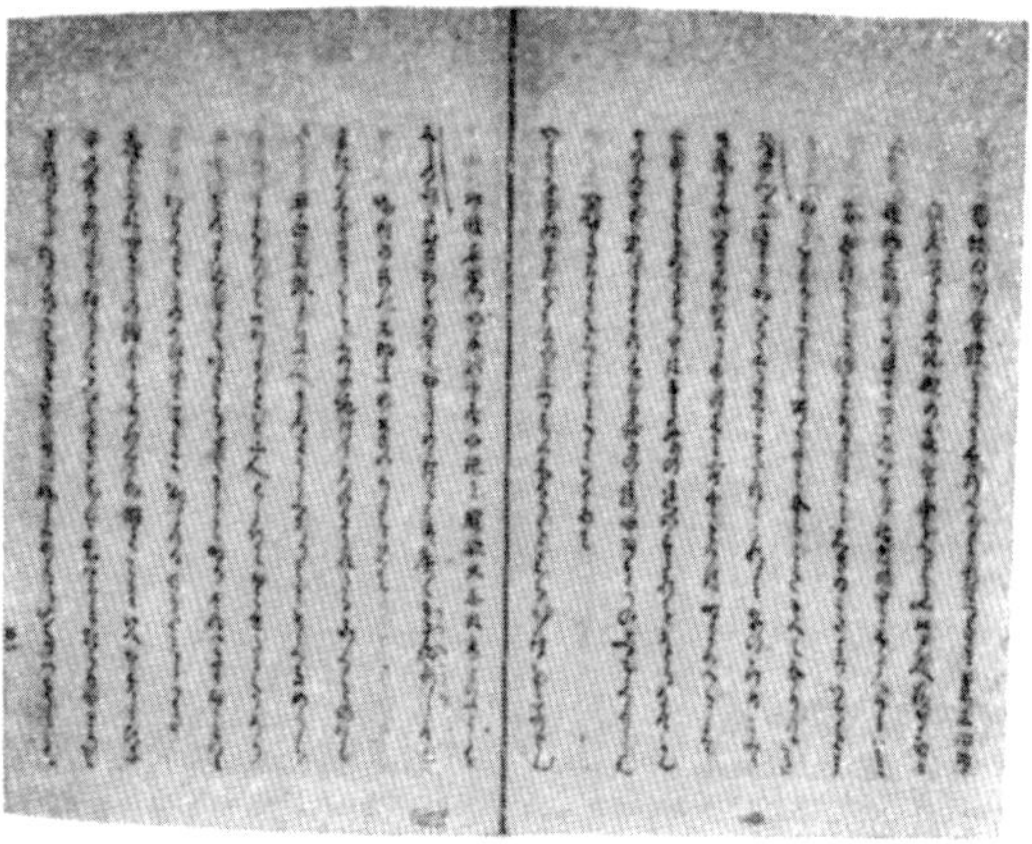

㈠『莞翁歌話』の「其後廿年程も過て元亮江戸へ来て住居せり」という記述に基づくならば、守部と浜臣との交渉は幸手転居の文化六年頃に遡りうること。

㈡しかもその幸手転居に際し、浜臣と親交のあった観濤公子（丹波篠山藩主青山忠裕の弟か）から「蓬壷」と書いた額文字を贈られているところからみて（『穿履集』―守部の家集。春・夏・秋・冬・恋各一冊宛、雑が上下二冊の都合七冊より成る。慶応義塾大学斯道文庫蔵）、守部は浜臣と文化六年以前にすでに接触していた可能性があること。

『穿履集』

『穿履集』の本文

㈢文化九年四月十日には、浜臣が日光参詣の道すがら幸手の守部を訪ね親交を深めていること（四二ページ参照）。

などを考慮すれば、守部は葛西因是の塾を退いてから幸手へ転居するまでの時期、すなわち二十七‐八歳頃に泊洦舎の門を叩いたのではあるまいか、と察せられる。国学者として大成したあとならばともかく、一介の書生にすぎなかった当時の守部にとって、師につくことをことさら拒む理由はないはずであり、必要とあれば儒者の講筵にも列したほどである。片田舎ならいざ知らず、江戸に住んで向学心のほとばしるところ、積極的に師を求めて切磋しようと欲するのがむしろ自然の姿なのではあるまいか。

師弟関係を口にせず

にもかかわらず守部自身は、浜臣の没した（文政七年、一八二四）さいも、「世の中はかくこそありけれもちのよの月はくもれる友はなくなる」（『穿履集』）と浜臣をあくまで友人として待遇し、師弟関係について一切口を閉ざしているのは、後述するような親交から不和へ一転した感情問題のもつれもさることながら、何よりも先蹤のない独自の学風を誇って学界に登場したことにともなう、主観的意図の表われと受けとることができるように思われる。

葛西因是と村田春海

このような事情であるから、名高い学者・文人がおのおの門戸を張って盛名を競っている江戸において、守部がなぜとくに浜臣を選んで師事したかという理由については詳かでない。ただ、葛西因是と、浜臣の師である村田春海（一七四六―一八一一。字は士観、通称は平四郎、号は錦織斎または琴後翁、平春海と名告った。賀茂真淵の門人。和漢の学にくわしく、和歌・詩文を善くした。宣長の古道説に反対し、和学者とは儒者の見識をもってわが国の言語典故に通ずることであるとなし、儒学を排撃することがなかった。『和学大概』『琴後集』などの著がある）とは実は昵懇の間柄で、しかも『穿履集』には、「平春海にはじめてあひける時」と詞書のある「ちはやぶる神代をとはむわが為の塩土の翁は君にこそあれ」の一首があり、守部自身、春海と直接面晤の機会をもったことは明白であるから、守部の入塾には因是から春海へ、春海から浜臣へという経路を一応想定してみることが可能であろう。もちろん春海との面晤は、浜臣の紹介によってなされたとも、守部単独で出向いたとも考えられるわけで、その間の前後関係や事情は明らかにしがたいが、

安田躬弦

『穿履集』にはまた「安田躬弦にはじめてあひける時」として「梓弓爪引おとの遠とにもきゝつる君にけふみつるかな」なる一首もみえるから、八丁堀時代の守部が、浜臣をはじめ、村田春海・安田躬弦

江戸歌文派との交流

（江戸の歌人。通称を一庵、棗本と号す。加藤千蔭門人の賀茂季鷹に学ぶ。文化十三年没）らいわゆる江戸歌文派（江戸県居門）と称せられる人々と交際の機会をもっていたことは疑う余地がない。八丁堀はかつて、賀茂真淵がその門人加藤枝直の地所を借り受け、一家を構えていた土地であったことも、守部には奇縁と感じられたであろう。

ともあれ、江戸歌文派の知名の士との交流によって、守部がいかなる学問上の刺激な

和泉真国

いし影響を被ったかは、折にふれ述べる機会をもつこととしたい。

『慶長以来国学者史伝』(大正十五年刊)によれば、「守部は、(和)泉真国の門人にして、伊勢国の人なり。」とあるが、その根拠はいまだ明らかにしえない。江戸の書肆であった真国(一七六五?—一八〇五。宣長門人。通称は渡辺屋東吉郎、はじめ和麿と称す。村田春海との論争をまとめた『明道書』の著がある)は、『鈴屋門人録』によって箱崎町二丁目に住んでいたことが知られるから、地理的にみれば両者の交渉の可能性は考えられる。しかし真国の没年は文化二年であって、それ以前の交渉ということになれば、守部が築地の葛西因是の許に通っていた頃でなければならないが、この点について『昔語』は何も触れていない。

第三　幸手時代

一　蓬壺のあるじ

幸手宿

江戸の日本橋から奥州街道を一二里あまり北へ下ったところに武蔵国葛飾郡幸手宿（現埼玉県幸手市）があり、その街道に沿った細長い街並を北に出外れたところ、桜で名高い権現堂堤も間近かに望まれるあたりは内国府間村（現幸手市内国府間）である。守部は文化六年（一八〇九）八月、二十九歳のとき、喧噪の大江戸を去ってこの閑静な土地へ転居し、庭麻呂と称し、結んだ庵を蓬壺と号した。

「蓬壺」と号す

幸手の町から北へ行くこと七－八町、本道左手畑の中の人呼んで浄春山という地点には、かつて浄春院という一宇の寺院、というよりむしろ庵室があって、守部はここを借りて住んでいた、といわれている。しかし往年利根川の堤防が欠壊し、その庵室も流失したとのことで、今は寺院の跡さえなく畑地になっているが、昭和四年（一九二九）十一月、幸

「橘守部翁遺蹟碑」

手町教育会の手で守部の寓居跡と考えられる場所に「橘守部翁遺蹟碑」が建てられた。河野省三氏の撰文と揮毫にかかるこの石碑は、現在はもとの位置からわずかに移動されて、その畑地と隣り合っている県立幸手商業高等学校の校庭の片隅にある。

橘守部翁遺蹟碑

文政十二年（一八二九）四十九歳のとき再び江戸に戻るまでの二〇年間を、守部はこの蓬壺のあるじとして過ごすことになるのである。

山田角右衛門

守部の幸手移住の契機については、地元に次のような言い伝えが残されている。内国府間村の名主、山田角右衛門は街道を往き交う旅人の中に文人・墨客を見出すと屋敷に招いて厚遇するのを楽しみにしていたので、守部もたまたま日光参詣の折山田家に足をとめ食客となったのが縁となり、いつしか逗留が長びき、ついに角右衛門の好意で近くの浄春院に居を定めるにいたったのである、と（幸手市正福寺住職 鈴木浄憲氏談）。人生の転機には得てして

転住の契機

このような偶然に遭遇することがあるものであるから、この言い伝えは案外転住のきっかけを正しく伝えているのかもしれない。しかし、孤独の身とはいえ江戸を離れることを決意させた内面的契機はもちろん別に求められるべきであろう。『穿履集』には「述心緒遣悶歌並短歌」と題する一首があり、その冒頭に、

「述心緒遣悶歌並短歌」

若くるす身のわかくへに、心ざしきざしはじめて、大江戸に門立て見しを、人しげき市のちまたは、よくもなき人のとひきて、いたづらにわざを妨げ、むなしけくつとめをかゝせ、あそぶ人そゝる輩、あまき物に蟻のよるごと、食の汁に蠅のつくごと、はらへどもおへどもさらず、うるさきに堪へかねつれば、すべなくて学のために、蛙なくゐ中にうつり、あら玉のとしの二十とせ、もち鳥のかゝづらふ間に、わがとしも四十ぢをこえて、老人の数にしいれば、今はとて帰り来つるに、……

学問への一途な執念

と詠んでいる。右の一首は、天保十二年（一八四一）守部六十一歳のときの回想であるから、言辞に幾分の誇張もあろうと察せられるが、幸手への転居には学問への一途な執念といった主体的な心の働きをも十分に認めておいてよいと思われる。江戸の生活をこれ以上長く続けたからとて、宿志達成に何ら益がないばかりか、かえって浮薄な世俗の潮流に

押されていつしか大江戸の深淵に沈み込んでしまう危機さえあると悟ったのにちがいない。『橘守部家集』（『全集』首巻所収）には、「やま里にいらずばわれも都にてうき人数に今やならまし」という一首がみえる。おそらく幸手に身を潜めたのちに、自己の存在意義を自覚したときの吟詠であろう。

『橘守部家集』

浜臣との切磋

「よくもなき人のとひきて、いたづらにわざを妨げ」られるのははなはだ迷惑であるが、学問上に益をもたらす知友の来訪はもとより守部の大いに歓迎するところであった。やはり『穿履集』には、清水浜臣・安田躬弦が蓬壺を訪ねたことを示す守部の歌が数首収載されているので、左にはその一つを引用し、「やどりけるあひだ、日毎に何くれと学びのうへの物あらがひ」をかわした模様を窺うこととしたい。

おなじとき（この一首の前には「文化の九とせ四月の十日ばかりに、清水浜臣がわがりとひきて、しばしありけるに、此ついでに、二荒山にまうでむとて出立けるに、かへさのおそかりければ、たはぶれによめる長うたみじかうた」があり、それを受けている—引用者）二荒よりわが幸手の家に来て江戸へかへりけるをおくる長うたみじかうた

ものゝふのはたて真広き、大江戸の大城のもとは、人さはにみちてあれども、人おほくたりてをれども、玉あひて友ととひ来る、さゞなみの清水のなせが、玉くしげ

二荒の山に、まゐのぼるゆくさもくさも、ふせやたきすしたる小屋(をや)の、たゝみごも心へだてず、よめる歌こゝをたゞせと、かけるふみそこをなほせと、花がたみかたみに見せて、あげつらひさだめあらそひ、歌おもひひと夜おもへど、言おもひ二夜おもへど、てる月のあくよなければ、いくよらもこゝにあらむと、山菅のねもころくに、たのめつゝありけるものを、大江戸の家のなにもが、待こふと言とりつてし、玉づさのつかひとゝもに、たび衣たちもいなむと、しひてゆく人をとゞめむ、すべのしらなく。

さみだれの雨かきゝらしふりてなむそをよくにして君をとゞめむ

結婚

回漕問屋の田村家

守部はこの文化九年(一八一二)頃、土地の人田村清八の娘政子(文化九年当時二十一歳)を妻に迎えた。利根川を利用する回漕問屋(といや)であったという田村家は、一時随分栄えていたようであるが、いつの頃からか急に家産が傾いて没落してしまったらしい。もし想像が許されるならば、すぐ後に述べるように、守部の開いていた手習い塾に政子が通ううち互いに心を寄せあうようになったものか、それとも清八が好学の人で守部を見込んで娘を嫁がせたものか。いずれにせよ、縁故の薄い幸手へ単身移り住んだ守部に対し、田村家が何程かの経済的庇護もしくは生活上の便宜を与えたであろうことは十分考えられるが、この辺の事情も一切不明のことに属している。

蓬壺賑やかさをます生活状況

浜臣・躬弦ら旧知の来訪を受け風雅の交わりを深めた結婚前後のころには、幸手をはじめ関宿・古河・岩槻・粕壁などに守部の教えを受けたいと望む者も追々現われて、蓬壺は次第に賑やかさを加えるにいたった。『莵翁歌話』は、蓬壺における守部の生活状況を次のように記している。

　この人在所幸手といふ処にありてハ手ならひの師匠を業とせられしとぞ。近在遠国ニも哥よむ事などもきこえて俳諧狂歌などの点取といふもの丶如く懐紙をと丶のへ点取といふ事をしたりときけり。故に俳諧の点式といへる如くなる文字の数五字或ハ三字などの印をほりて、三字いく点五字いく点といふ様ニ仕たるとき丶およべり。

長男茂松誕生

家庭には文化十一年、長男が誕生し茂松と命名した。のちの冬照である。『穿履集』には、

死に臨むこと二度

　三十（みそじ）まり四にして、やむとはなくして、命しなむとしける事、二たびまでありけるに

玉ちはふ神もたすけよ心ざす事なすまでのをしきいのちを

なる歌がみえ、なぜかこの年二度も死に臨むことがあったというから、茂松という名にも健やかに育つようにと願う親心が切実に込められていたのかもしれない。幸い大事にはいたらず、同十四年には長女浜子が誕生している。なお『橘守部家集』には、幸手時代の詠草とおぼしき歌がいくつも採録されているので、その一部を取り上げて『莵翁歌話』の記述を補足するとともに、当時の内面生活の一端に触れてみることとしたい。

長女浜子誕生

内面生活の一端

みやこをばかへりみすなと山松に雲やかきねをゆひつゞくらむ

と繁華な大江戸の街並につのる未練をふりすて、

山かげの石のくぼみのたまり水ひとりすむにはことぞたりぬる

にごさじとおもふばかりぞ苔清水くみしる人はよしあらずとも

よのちりはかけてないれそいよ簾いよ〳〵われはこゝにのがれん

あし曳のみたにのしたのうもれ水住としられぬ身こそやすけれ

と静かに孤高(ここう)の思いをいや深め、

人しれずふみよむまどのともし火は消ての後ぞ世にひかるらん

よみさしてまどろむふみのおこたりを吹おどろかす秋のはつ風

勉学に専念

と勉学に専念する。そしてまた、

うづみ火のうづもれし世をかきおこす心は誰もしたにもゆらし

空たかくおもひあがれる雲雀かなひくき梢の鳥もある世に

と秘めたる闘志を燃やしつつ、

たえぐ〵に見えぬる野辺の細道もゆけばさすがに跡はありけり

と足元から遠くへ伸びる一筋の道を求め続けた。読書に飽き、思索に疲れると、

雨水にのきの下いしくぼみけりかたきわざとておもひやまめや

ややもすると挫けようとする自己に鞭打ちながら学問の険路を踏みしめて進んだ。江戸を去ること一二里余の幸手は、浜臣・躬弦の幾度かの来訪の事実が示すように、中央学界から隔離された辺地というのではなく、かといって江戸の学風に染まりきってしまうことから免れるにもまた十分な距離であった。

蓄積期ないし沈潜期

要するに、二〇年の長期にわたる幸手時代は、一たび国学立志を決意した守部にとってのよき蓄積期ないし沈潜期であった、といえるであろう。

二　著作活動の開始

守部の著作中もっとも弱年のものといえば、幸手転居後七年の文化十三年（一八一六、三十六歳）に成った『神風問答』であるが、これ以後二―三年の間に『万葉摘翠集』『古今和歌集註』『伊勢物語箋』が次々と書かれ、国学者としての守部の著作活動はここにいよいよ第一歩が踏み出されることとなる。そこで、これらの著作の検討を通じて、初期における守部の学問内容を、浜臣との関係に注意しながらいささか考察することとしたい。

『神風問答』

立花庭麻呂

まず、巻初の署名が「立花庭麻呂」、奥書に「文化十三年八月廿五日集二短楮一記レ之」とある『神風問答』一巻（『全集』第二所収）から説明しよう。題名の示すとおり問答録の体で書かれたこの書は、学問の本義、和歌の本質、和漢の国民性・国力の比較などを国学者の立場から論じたものであって、その要旨は、

何事モ皆咸ク（ことごと）、カノ外国ノ風俗ニ移リ来シ中ニ、歌ノミヒトリ穢レズシテ、高ク貴キ神代ノ心詞ヲ今ニ伝ヘタレバ、今ノ世ニテモ、猶ウルハシキ誠情忠志ヲ養ヒ育ツルモノ、是ヲオキテ外ニ物ナシ。然レバ貴賤トナク、老少トナク、暇アルヲリ

> くハ心ニカケテ勉メ詠ベキコト也。又我古ヘマナビモ、書ヲ読ム所ハナホ彼ガ学問ニ似テ、聊意智ニフル、所ハアレド、吾神典ハ、スベテ物ノコチタキ議論ハナクテ、専ラ公平ナル神随ノ事跡ノミ伝ヘ玉ヘレバ、外国ノ学問ノ如クハアラヌ也。ソモ如何ニセン、彼ノ外国学ビノ為ニ、千有余年以来ウモレ来シヲ、今ヤ直日神ノ御霊ニヨリテ、漸々直ラヒユク時運至レ、バ、一度民ノ心ヲ改メ、神道ノ貴トサヲ、普天ノ下ニ仰ガセントテ勉強スル也。国ヲ思ヒ、君ヲ敬スル心アラン人ハ、必我学業ヲ大ニ起スベシ。

とするにある。

宣長の所説の祖述

ところでこの『神風問答』には、真淵・宣長の両先覚、なかんずく宣長の所説の祖述とみなすべき文章が諸所に見出され、のちに宣長学の批判者として名を成す守部が、その初学時代においては宣長の強い影響下に生い立った事実を物語っていて興味深い。いまその二―三の例を引けば、冒頭の「或問云」への答弁「皇国ニテ皇国ノ事学ブヲ広ク学問ト唱ヘ、ソレニ対ヘテ外国ノ書ヨムヲ仏学、儒学或ハ漢学ナド云ベシ。」をはじめ、「神典ヲ窺フニ、神ニモ善神アリ、悪神アリ。此悪神ノ荒ビツル時ニハ、善神トイ

宣長に私淑する

ヘドモ、暫ク制シカネ玉ヘル事アリ。」「歌ハ何事ニテモ、心ニ深ク感動シテ、収メ難キ時ニ謡ヒ出ルモノナレバ、是ハ憚ル事、是ハ道ナラヌ事トヤウニ、トヤカク事エリスル物ニハアラヌ物ゾヨ。故ニ却テヨク其誠情ヲ尽ス也。」「世間ニナベテコソアラネ、親ノユルサヌ女ヲコヒ、人ノ妻ヲ思フコトモ、若キ程ノ人ニハナドカナカラン。ソハモト不レ善(よからぬ)事ナレバ、下ニ忍ブ心ノ悶レ、遣(や)リ過シガタキ故ニ、却テ歌ニ出ル也。」のごとくである。

本居宣長肖像

実際守部が宣長に私淑し、その著作を熟読していたことは『神風問答』が成った翌文化十四年、「本居宣長の十七年の忌に、いせの国よりいひおくりけるにつけて、披レ書思ニ故人一といふことを、人々とともによめる長うたみじかうた」(『穿履集』)があり、そこで、

おと高く世になりひゞく、鈴のやのいそし翁が、いそしくもかきあ

らはせる、五百巻や千巻の書を、あしたには一ひらひらき、ゆふべには二ひらひらき、此事を此人なくば、かくまでにたれかさとさむ、はしきかもいそしきかもと、まきかへすふみのをち〱、くりかへす書の巻々、たゝへつゝなき人しのぶ、とし月も十とせといひて、七とせの秋にはなりぬ、年月のふるにまかせて、おと高くなりひゞきゆく、鈴のやの老翁がいさをは、万代にあにふりめかも、あはれその書。

あさぢ原つばらにとける書みればものいひかはすこゝちのみして

と詠んでいることによって知ることができる。

守部学の出発点としての重要な主張二つ

では、『神風問答』において論じたところは、終始先学の祖述であるかといえばそうではなく、守部学の出発点として看過しえない主張も含まれており、とくに次の二点が重要である。

第一は、「皇国神随ノ大道ヲ学バンニハ、先ヅ上古調ノ歌ヲヨムベシ。近世或ハ神道者流、或ハ国学者流、多ケレドモ、加茂・本居二氏ノ外ハ、歌ヨムコトヲセザレバ、道ノ肝要皆外道ニ流レテ、其真実ヲ得ル事能ハザル也。惜哉二氏モ、猶歌後ナリシ故ニ、道ヲ得ラレザル処多シ。是ヲ以テ先ヅ歌ヲ勧ムル也。神典・国史トイヘドモ、書ハ素ト

神随の真情

意智ニフル、モノナレバ、上古ノ歌ヲ詠ジオボエテ、神随ノ真情ヲ得ル事、尤吾学ビノ肝要ナリト知ベシ。」と憚らずに断言している点である。これはつまり、「上古ノ歌ヲ詠ジオボエテ、神随ノ真情ヲ得ル事」が直ちに古道へつながるという確固たる信念の披瀝であり、真淵・宣長もこの認識において、間然(かんぜん)するところなしとしないのである。その当否はともかくとして、守部が古歌尊重の立場をいかに強く保持していたかを知ることができよう。そしてしかも、「歌ハ万葉以前ヲヨク見」るべきであるとなし、古歌の中でも『万葉集』と「記紀歌謡」重視の態度を打出していることは、はやく浜臣をして「古集をよく読わけたる功有故ニか、万葉をもしらぬ万葉よミよりハ大きに勝りたり」(『莞翁歌話』)といわしめたほどの守部であれば、「上古調ノ歌」について造詣の深さを自負していたのであろうし、また後年この方面の研究に多大の業績をあげる学的基盤を、すでに着々と整備しつつあったものと考えられるのである。

古歌尊重の立場

第二は、第一の見解を一歩進めて、「謡ヒタリシ古ヘノ歌ニハ、必其格アリ。其格ニヨク協ハザレバ、真ノ歌トハ云ヒガタカルベシ。」「常ニ古ヘノ調ベヲ師トシテ、謡ヒ物ノ格ニヨム也。……大人・先生ト云ル、人ノ歌モ猶古ヘニ叶ハヌコト多シ。サレバ調べ古歌は「謡ヒ物」

小国重年
内山真竜

学問形成の初期に被った浜臣からの影響

歌格研究への独自の見識

ヲ古ヘニウツサントスルゾ、尤歌学ビノ肝要ナリケル。」とする主張である。古歌が「謡ヒ物」である以上、おのずから一定の「格」の具備していることを知らねばならないとする認識は、先学たる真淵とその系統の小国重年・内山真竜（またつ）らの歌格研究に負うところが多かったにちがいないが（一二七ぺ一ジ参照）、『莞翁歌話』にみえる浜臣の言辞、「ふるきうたにハ、古き語格ありて、ミだりに其真似したれバとてなるまじき事也。」をここに想起してみると、守部がその学問形成の初期において被った浜臣からの影響ないし示唆の一面を看取できるように思われる。それにしてもしかし、

紙筆ノワザトナレル後世ニ、好（よ）シト云ヒ悪シト云フ所、古ヘトハ大ニ異也。其大概ヲイハヾ、古ヘハ実句、今ハ虚句、古ヘハ畳句、今ハ対句、古ヘハ短句、今ハ長句、古ヘハ一意、今ハ多意、古ヘハ無絶、今ハ多絶、古ヘハ直体、今ハ倒体、古ヘハ調ヲ主トス、今ハ意ヲ主トス、古ヘハ発語、今ハ助辞、古ヘハ冠辞、今ハ応語、古ヘハ序辞、今ハ帯語ノ類、勝（あげ）テ計ヘガタシ。ソモ〳〵久シク変ゼズシテ、伝ヘコシ歌サヘモ、猶情実ヲ失ヒ、意智ニヒカレテ、カクハ古今相違セル事多シ。

とする態度において、歌格研究への独自の見識をすでに抱きはじめていたことが知られ

るのである。

『万葉摘翠集』

『神風問答』にみられた右の二つの観点は、文政元年（一八一八）成立の『万葉摘翠集』一巻の中である程度具体的に展開されている。この書は、『万葉集』の短歌三〇〇首ほどを採り上げ、その句格を分類して「一篇中無節格」「第四句末而為節格」「第二句末而為節格」「第三句末而為節格」の四種を摘出し、各巻とりわけ巻一・二・三から多くの例歌を引いて簡単に句格の良否と機能を説明したものであって、著作の主旨は、一首中に節格のないものと第四句の末に節格をもつものを「正格」とし、他を「変格」とみなして区別し、短歌本来の形態が「正格」にあったことを論定しようとすることにあった。なお巻末に「くはしく証をあげてゆくする長歌・短歌・文章などの撰格を作らむ心あれば云々」と記し、将来の研究方向を明示している点が注目される（徳田進氏「吉田家三稿本より見た短歌撰格の成立とその精神」『関東短大研究紀要』第三集所収）。

『古今和歌集註』

『古今和歌集註』二巻（文化十四年九月七日自序、外題は「古今倭歌集上」「古今倭歌集下」、内題はなし。書名は『全集』首巻「小伝」の題するところによる。天理図書館蔵）は、契沖の『古今余材抄』、真淵の『古今和歌集打聴（うちぎき）』、宣長の『古今和歌集遠鏡』の説を上部および行間に抄写し、なおあきたらぬ箇所には「庭云」として自説を加えたもので、一例

を示せば仮名序の「しかあれども、世につたはることは、ひさかたのあめにしては」の「ひさかたの」について、

庭云、ヒサカタノノ注、諸説ワロシ、久堅ノ義ニモヒサゴ葛ノ義ニモアラズ、日ノサス方ノ天ト云フツヾケナリ。万葉巻七ニ、天キラヒ日方吹ラシトヨミテ、日ノ照ス方ヨリ吹風ヲ日方ト云フニテ知ベシ。今ノ世ニ田舎言ニモ此コトノコレリ。是ハ已レ早ク考ヘオキツルニ、久老モ然(しか)云リ。

とするごとくである。

難語解明への意欲

いまだ著作としての体裁を成しているとはいい難いけれども、やがて守部得意の分野として学界の注目を浴びる難語解明への積極的意欲の一端を窺うことができる。

『伊勢物語箋』

『伊勢物語箋』二巻(『全集』第七所収)は、『伊勢物語』の注釈書であり、凡例の終りに「文政元年三月朔日　橘庭麻呂」とあるから、守部三十八歳の著作ということになる。この書の注釈形態は、諸本によって校合した本文に俗解を挿入して初心者の理解に便ならしむるとともに、要語は上欄に標注として出している。いま、冒頭の一節を例に引けば次のようである。

初段

むかし男ありけり。（白ナシ）うひかうぶりして をとこに成にければ ならの京 なる かすがの里にしるよしゝて 其地(ソノトコロ)を巡見(ミメグリ)がてら鷹 かりにいきけり。その里にいとなまめいたる女 おやもなくたゞ はらから にて すみけり。 それをふと この男かいまみてけり。おもほえず かゝるさびしき ふる里に あてなる女どものいとはしたなく たよりなげに てありければ、 男 こゝちまどひにけり。

むかしをのこ
むかし男とは、くさ〴〵のむかし談を、中将ひとりにとりあつめてかたる事、はじめにいへるが如し

うひかうぶり
初冠してをとこに成て、賜る所のわが領地を、巡見しがてら、鷹狩に出たるよしなり

ならの京
三代実録九に、平城旧都者其ノ東添ノ上郡、西添下郡云々。寧楽宮ハ添下郡の方にありければ、春日里は添ノ上郡にて、東の京なり

浜臣の『伊勢物語添註』

このような注釈形態は、実は浜臣の『伊勢物語添註』二巻（岡本保孝筆写本、静嘉堂文庫蔵）と類似しているのであって、両者を比較するために『伊勢物語添註』の当該部分を示せば、

[初]むかしをとこうひかうふりして[のち]ならの京[なる]春日のさとにしるよしして[た]
[か]かりにいにけり其(きヌ)さとにいとなまめいたる女はらから[にて]すみけり[それを]
此(かのヌ)男かいまミてけり。おもほえず[かかる]ふるさとに[みめよき女ともの]いとは(もヌ)した
なくてありけれハ[男]こゝちまとひにけり（ヌは塗籠本の意）

上巻四十八段
下巻七十七段
合百二十五段
下文ハ十七条つの国うはらの郡あしやの里にしるよしゝて
○千載集羈旅をハりの国にしるよしありてしはし侍ける云々
○しるよしハ其人の領地をいふ

『伊勢物語箋』の凡例

のごとくである。それのみならず『伊勢物語箋』の凡例に、

此書は、一とせ江戸にものしける時、五月雨にふりこめられてつれぐなるあまり、ふたり三人うちよりて、伊勢物語の会読めきたるわざせし事ありしが、その時そこにありあへる傍註の本を用ひて、人々とゝもに朱雀院塗籠(ぬりごめ)本、真字本、知顕抄本、古き素本(そほん)一ー二本を以て挍合せしを、そのまゝ此たび用ひて注をほどこせり。

と記しているが、これら校合に使用した異本は、前記『伊勢物語添註』において本文校定をおこなっている異本と共通しているとみられるのである（田中宗作氏『伊勢物語研究史の研究』）。

注釈形態の類似性と採用異本の共通性

このように、注釈形態の類似性と採用異本の共通性から推して会読の参加者の中に浜臣自身が居たことも考えられ、さらには守部の本文校合に使用した異本が、浜臣所持のものであった可能性すら両者の交渉経過からみて十分想定されうる。『伊勢物語箋』と『伊勢物語添註』との関係について橘純一氏は『全集』首巻「小伝」の中で、

両者挿註の疎密の差はあるが、様式は全く同一である。そして上欄に標註があることも両者同じである。私は嘗て、此の両者と、其外に契沖の勢語胆(臆)断、真淵の伊勢物語古意、藤井高尚の伊勢物語新釈とを比べて見たことがあるが、臆断、古意、新釈に無い説で、添註と箋とに同じ説の標註したものが少くないし、又稀には、本文の挿註で、全く同文の個所もある。例えば「問へばいふ問はねば恨む武蔵鐙かゝるをりにや人は死ぬらん」といふ歌の次に□といふ古歌の心ばへをとれるなりけり□とある如きは、添註と箋と同文で、而も此歌を古歌と解したのは、臆断、古意、新釈に無い新説である。それ故守部の箋は、浜臣の添註の様式及び説をとり、更に自己の説を加へて詳密に解釈したものであると断定してさしつかへない。

浜臣との緊密な学的交渉

と説明しているが、要するに守部と浜臣との緊密な学的交渉を端的に示しているといえ

よう。

三　神典研究の端緒

津田正生宛の書簡

後年、国学者として一家を成してからの守部は、尾張の門人津田正生（まさなり）（後出）に宛てた書簡（桑名市、伊藤信夫氏蔵。年次は不明であるが、内容から天保後半期のものか）の中で、

其レヨリ種々ザツタニ迷ヒニ〱苦学シテ、三九才ニ始テ真ノ道ヲサトリ得タリ。是ハ事大ニ長ケレバ筆ノ及ブ処ナラズ、……真ノ処ハ真淵・宣長ガ云処ニモアラズ、其已前之処ニモアラズ。実ハ未ダ顕ハレザリシ也。序アラバ追々ニ聞ユベシ。アナカシコ。

と報じ、三十九歳（文政二年、一八一九）のとき、「真ノ道」の発見によって自己の学問に新たな視野の開けたことを追懐している。

「真ノ道」の発見

『古事記索隠頭書』

右の書簡には、苦学の末悟り得たという「真ノ道」の内容について明示するところがないけれど、「文政二年五月十五日　橘庭麿」の奥書をもつ『古事記索隠（さくいん）頭書』（索隠とは隠れたる理を探求すること）なる一文の中にいみじくもこの追懐を裏書するものが見出されるように思われる。そ

『古事記索隠』

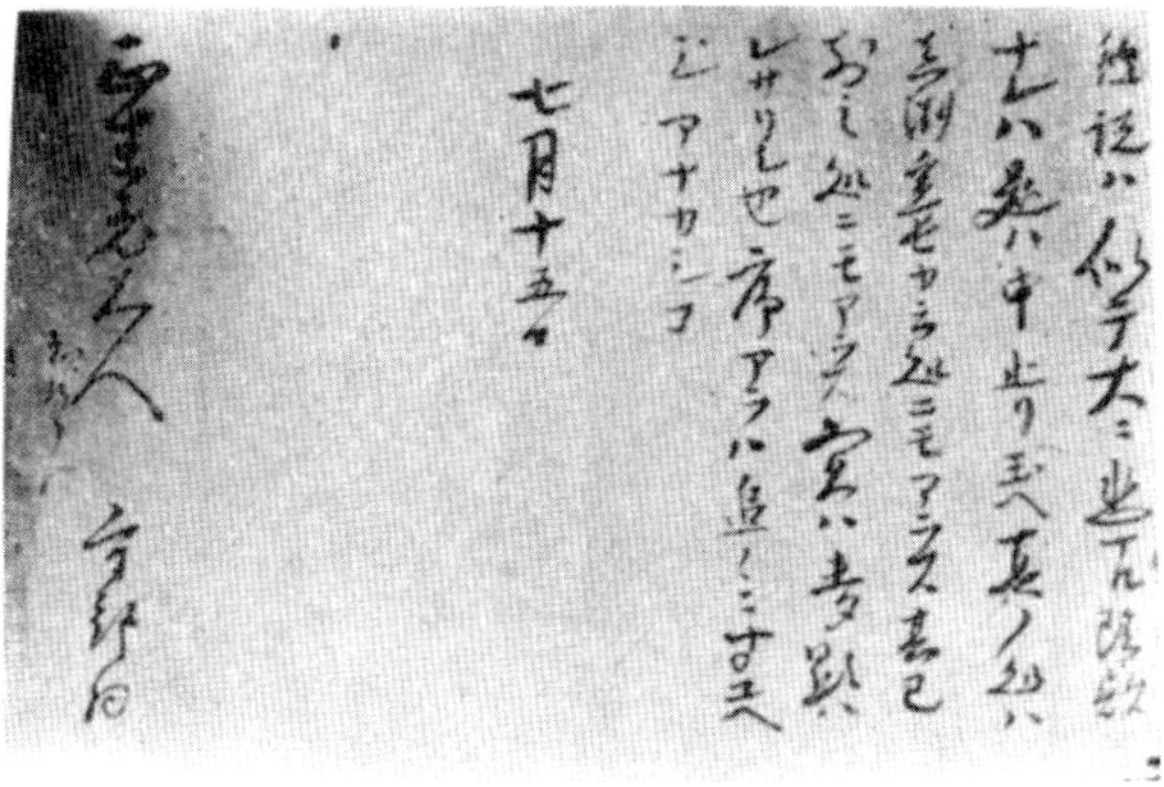

守部の津田正生宛書簡

こでまずその所説を検討してみることとしよう。

『古事記索隠頭書』は、宣長の『古事記伝』を不当と感じた守部が、独自の着想に基づいた『古事記』の注釈書を企図したさいのいわば覚え書きである。『全集』には収載されず、『国学大系　橘守部集』（太田善麿氏校訂、昭和十九年刊）においてはじめて活字化された。実は、半紙わずかに六葉という原本には表題がないのであるが、最も初期に心懸けていた守部の『古事記』注釈書の題名は『古事記索隠』らしいこと、この末尾に「別に古事記の注釈作らんの心あれば、今此頭書は、たゞその一端を記すのみ。」とあることに基づいて、太田氏が『古事記索隠頭書』と命名されたのである。

つら〳〵帝紀を考ふるに、舎人稗田阿礼、天武天皇の勅語を伝ふとはいへども、そのかみは天下になべてかたりつたへたる古ことにして、日本書紀の一書どもは、皆そのかたりつたへの異説どもとみえたり。故レ万葉集の歌を見るに、此帝紀のふる事は、ひなのはてなる女童といへども、皆よく心得をるさまに見ゆ。これ御世〱のすめらみことの私ならぬあかしにて、その事跡もたしかに伝へ来にたれば、これをうけぬは、皇国の民たらぬなり。されど宣長の伝の如く、あやしき事をもこと〲く信じよといふ時は、かへりてみながらいつはりにおちて、たふとき帝紀の世にひろまる時なかるべし。

このように書き出した守部は、そもそも「神代の古言」は天皇の系図、神社の来歴、諸氏と国々の事蹟などの「実事」を、「昔咄し」のかたちとして語り伝えてきたものであり、したがって長い年月を経るうちに「実事」の中に「戯れ」が加わり、「戯れ」の中に「実事」を含ませるようになるのは必然的な趨勢ではあるが、しかし「それをもつて実事までを疑ふ事なかれ」と述べ、奈良時代までは誰も「実事」と「戯れ」の区別をよく弁えていたから混乱はなかったものの、時代の降るにつれいつしかこの区別も曖昧となって、神典の真実が見失われてしまったといい、

「実事」と「昔咄し」と「戯れ」との弁別

しかるを、此事をわすれはてし千歳の後にして、おそくをぢなき此庭麿をしも、は

じめて此事をさとりつるは、いとたふとく、うれしく、かつはあやしきに、此心して見もてゆけば、いとか安くして、疑ふふしもなく解ゆくぞ、又あやしき。

と結んでいる。

宣長学批判

以上が『古事記索隠頭書』の要旨であるが、この中で守部は神典に対する宣長の没批判的・信仰的態度を批難する一方、逆に「実事」まで否定する側の見解にも与(くみ)していない。「神代のことは、往古より人口に言ったへたる談話なるを、其事の有無真偽をもとはず、又其ことの怪誕不経なるをも論ぜずして、姑(しばら)く是を存して、史の始に載られたるものにて、深きゆゑあるにハあらず」(「答和泉和麿書」『明道書』所収)とは、村田春海の抱く確固たる神典観であったから、守部が「実事」否定の立場と目したのはおそらく春海およびその一派(江戸歌文派)であったと思われる。

村田春海の神典観

これに対し守部は、春海らの合理主義的な知性によって「怪誕不経」と一蹴された神典の中に「実事」の存在を確認し、しかも宣長の没批判的態度を離れた視角からいわば神典の再評価を試みようとしていたのであって、その最初の習作が『古事記索隠頭書』であったとみられる。のちのちまで「三九才」という時期の重要性を明瞭に自覚してい

「三九才」の重要性

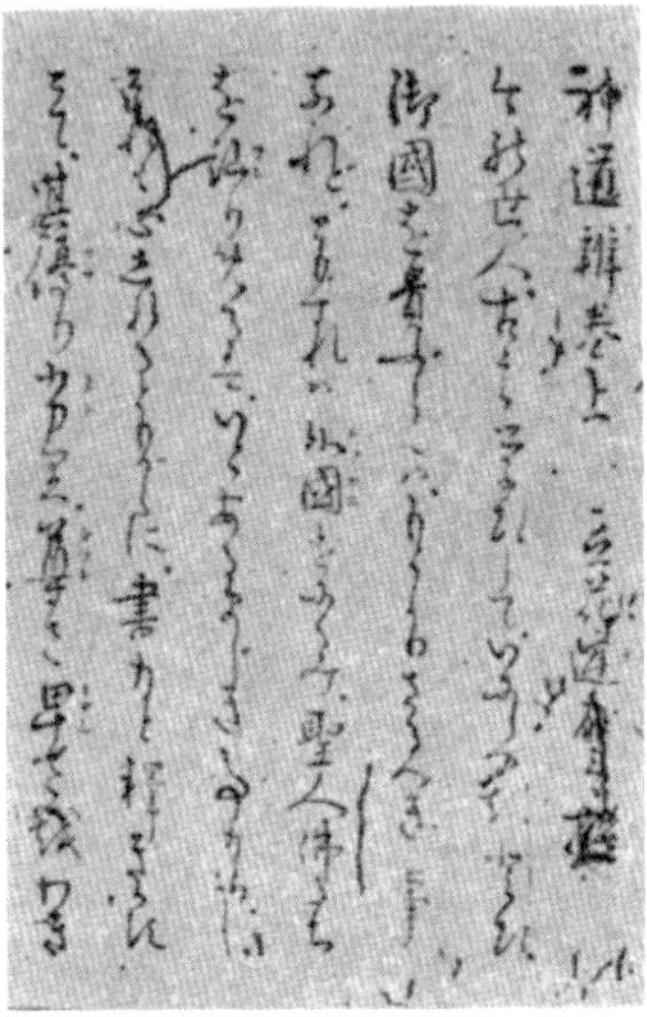

たのは、神典解釈のための「あやしき」方法を会得し、「真ノ道」の核心を把握しえたと感じたそのときの喜悦を忘れがたかったからではあるまいか。事実、これ以後は歌文の研究とともに、従来「意智ニフル、モノ」とされていた神典にも一方ならぬ研究関心を寄せることになるのである。

『神道弁』の自筆稿本
巻頭に「立花庭麻呂撰」という署名がみえる。（慶応義塾大学斯道文庫蔵）

『神道弁』

『古事記索隠頭書』に続いて、翌文政三年の春、守部は『神道弁』一巻（『全集』第二所収）を著わしている。巻末に「猶つぎ〱神典のときざまをさとし、宣長ぬしなどの、心得たがへをわきまへんとす」と気負っているのをみると、前年に「真ノ道ヲサトリ得タ」自信を背景とした一書と察せられる。その内容を摘記すれば、唐土・天竺その他西洋の国々も大己貴（おおなむち）・少彦名両神の経営するところで、儒教・仏教などもこの両神がその土地柄に適する教説を立てて国を保たせ、やがてわが国に欠ける面を扶助させるべく種々の材料を準備しておいたのであるから、外国のものだからとて思慮もなく嫌いにくむべきではないと諭している。しかしこの主張は、すでに平田篤胤（一七七六―一八四三）がその著『霊能真柱上』（文化九年刊）において、

篤胤の『霊能真柱』

もろ〳〵常世の国々より、その産物多に献りて、親び奉らむとはするよ。此はその元因みな、大名持・少彦名神の御霊の、彼ノ国々に坐まして、其を悉に、よりて仕へ奉らしめむと幸ヒ賜ふなれば、彼ノ二柱ノ神の御貢と奉りたまふ謂にて、外ッ国もろ〳〵の参来る事を、二柱ノ神して所掌看す故になもありける。

と述べた見解と一致している。守部自身は一言もこのことに触れていないが、国学者としてすでに一家の学を立てていた篤胤の著書から、啓発を受けた点があったと考えるべきであろう。

篤胤の著書からの啓発

ところで守部は、三十九歳前後のある時期、これまで無二の親交を続けてきた浜臣と一時深刻な不和に陥ったことがある。その原因は、守部の所持する『和訓類林』七巻（海北若冲著）を借用した浜臣が、これに手を加え、『語林類葉』二〇巻と題する国語辞書を著わしたさい、守部考案の新説を盗用したためであるという（高井浩氏「関東機業地における文化社会の新生」『日本歴史論究』所収）。

浜臣との不和

浜臣の『語林類葉』

『穿履集』に「おのれ幸手にすみける比、清水浜臣いと心ぎたなき事のありけるに、よみてつかはしけるうた」があり、その中で「わがつくるあらきの弓を、人しれずけづりかへては、しがものとなせるやなにぞ」と詠んでいることはそれを裏付けていよう。ただ、

不和、表面上は解消

文政三年には、浜臣の依頼を受けた守部が契沖の筆蹟を模写しているところからみて（高井氏、前掲論文）、両者の仲はこの頃までに一応表面上は元に戻っていたと察せられる。

　此後浜臣たび〳〵とひきて、ひたぶるになだめければ

　手束弓つらをたてどもうさゆづるかけて絶間をさらばつぎてむ

とはいひつれど、猶やう〳〵うとくなりにけり（『穿履集』）

右の歌はこの時分の作であろう。なるほど守部は同六年七月の桐生における「春秋歌合」に揃って判詞を書き、翌七年八月、浜臣の没した時も前掲の歌（三六ページ参照）をもって哀悼の意を表わしてはいる。しかし一たん冷却したのちの両者の関係は、もはや以前のような親しさに戻ることをえなかったようである。

守部の新たな自覚

なお、右の不和一件の発端が剽窃（ひょうせつ）問題にあったことは確かとしても、その底流には守部の新たな自覚も潜んでいたのではあるまいか。なぜなら、いわゆる江戸歌文派と称せ

られる人々は、国学者というよりむしろ文人であって、詠歌文章の道をもって国学の要諦とみなし、古典研究の動機も自己の文芸的趣味性を満足せしめるためのものであったから、ようやく「真ノ道ヲサトリ得」て古道の闡明に情熱を傾け始めたこの頃の守部が、こうした浜臣との間に看過しえない国学観の相違を感得するにいたったとしても何ら異とするに足りないからである。では、このような守部の態度を江戸歌文派の側ではどのように観察していたであろうか。浜臣と同じく春海の門人で、歌名をもって聞えた本間游清（一七七六—一八五〇）の書簡（『国学大系橘守部集』所収）には、

浜臣との国学観の相違

本間游清

江戸近在に而も、橘元輔と申本居の門人有レ之、もつぱら愚俗を教化し申候。文は宣命、歌は万葉以上と申候。而してエゾ人の物いふやうなる風調をのみ喜び申候。総てかの流の弊は、古をのみ尊み、後世の事を取用不レ申、殊の外行ちがいたる了簡にて、中々一座にて、物語などは出来難く、兎角人と争ひ、漢学を排して、此国の道と申事を専らと申立申候、云々

と述べたものがあるが、これによって、宣長の国学を排撃した江戸歌文派の人々よりみれば、幸手在住の守部は同じ学派仲間ではなく、むしろ「本居の門人」と断ぜられるほ

守部は「本居の門人」

どに宣長流と目されていたことが知られるわけである。

四　桐生・足利門人との交渉

〝関東の西陣〟桐生

〝関東の西陣〟として知られる桐生では、江戸時代の中期以降織物業の著しい発達によって、機屋・買継など町人の経済生活がゆたかとなり、学芸に志す資力と余暇をもつ者が増加した。一日半路の行程にある江戸とは商取引が活発に行われたから、おのずと文化的交流も緊密になり、出府して知名の学者・文人の門を叩く者や、上毛巡遊の学者・文人が土地の豪商・豪農と師弟関係を結ぶ場合も少なくなかった。とくに、封建社会の身分上の制約にあまり拘束されず誰でも機屋を開業できるというこの地の自由な気風が、

文芸の開花

文化の発展にも大いに作用して、寛文―延宝（一六六一―八〇）頃から漢詩・和歌・書画・俳諧・狂歌といった多様な文芸が開花し、文化・文政から天保前半期にかけてはその全盛期であった。

足利の機業

一方、明和（一七六四―七二）頃から抬頭した足利の機業は、文化・文政期に地元の創織にかかる製品が現われ、需要も急速に伸びたが、長く桐生市場の傘下に属していたため独自

の市場を開設するのは天保以降であり、また封建領主の規制力もかなり厳しいものがあったため、全般的な学芸の発展は桐生に及ばなかった。しかし、桐生とは近隣の同業地として商業取引上の人的交流は盛んであったから、種々桐生の文化の影響を受ける点が少なくなかった。

守部と桐生・足利の機業家・豪農との関係

実は、守部はこの桐生・足利の機業家・豪農など民間有力者の多大の支持と協力を得ながら、みずからの学問を向上させていくのである。それでは、この地方の国学がどのような発展を示しなかんずく守部との関係はいかにあったか。この問題についてはすでに髙井浩氏の研究（「桐生国学発達史」㈠―㈣、『群馬文化』三・四・五・七号。前掲「関東機業地における文化社会の新生」「吉田清助秋主伝」『近代群馬の人々』所収）があるので、以下それらに依拠しつつ述べることとしたい。

桐生地方の国学

長沢紀郷

星野貞暉

桐生地方の国学は、宝暦―明和―安永（一七五一―八〇）の頃、蕉風の俳人で和歌にも堪能であった建部綾足（あやたり）（一七一九―七四）の数度の来訪と、桐生新町の分限者長沢紀郷（買継）が明和年中京都から下った西野常竜のため学舎を設けたことに端を発する。ついで天明―寛政期（一七八一―一八〇〇）には、真淵門下の加藤（橘）千蔭（一七三五―一八〇八）の指導を受け、長沢紀郷・星野貞暉（桐生横町、機屋）・玉上政美（桐生新町、機屋・買継）・石原貴周（今泉村、買継）・関口顕尚（本宿村、機屋）らの有志によって本格的な歌学びが行われるようになった。文化五年（一八〇八）千蔭の没してからは、しばらく貞暉が有志の指導に当っていたが、同十年頃から清水浜臣に教示を仰ぐことが多かった。この貞暉は仲間の増加につれて文化の末年頃から家業を廃して門戸を張り、その指導に専念したほどの篤志家であって、守部も後年貞暉の業績について、「この人世にありける程、桐生の郷に歌のいたく行はれつるも、偏に学びの余にぞあなる」と高く評価している。一方浜臣は千蔭と同門で和歌・文章に秀れたその博識が桐生仲間の嘱目するところとなり、かれらの趣向とも合致したため喜んで迎え入れられた。

守部と桐生・足利の有志との接触

守部が桐生・足利の有志とはじめて接触の機会をもちえたのも文化十一年頃、おそらく浜臣の紹介によってであったと考えられる。守部の住む幸手宿が桐生・足利と江戸との中間に位置する便宜もあって、以後師範の浜臣を助け、いわば準師範格として仲間の指導を受け持ち、しだいに仲間の強い支持を約束されるようになった。このような状況に立ちいたると、二人の師を同時に戴く門人の動向をめぐって、つまり浜臣側からすれば、守部が割り込んでその門人を横取りしたかたちとなって、両者の間に気まずい感情の対立が生じ、それが前記のごとき両者の不和の感情を一層促進する因子となったので

浜臣との感情の対立

はあるまいか。

吉田秋主

小佐野豊

ともあれ、文政の中期から、それまで長老格として中心的立場にあった星野貞暉に代わり、新興の機屋吉田秋主（清助、一七九四―一八五七）が頭角を現わして桐生仲間の指導者に成長し、足利の小佐野豊（機屋・買継）とともに仲間の主柱となった。守部がこの秋主から受けた物心両面にわたる庇護はまことに大きく、このことは後に詳しく述べるところであるが、ここでは守部に入門するまでの機業家秋主の輪郭を簡単に描いておくことにしよう。

機業家秋主の輪郭

秋主の祖はもと下野国飛駒村馬立の郷士であったが、寛文十一年（一六七一）、甚兵衛の代に桐生新町に居を移して吉野屋と称する商人となり、次の代嘉兵衛の元禄期（一六八八―一七〇三）には荒物をはじめ質屋・呉服・太物・買継などを幅広く営み、はやくも佐羽家と並ぶ地元屈指の豪商となった。しかるに、秋主の父安兵衛の代には営業のおもな地盤であった奥州の農村が天明期（一七八一―八八）の大飢饉によって壊滅的な打撃を受けたことや、寛政期（一七八九―一八〇〇）の厳しい緊縮政策などによって甚だしい経営不振に際会していた。秋主はこの危機を打開するため、従来の兼業主義を廃して専業の機屋へ転身することを決意して上洛、西陣において修業すること一年あまり、文政三年（一八二〇）二十七歳のとき、二一両の資本を元手として織機二台の小規模な作業場で製織を開始した。以後、鋭意新技法の導入、新規織物の考案、販路の拡張につとめるとともに、賃機屋に原料糸を前貸しして織らせる出機によって経営規模を漸次拡大し、さらに製織工程を分業にもとづく協業により分担させるいわゆるマニュファクチュア方式もとり入れて作業能率の向上につとめた。その結果、七両にすぎなかった初年度の利潤は、二年後の同五年には一三八両、同十年には一三一二両、同十一年には一六九八両と急速に伸び、一代にして確固たる大機屋の地位を築いたのである。

秋主、浜臣に入門

　秋主は家業が軌道に乗った文政五年七月、上野不忍池の端の浜臣を訪れて正式に入門し、書信の交換はもちろん泊洦舎（さざなみのや）での歌会にもきまって作品を送り、師の批評と添削を求める精励ぶりであった。秋主という号も、浜臣がその入門に際し、「歌道ノ名乗ニハ秋主可レ然トテ付ケ」てくれたものなのである。

浜臣没する

　かくして、守部と桐生・足利の有志との交流は浜臣を介して深まり、浜臣が文政七年（一八二四）八月四十九歳で身罷ってからは、両者の交誼は一段と親密の度を加えるに至った。同九年七月、守部は小佐野豊（和楮舎と号す）の後援によって浅草の書肆和泉屋庄次郎から長歌

『讃江戸歌』

処女出版

『讃江戸歌』を石摺によって上梓じょうししている。出版には少なくとも一年ほどの期間は必要であろうから、浜臣の没後まもなくその準備が始まったとみるべきである。『讃江戸歌』は、文政七年の秋、江戸で求められるままに詠んだ歌を豊が請うて版にしたので、もとより研究の業績ではないけれど、守部にとっては記念すべき処女出版であり、やがて三年後の同十二年、江戸へ進出する先触れでもあったとみられる。この冊子の末尾には、

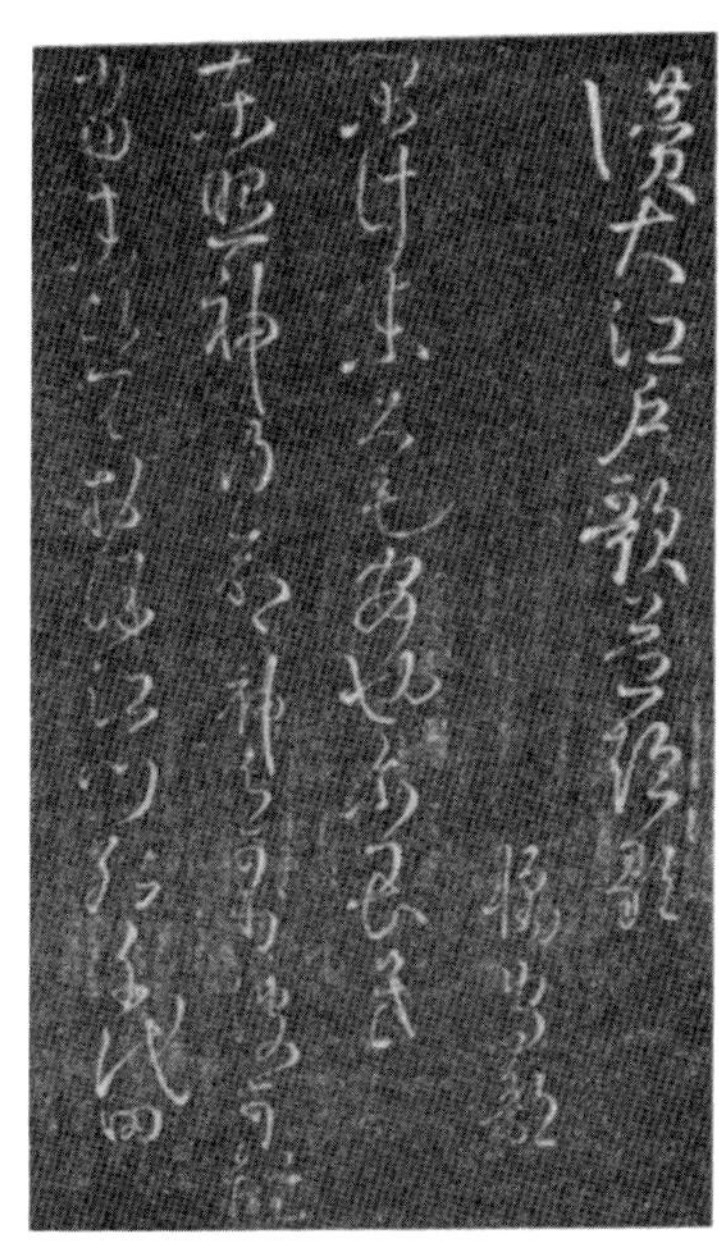

『讃 江 戸 歌』
従来の「庭麿」を改め,「守部」と書いていることに注目（77ページ参照）（慶応義塾大学斯道文庫蔵）

出版予告

橘先生著述
土佐日記觽けい　嗣出
五十音図説　近刻
長歌選格
文章選格
難語考
神道弁

として出版予告を付しているが、実際に果した守部の業績

秋主ら守部に入門

桐生社の誕生

守部への資金援助

からみて、これらの著述はこの時期までに一応まとまり、門人の後援が得られれば出版の成算もあったのであろう。『神道弁』を除いてはいずれも後年上梓されている。ただ秋主らが先師浜臣の三回忌までは守部への入門を差し控えていたため、正式に師弟の関係となったのは文政十年二月、歌会に招かれた守部が来桐した折であって、他の有志一〇名程もこのとき同時に入門したもののようである。翌十一年には仲間の数が倍増して活動も盛んとなったため、国学仲間を桐生社もしくは桐生連と称して漢詩文の翠屛社、狂歌の桐生万歳連などと区別するとともに、守部への資金援助も活発に行うようになった。

第一表　桐生国学常連活動者年別表（高井浩氏作成）

文政6	同9	同10	同11	同12	同13	天保4
10	15	10	23	20	18	21

すなわちこの年、秋主ら一四名が年始に二両二朱、盆と暮にそれぞれ五両二朱を届け、また同年九月には社中の者が醵金した四五両を積み立て、毎年盆・暮二季に半年分の利息五両ずつ送ることを決めている。このほか秋主が江戸出府の途次幸手に立寄って一両贈っている（文政十年）ような個人的な謝礼もあった。こうした積極的な支援活動は、〝関東の西陣〟桐生の機業家にしてはじめてなしうる所為であった。

桐生訪問

『六十番歌合』

また守部にしても、桐生社を恃(たの)む心情には並々ならぬものがあった。たびたび桐生を訪れて社中の好意に応(こた)えるとともに、歌合せには契沖・真淵・宣長ら故人を判者に登場させたり、歌会には点取りを行なって競詠心をたかめるなど（四四ページ参照）種々趣向をこらし、門人の歌に対する興味を喚起しようと腐心している。歌会は臨時の場合もあったが、原則的には月並(つきなみ)会と称して毎月一度行なった。次に掲げるのは、文政十一年十月頃、秋主の司会で星野貞暉・西川等雄（足利、買継）・石原周朝（前記貴周の子）ら門人一二名が行なった「六十番歌合」に守部が下した判詞(はんことば)の一例である。

　七番　暁鵜川

　左　周朝

鵜飼人明行空やまつら川七瀬のよどをくだし尽して

　右　等雄

浮の世のやみははかなしともし火の暁かけて鵜川せし身は

羽倉大人(うし)（荷田春満）いはく、左のうたつゞけがらたけ高く雄々しき中に事をよくつくしてわづらはしからぬこそめでたきうたと申すべけれ。これにつけてもくすしきかなあやしきかな、かうきゝばえせるうたにかぎりて守部が撰格にかなへるなり。耳ふりたてゝきこしめせと、八ふさの鈴を打ふりつゝあまたゝびずんじ給ひき。下河辺大人（長流）いはく、右のうた又よく聞ゆ、但し結句は鵜川せる身はと云ふべきつゞけなり。又鵜川には立ともさすともいひならへれば鵜川さす身はともいふべし。かゝれど左の七瀬のよどにはいたくさしくだりにたり（徳田進氏「橘守部の未紹介資料六十番歌合の研究序説―短歌撰格の指導面への展開―」『関東短大紀要』第七集から引用）。

門人指導の実際

守部は宣長の神典解釈に反発を感じ、先人未発の新研究の開拓へ盛んな意欲を燃やしつつあったにもかかわらず、門人指導に際してはこの点をあまり力説せず、「天の下に人はおほけれど、古学の正統は真淵・宣長・守部と継ぐべきものなるぞ」と、むしろ国学正統の継承者たることの自負を強調して、門人に不要な不安感や危惧感を抱かせないよう細心の配慮を忘れていない（高井浩氏前掲「関東機業地における文化社会の新生」）。

家業優先を説く

しかし守部は、門人らが学芸に耽って家業を疎かにすることを嫌い、秋主に対しても「古学御熱心之義は、大悦之至に候得共、御暇御作り成候儀は、小生不得心に而御座候。第一は御家業、第二、第三両親等之御仕を経而後、御学問・御詠歌等心懸候儀専一に存候。」（文政十二年五月十三日付。守部の秋主宛書簡は、以下もすべて高井浩氏の読解されたものによる）と戒めていたが、家業の優先を説いて堅実な方針を示したことは、桐生社中の生活理念ともよく符合して好感をもたれたようである。守部が卑近な活計の心得をさとし、その意見雑話を書き綴った『待問雑記』（『全集』第十二所収）には、商家の主人の心構えを懇切に説明している箇所がいくつも見出される。いまそのうちの二例を引用してみよう。

○商売(アキナヒ)をする家のあるじは、仮令(タトヒ)使者(ツカフモノ)数多(アマタ)もたらんとも、自身常に見世の棚(タナ)を離(ハナレ)ずして、物買ひに人来る時は、かならず言(コトバ)をかけ、迎接(モテナシ)をよくすべし。さて商ふ奴僕等にも音(コエ)をかけ、廉(ヤス)くして進(マキラ)せよ、権衡(はかり)をゆるくかけよ、丈(タケ)を延(ノベ)てさせよなど、いく度もいふべきなり。しかいへばとて、しかすべきにはあらねど、買に来し人の心、いかばかりか快(コヽロヨ)からん。

○人あまた使はんあるじは、常に私の心を用ひず、そのつかふものを挙用(アゲモチフ)るにも、懲(コラ)し警(イマシ)むるにも、自ら人を知る心は心として、衆(モロ〱)の心をとひきゝ、ひたすら賞罰を正しくすべきなり。さらでは、よく勉(ツト)め勤務(イソシム)ものども、憑(タノ)みなくおもひて不レ服(マツロハズ)。まして依怙(えこ)のさたを用む時は、さかしき者は咸離(ミナハナ)れ、鈍(オロ)かなるものゝみ、残りとゞまりて、家の衰となりぬべきなり。

『待問雑記』門人の間で好評

文政十二年（一八二九）三月、『待問雑記』の稿本が桐生に届くや門人の間に次々と回覧・筆写されて好評を博した。この書が機業家のいわば日常生活の知恵としてすこぶる有益だったからであろう。少年期に漂泊の身を大坂の商家へ寄せたり、妻を回漕問屋から迎えるなど、何かと商家に縁の深かった守部は、商業に関する知識と話題が豊富な人であった。桐生社の人々は、千蔭や浜臣にはみられなかった新しい魅力を守部に見出したといってよいであろう。

橘を姓とした所以

なおここで、守部が橘を姓とした所以（ゆえん）、および庭麻呂を守部と改めた時期と理由について一言触れておきたい。北畠具教（とものり）の正統といい伝えてきた守部の家系からすれば、北畠ないし源の姓を名乗るのがむしろ自然であって、実際『芦荻抄（ろてきしょう）』（後出）の稿本巻一の署名のように「北畠源守部謹撰」とした場合もみられる。しかし普通これを採らず、もっぱら橘氏を称しているのは、母方の苗字である楠氏が左大臣橘諸兄（もろえ）（六八四―七五七）の後裔と伝えられる楠（木）氏と同姓であるところから、その由縁を誇ってのことと推測される。古代を尊重し万葉研究にも熱意を傾けた守部であるから、源氏よりも橘氏の方に系図上の誇りを抱いたためであろうか。

守部と称した年次

守部と称した年次については、自筆稿本『土佐日記觽（けい）』

の序に「文政九とせ二月の十日ばかりにかきをへて、すなはちしるす、橘守部」とあるのを初見とし、吉田秋主の筆録によれば、

橘守部大人本姓北畠源氏也、北畠家の末葉続分にて、南朝・北朝とわかりたる時分に、南朝への貢を途中にて奪れ候事たびたびに付、其貢物へ守部といふ焼印を押し奉たりし、其焼印など今に有レ之と也。守部の名は其焼印によりて付たると也。

というのが改名の理由であるという（高井浩氏、前掲「桐生吉田家所伝史料による橘守部伝の補正」）。これによれば、文政九年（四十六歳）から父親の遠祖を慕い、庭麻呂に代えて守部を名としたわけである。この時分はちょうど『讃江戸歌』を出版し学問への自信を深めつつ江戸進出の機会を窺っていた頃に当るから、あるいは心機一転の決意をこの改名に託したのかもしれない。先にも引用した折口信夫氏の「橘ノ元輔源ノ守部」には、「橘ノ守部といふ号は、万葉集の『橘の（をカ）守部の里の門田早稲』といふ歌から採ったものなので」という一節がある。

折口信夫氏の解釈

橘守部という姓名の由来が、『万葉集』の「橘を守部の里の門田早稲刈る時過ぎぬ来じとすらしも」（二二五一）にあるとする折口氏の論拠はここに示されておらず、また管見でもこの点を確認する資料が見当らない。したがって断定的なことはいえないが、万葉歌の一

首にその由来を求めるよりも、守部と秋主との親密さから推して、前記秋主の筆録の方が改名の事情を正しく伝えているように思われる。

第四　江戸進出と学問の進捗

一　転居と『山彦冊子』の出版

波瀲舎

守部は文政十二年八月、ふたたび江戸に居を移して深川大島町（現江東区大島）の石場橋際に住み、ここが深川の海辺近くだったところから家号も波瀲舎（なぎさのや）と称した。転居に先立ち「深川も一向心ニ不ㇾ叶地ニ者御座候得共、先日出府中何方も不良、大火後、借地も一向無ニ御座ㇾ候ニ付、只々あるに任せ候義ニ御座候」（七月二十九日付）と秋主に報じているのをみれば、この三月、神田から出火して下町繁華街を全焼したいわゆる己丑の大火の影響を被って、よい環境の家が見当らなかったのであろう。しかし転居後「家号を波瀲舎と改申候ニ付、春ニも相成候ハヽ、短冊之形、中程を銀の波、下の所を金ニ而、渚ニ小貝など小々えがき、上の方霞みニいたし候やと存候」（秋主宛、十二月三日付）という守部の書面には、ともかくも長年の懸案であった江戸進出を果しえた一種の安堵感が漂っているように思われる。守部は

長年の懸案を果す

幸手時代に引き続き、小規模ながらここで塾を開くことにした。

江戸転居の動機

そもそも二十九歳の守部が縁故の薄い幸手へ移ったのは、すでに述べたように、静閑な土地で何よりも学問に専心するためであったから、幸手に永住の覚悟はなく、将来を期する一時の沈潜と目していたのであろう。ところがその地で妻を迎え、二子をもうけ、ここが江戸へ比較的容易に足を運べる便宜をもっていたために、思わず知らずこのとき四十九歳、すでに老境にさしかかっていたわけで、守部は二〇年に及ぶ幸手時代を回想して感懐一入(ひとしお)なものがあったに相違ない(四一ページ参照)。『讃江戸歌』を石摺にし、巻末に六種の著述目録を掲げて、江戸進出への布石とした時から数えてさえ、はやくも三年の歳月が流れ去っていた。守部にとってこの江戸転居は、かねて強く念願するところだったのであるが、この時点でそれを決意した最大の動機は、一騎当千の中央学界においても十分自己の地位を確保しうるという学問的自信の裏付けができたことであろう。すなわち

学問的自信の裏付け

「愚老事此学者仲間偏執なる世の中ニも、学問の上においては、既に五七ケ年来より追々遠近共従服いたし来る中ニも、殊ニ此両三年来ハ遠国迄もよく弘り、都下一般恐怖の色顕れ、不レ残切従申候」(天保二年十二月、秋主宛)という、凄まじい気魄がその自信を示している。た

だこの書簡が、後述する『山彦冊子』公刊の直後、その出版により守部が国学者として世間に注目され始めた時期の心境を吐露したものだけに、文面やや気負った感なしとしないけれども、学界を震撼させようとする欝勃たる闘志のほとばしりこそ、守部をして江戸進出を決断せしめた何よりの要因であることは間違いない。

茂松、西嶋蘭溪に入門

このほかに江戸出府の理由を挙げれば、㈠深川の家へ妻政子の母を伴っているところからみて、回漕問屋田村家が意外に早く没落の憂目にあったのかもしれないこと、㈡このとき十七歳に成長していた茂松に適切な教育を授ける必要性を痛感していたこと、などが考えられる。転居の翌十三（天保元）年茂松は江戸の儒者西嶋蘭溪（一七八〇—一八五二。天保中深川中の堀に櫓声庵を営み、ここに住居）の門に入り、翌年七月までそのもとで勉学した。守部は茂松を儒者にするつもりはなかったが、国学者の道を進むにせよ漢学の素養は基本と考えてのことであろう。

学者として立つ決意

いずれにせよ、守部は文政十三（天保元）年二月、転居後の取り込みが一段落すると、まずもって秋主に対し、「小子も貴君達之為ニ生涯閑居仕、自今以後、余命之限、ただ著述而已(のみ)仕、追々稿本出来次第、不レ残貴君許へ上置可レ申積」（二月二十六日付）と、学者として立つ決意を披瀝し、この書簡に添えて、かねがね準備中の著作に関する、次のような目録（『国学大系橘守部集』「解説」所収）を書き送った。桐生社にかける守部の期待がいかに大きかったかを窺える

「御連中方の御為ニ追々取懸候書目」

とともに、江戸進出のためにはこれらの著作の準備を一応整えていたことも知られるのである。

御連中方の御為ニ追々取懸候書目

日本書紀分釈　凡二十巻

書紀は神典の最一、歴史の祖なるを、むかしより漢(から)よみにして、いまだ絶て正訓によみたる書あらざれば、漢学に疎き世の学者常にこれに窮せり。実にまた難きわざにして、此後とても、これを改むる人はあるまじきさまなれば、ぬしたちの為にこたびおもひを起して悉く古言の正訓によみ直し、本文の解がたき所々には、簡古ニ分釈を加ふる也。

古事記索隠　凡五十七冊

古伝の正実を悟る余が一家の素意を以て明かに注するなり。

古語拾遺原訓　凡二冊

これも書紀の如く古訓に改め、分注をくはふるなり。

紀記(ママ)歌解　凡八冊

万葉歩槑　凡三十冊及四十歟
紀記歌解同様に注するなり。
祝詞参考　凡五冊
祝詞考の誤を改るなり。
三代集別注　凡五冊
先注ともに了簡違ひせるうたのみぬきく注せるなり。
駐雲鈔
神楽催馬楽の注なり。星野氏にもたせる書は贈り置可レ申候。
雅言海
難語考　凡四冊
俗語考　凡二冊
五十音図説　凡一冊
みしかゆふ　凡五冊
随筆なり。

讃新葉集　二冊
長明集微旨　二冊
事によらばこれらも。

『紀記歌解』『難語考』

著作目録を添送したのと同じ二月二十六日付の書簡で、これらのうち『紀記歌解』と『難語考』は早速に稿本としたく、とくに後者については当年中に印刻に付したい希望をもっている旨も伝えたが、このとき守部は『紀記歌解』巻三を鋭意執筆中であり、一月中に稿の成った巻一・巻二をすでに桐生へ送り届けていた（『紀記歌解』は、記紀歌謡の注釈書であって、執筆途上に『芦荻抄』（十五巻）、次に『八十ノ言別』、さらに天保十五年『稜威言別』と改題し、晩年さらに補訂を加えて一〇巻にまとめ、弘化四年に完成された。この書の出版や学問上の意義については第六章で述べることにしたい）。

秋主の思いやり

長期の充電ののちにいよいよ本格的な放電を開始した師守部に対し、秋主はすみやかに返書を送って温かい思いやりを示し、

追々御著述被レ下候書目拝見、毎度誠ニ難レ有仕合、即連中披露いたし候所、皆々大悦たのしみ罷在候、難語考印刻之事、実ニ片時も早く然様仕度義と存候、都而大切

之御考共ハ、稿なり次第、追々彫刻いたし度ものニ御座候。

と、能う限り出版の助力を約束したのである。そればかりではない。江戸に居を定めての暮しは出費がかさみ、地代や諸入用で年に一五－六両、著述と研究に一〇両ほどは何としても必要であるにかかわらず、年間の収入はさる大尽の好意による一〇両と束脩（そくしゅう）一五－六両しかなく、普通の生活ならばともかく、いく分なりとも余裕をもって研究生活を続けることには支障がある、と窮状を訴える守部に対し、秋主らは社中と協議の上、一〇〇両を醵金し、文政十一年の助成金四五両と合わせその利息を定期的に守部の宅へ届けることにした。これは「例年の御恩金」として以後長く継続され、その金額は桐生から盆に八－九両、暮に一〇両、足利からは暮一回一〇両ほどであった。

「例年の御恩金」

　さて守部は、『紀記歌解』の巻三以下も稿が成ると次々に桐生へ送付し、まもなく『苣荻抄』と改題した全一五巻を天保元年（一八三〇）九月には早くも脱稿した。ちなみに、桐生吉田家に現存するこのときの稿本（ただし星野貞暉の転写本）を調査された高井浩氏によれば、注や引用書に若干変更がある以外後年の『稜威言別』の骨子はほとんど出来ているとのことである。わずか九ヵ月でこの大部の著書を完成したのは、幸手時代すでに原稿の整備をかなりの程度まで進めていたからであった。守部から送られてくる稿本の保管や返却など、師と社中との連絡事務の一切は秋主の責任において行われた。

秋主の責任

門人への教育的配慮

稿本をその都度桐生へ届けた理由は、社中の人々に学問の成果を示してその支援に謝することと、後日出版の目安を立てておいてもらう目的があったことはもちろんであるが、このほかに門人への教育的配慮、つまり自己の著作を通じて古典に親しませ、歌学びの基礎的かつ実際的訓練をさせるという啓蒙的意図の働いていた点も見逃せない。門人達もこのような実際的な知識を何より求めていたのである。いまその一例をあげれば、秋主に対し、

> 右歌解之義は、偏ニ御連中方御学問為ニとて種々之語釈共迄委細ニ論じ置候義ニ有レ之候へば、毎月御会席又は臨時之節にも、御連中方御寄之度毎ニ能解之人ニ講釈の如く、御よませ一同へ御聞せ被レ下候ハヾ、御学問相進可レ申哉と存候。御相談之上、皆様御承知候ハヾ、御企可レ申候。（二月二十六日付）

と懇切に訓諭している通り、向学心を自主的に育成しようと努めているわけである。また桐生へ送付後に稿本補修の必要が起こったとき、補修の程度によってはとくに返却を

要求せず、秋主はじめ星野貞暉・小佐野豊・山藤清風（足利在小俣村の郷士、機業も兼ねる）らに指示を与えて校合・書き入れといった作業を分担させている場合がみられる。これらも社中に対する教育的効果を狙った措置であったと考えられる。

門人に作業を分担させる

ともあれ守部は『芦荻抄』の稿を脱するとすぐ、さきに上木について秋主の快諾をえていた『難語考』出版の準備に取りかかった。この書は、守部が『記紀』『万葉集』『祝詞』『催馬楽』『三代集』『伊勢物語』『源氏物語』『土佐日記』『枕草子』などを注釈もしくは講義する過程で、語釈上に従来定説をえていない語句・文章を選び出し、門人の問いに逐一答えるという形式をとって解説した語学書である。この『難語考』も『芦荻抄』と同様、幸手時代の草稿があり、さきの著作目録では「凡四冊」と目論見をしていたものの、あらたに部立てをして全一〇冊となし、そのうち三冊だけをまず「初編」として出版することとした。翌天保二年正月早々、板元を須原屋茂兵衛（日本橋南一丁目）と定め、五月までに板行分三冊（三巻）の稿本を修訂して完成させ、このとき書題も、問を発すれば直ちに答えが返る書物という意味で、はじめて『山彦冊子一名難語考』と変更した。改題の理由は、この著作の意図が従来定説をえていない語句・文章について自説を開陳す

『難語考』の出版準備

『山彦冊子』と改題

るところにあり、内容的にみて必ずしも難語ばかりを収めているわけではないと考えたからであろう。

浅草寺境内へ転居

これより先、守部は『山彦冊子』の稿本が完成に近づきつつあった四月頃から、もともと「一向心ニ不レ叶地深川」を去って、一日も早く別の場所に転居したいと切に願っていた。深川の家は今迄それと知らずに住んでいたけれども、隣家の人の話から、前に住んでいた家族六人がことごとく肺患または水腫風の病気で死んだことがわかると、何となくうす気味悪くなったのである。そしてさいわい月末には、金龍山浅草（せんそう）寺の境内に静かでよい環境の家を探し当てることができた。しかし一人の経済力ではとうてい買い求めることが不可能であり、また家主との交渉といった方面の才覚に自信がなかったのであろう、守部は秋主に対し出府し相談にのってほしいと懇願した。早速これに応じた秋主が家主である通塩町の伊勢屋権十郎と談判した結果、家屋代は五〇両、地代は無料ということに決まった。しかしこの家は浅草寺境内という特殊な立地条件のため、家屋代だけではすまず、このほかに浅草寺に奉納金二〇両、浅草寺を管理している上野の寛永寺にも奉納金二〇両と寺役人への祝儀一〇両余などの諸経費を必要とした。守部にとっていかにも大金であったが、不景気をおして秋主から三回分けに四〇両の寄金があり、転居ののち小佐野豊・西川等雄・山藤清風・高橋広継（桐生新町、機屋）と秋主の五名からは『山彦冊子』の板本代を含めて生活費三〇両が送り届けられ、伊勢屋も浅草寺役人との間を好意的に取りもってくれた。

秋主らの寄金

交渉が落着するとすぐ、五月五日に老母と茂三（茂松が元服後改名、繁三とも書く）が、ついで七月一日に守部夫妻と浜子が浅草に移った。守部の引越しが二ヵ月ほど遅れたのはおそらく深川の家の売却に手間どったためであろうが、それも門人たちのはからいによって首尾よく三〇両で買手をみつけることができた。

深川の家売却

門人や家主の厚情によって住むことができたこの浅草の家は、雷門を入って右へ一町ほど行ったところにある「弁才天の池の中嶋岡の上なる一ツ屋」（『心の種』下巻の著作宣伝文）で、八畳一間、四畳三間、三畳一間、それに茶の間・勝手・玄関があり、奥座敷が水面に浮かぶように建っている風流な造りであった。守部はこの家にちなんで号も池庵と改めた。『穿履集』には「浅草寺天女の宮のかたはらにすみける時」と詞書して、

浅草の家

風流な造り

よろづよもこゝにすまはむ池の面にあそべる亀のうきしづみなく

名に高き御寺の鐘にあえてまし世にひゞくべきわが身ならねど

ほか一首が載っているから、心静かに著作活動に専念するための場所としてこの家は恰好なものだったのであろう。

今月朔日辰、浅草池庵へ引移申候。万端都合克参候義、偏に貴君様之御厚情御蔭故と、家内一同難レ有がり、宜御礼可レ申様厚被二申聞一候。猶又如レ此引移候而は、此住居之月之景、寺内之夜景、池上之螢など入二御覧一度、一同噂而已(のみ)申居候。

茂三、学問的に成長

守部は七月一日付秋主宛書簡で、転居の望みが叶って感謝あふれる一家の気持をこのように述べている。まもなくこの新居においても塾が開かれた。この時分、十八歳になった茂三が、みずから『夫木集』の注釈を試みるまでに学問的に成長をとげていたことや、半年ばかり病気で臥せっていた十五歳の浜子がようやく針仕事に励める程度に回復をみせたことなどは、家庭の明るい話題であったにちがいない。浜子は前年の秋、守部と親しい駿河台の堀田伊勢守という四二〇〇石取りの旗本の屋敷へ奉公に上ったが、まもなく身体を悪くし家に戻っていたのである。

『山彦冊子』出版の経緯

ここで、ふたたび『山彦冊子』出版の経緯に注目してみよう。前に述べたとおり守部は

発売開始

出版元として須原屋を指定したものの、その後は出版条件をめぐって双方の意見に食い違いが生じ、板木彫刻の作業も思うように進捗しなかった。しかし、守部の要請を容れて桐生社中の西川等雄らが出府し、彫師への謝礼、製本料、配本方法など書肆と具体的な交渉を行なってこれを解決し、予定より若干遅れたけれども天保二年の十一月には奥付まで印刷の完了をみ、仲間売出し値段一分で十二月からいよいよ待望の発売開始となった。ただ、一家の生計の方は、秋主らの再三にわたる親身の援助にもかかわらず依然不如意で、苦心して収集した蔵書の一部を売却して返済に当ててさえ、暮にはまだ四～五両の借金が残り、一時は茂三までも奉公に出す以外方途がなかろう、と追い込まれた気分になって、思い悩んだほどであるが、折よくまたも秋主から出版費および生活費として二〇両余りが送られ、これによってようやく越年資金を確保することができたのである。

順調な売れ行き

こうして『山彦冊子』は、守部の真価を世に問う最初の著作となったのであるが、幸い、発売早々越後から一〇部でも二〇部でもよいから送ってほしいと注文が舞いこむほど好評をもって迎えられ、順調な売れ行きを示した。この好評に自信を深めた守部は、さきに引用した学界征服の大望を秋主に報ずる一方、須原屋のもとめに応じて早速「続編」上木のことを約し、翌天保三年二月からそのための板下清書に没頭する意気ごみをみせたのである。『山彦冊子』がよく売れる割には著者の収益はそれ程でもなく、須原屋のいわば巧妙な商法に乗せられたかたちであった守部は、当時大いに不満であったが、それにもかかわらず再び須原屋に出版を委ねることにしたのは、この機会をとらえ質的のみならず量的にも一気に類書を圧倒し、後続の著書なかんずく『三撰格』（『長歌撰格』『短歌撰格』『文章撰格』）への有利な布石としたい、と考えたからである。事実、守部は前年八月、秋主に「長歌撰格も板下清書出来仕候」と報じ、続いて十一月「短歌撰格稿本落成……漸今度は心底ニ相叶十分に出来仕候様存候」と述べ、この段階ではもっとも遅れていた『文章撰格』さえ「半分以下下案なしに認申候故所々不出来」（天保二年六月十八日付、秋主宛）ながら、すでに六月には一応草稿を書き了えていたのであって、「いづれより上木仕候而も不苦相成申候」（十一月二十六日付、同）と、『山彦冊子』に続いては『三撰格』を出版したい積極的な意向を表明していたのである。

『三撰格』

『山彦冊子』「続編」上木のための板下清書

『山彦冊子』「続編」の板下清書にとりかかった天保三年二月、その初午の日、伊勢で九十歳にし

生母九十歳の祝宴

てなお存命の生母のために祝宴が催されることを聞いた守部は、桐生社中の門人たちと故郷の名所旧蹟にちなんだ和歌を詠み、それに反物・帯などを添えて母と縁者のもとに送り届けた。できることなら守部もこの宴席に連なって、荊路(けいろ)にみちたすぎし日の思い出を、そして国学者としての今後の抱負を、年老いた母親の耳元に語りかけたかったことであろう。

機屋飢饉

「続編」上木断念

『三撰格』改稿

『土佐日記幅注』

しかし、須原屋との上木費用分担についての交渉は難航を続け、同三年四月、守部の依頼をうけた足利の山藤清風が門人を代表して出府し、直接の談判に及んだものの、この度は結局不調に終り、勢いこんで始めた板下清書もついに断念せざるをえない事態となった。交渉が不調となった背景には、この時期の桐生が己丑の大火以来の深刻な不況から脱却できず、桐生新町だけで四〇軒もの機屋が次々に閉店するという、いわゆる機屋飢饉の状態に陥っていたことも大きく影響しているようである。『山彦冊子』の好評により国学者としての自信を強めつつあっただけに、「続編」上木の見通しが急に立たなくなったことは痛手だったにちがいないが、守部はこれに屈せず四―五月に『長歌撰格』を、六月に『文章撰格』を、十一月に『短歌撰格』をそれぞれ改稿もしくは再吟味し、引き続いて年末までに『土佐日記』の注釈書である『土佐日記觽(けい)』の改訂をすすめて書題も『土佐日記幅注』と改め、またその間隙をぬって門人長沢元緒(紀郷の女婿)の請をいれ『書目童唱』という児童向けの国学入門書を執筆するなど、活発な著作活動を展開した。『書目童唱』（『全集』補巻所収）は、児童の誦習すべき古典の主要書目という意味であって、その作者、成立年次、内容の大体を簡潔な七五調の律文をもって書き綴った読本である。いま『古事記』と『土佐日記』の部分に例をとり、内容の一端を示してみよう。

古事記ハ舎人稗田ノ阿礼、天武ノ勅語ヲ暗記シテ、天地開闢ノ始メヨリ、皇祖ノ歴朝推古マデ、代々ノ旧辞ヲ具ラカニ、伝ヘテケルヲ元明帝、和銅五年ニ勅ヲ承ケ、太安万侶筆記セリ、最モ正シキ典ナレド、間ナク書紀ヲ修録シ、委ク撰定為ラレシヨリ、正史ニ立ズ成ニケリ。

紀行ハ貫之土佐日記、土佐ノ任竟帰京セル、船路ノ程ノ筆記ナリ、素本纔カニ一冊ノ、物ニハアレド仮字書ノ、文ノ濫觴規則トモ、成スベキホドノ物ナルベシ。

なお、表紙裏に「読法擬ニ和讃之唱一而二句毎引ニ下之余韵一也」と読法を和讃にならう旨を記すとともに、「金竜山中古語得業生稗田和礼擬撰」と、『古事記』撰述の先例になぞらえて自身を「稗田和礼」と戯称しているのは滑稽で面白く、神話伝承の過程における口誦の重要性を力説した、いかにも守部らしい着想といえるであろう。

しかし「続編」の上木の挙は頓挫したままその後進展をみせず、『鐘の響』（三巻）と題してこの書がようやく梓行されたのは天保九年十一月のことであった（この節の叙述は、主として高井浩氏「橘守部の難語考と桐生・足利の門生」『上毛史学』十七号、「橘守部の江戸進出と桐生・足利門生の支援」『桐生史苑』、「橘守部の浅草弁天山転居と桐生・足利の門人」『上毛史学』十八号、「橘守部の稜威言別の執筆経過とその間における桐生門生との交渉」『群馬大学紀要人文科学篇』第十二巻などによって行なった）。

『鐘の響』の梓行

二 『山彦冊子』の意義と反響

『山彦冊子』の端書

『山彦冊子』（『全集』第八所収）は、端書と本文との間に、収載の二二五項目を五十音順に配列した三巻通しの目次があるが、本文は五十音順でなく、相互に関連があると守部がみとめた数語をまとめて説明している。類を集めた各項には、「すさみ」—「風すさぶ」—「吹すさぶ」、「弟棚機（オトタナバタ）」—「弟日売（オトヒメ）」—「弟女（オトムスメ）」のような単純な類語（類句）の場合と、「あえぬがに」—「血をあやす」—「あえか」—「あやふし」、「よゝむ」—「よゝとなく」—「よだれ」のように守部独自の見解にもとづいて同源語（同源句）とみなした場合とがあって、後者の方に注目すべき内容が多く含まれている。

『山彦冊子』の巻頭には、天保二年正月と同年五月の二種類の端書があり、いずれも門人某の記すところとあるが、筆致から推して守部の自作にかかるのではなかろうか、と察せられる。この二つの端書では本書を、いま門人の懇望にまかせて上梓はするが、「露の葉草のかゝるちひさきことの葉のうへ」よりも「吾大人の心」は宣長らの誤った「神世の御伝への解べきさま」を糺すこと、つまり「道の論」の闡明にあるとして、「道の論と詞のさだとりわけ」るとしている点がこの時期の守部の主たる研究関心の所在を示して注目される。これと対応するかのように巻三の末の著述目録の中に、「此書に寄て学ぶ時ハゆう〳〵に神典の難き疑関も開ラけぬべきなり」とする『古史鉤玄』（七冊予定）という著作を掲げている。

研究関心の所在

難語の種類

なお五月の端書において、「今吾輩の難語とするは、大かた常に用ふる語の中に難かるをいひて、その難きに三つのわきあり。」とし、

一つには世々の説まち〳〵にして、定りがたき也。
二つには用ひざまのおぼつかなく、さだかならぬなり。
三つには常に用ひながらも、しかいふゆゑのしられ難きなり。

に分類しているところも重要であろう。

『山彦冊子』の分類方法及び内容分析については、鈴木一彦氏「橘守部の国語意識（4）―山彦冊子について―」（『山梨大学学芸学部研究報告』第十三号）に詳しいので、それを参考にしつつ次にのべてみることとしたい。

まず、「あえぬがに」の項に一例をとって、各語の関連のさせ方をみてみよう。

(一) 関口顕尚（桐生）の質問。『玉勝間』には、『万葉集』の巻八「おふる橘玉にぬく五月を近み安要奴我爾(アエヌガニ)花咲(ハナサキ)にけり」、同巻十「秋づけは水草の花の阿要奴蟹(アエヌガニ)おもへどしらずたゞにあはざれば」の「あえぬ」を「木草の実のなる事にて、奴(ヌ)はいはゆる畢ンぬなり」としているが、「実(ミ)のおつる事のやうに聞ゆるはひが耳か」。

(二) 守部、答えて言う。「ひが耳」ではなく、まことにその意味である。今も西国では、木になった果実の実を落し取るのを「安夜須(アヤス)」といい、自然に落ちるのを「安要流(アエル)」という。したがって、「安要奴我爾花咲にけり」は、「落こぼれ下地になりたる」ことをいうので、「水草の花の阿要奴蟹」も、「花の落こぼれ下地になりたる意」である。これが恋の歌になれば、「其かたにては、命の消(キエ)なむとする意にいへるなり」となる。

(三) 物語書などに、「血をあやす」というのも、血を落しこぼすの意で、『万葉集』巻十八「時支久能香久乃菓子乎(トキジクノカクノコノミヲ)、安由流実波多麻爾奴伎都追(アユルミハタマニヌキツツ)」とあるのも、「落こぼるゝ実は玉に貫(ヌキ)つゝ手に纒(マク)といふ」こと。『源氏物語』の「あえかに見えたまふ」も、「女のたをやかになよ〳〵として、著(キ)たる衣にも堪かね、ころぶしさうに見ゆる」意。「危(アヤフ)

し」も、「落ころぶしさうなる」をいうのである。

内容分類

目次の二二五項について、これを内容的にみると、次の四類型に分けることができる。

第一類―一般事項（「すさみ」「こちく〳〵」「出立」など九六項目）

第二類―地名・人名・物名などに関する事項（「うるまのしま」「すみだ川」「大久米命」「伊豆手船」「あふひかづら」など九九項目）

第三類―故実に関する事項（「右近のうまばのひをりの日」「子日に小松引ゆゑよし」など一〇項目）

第四類―句・文章全体に関する事項（「八雲立神詠」「斉明紀童謡」など二〇項目）

各項目の解説

これら各項目を解説するに当っては、おおよそ左のような順序で論証を展開している。

㈠ 門人の問を掲げる。これには、ある語句をあげるだけの単純な問と、その語句に対する先学の解釈をあげいずれを選ぶべきかという問の二種類がある。

㈡ 先学の解釈を批評する。主として、荷田春満・賀茂真淵・村田春海・本居宣長に対する反論、時に顕昭の『袖中抄』などに及ぶ場合もある。

㈢ 他の文献の用例を検討する。『記紀』『万葉集』から『夫木和歌抄』などまで多数。

㈣ 類語もしくは同源語と認められるものと比較する。この場合、当時の俗語・方言を

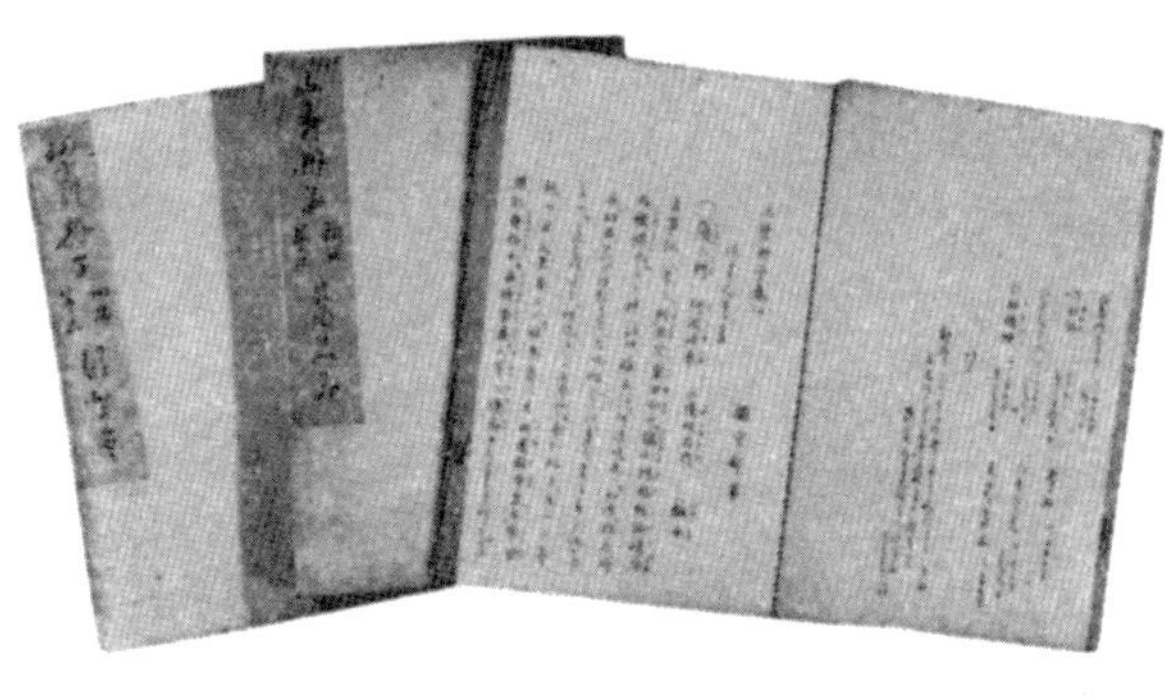

『山彦冊子』の版本（静嘉堂文庫蔵）

用例にとることが多い。

㈤　質問の語句に対する結論を示す。この場合、仮名の同韻相通、約転、万葉仮名の清濁に根拠を求めることが多い。

㈥　自己の結論をもとに、その語句の用いられている他の文献を検討する。

すべての項目にわたりこの段階を踏んでいるわけではないが、つぎに「伊豆手船」という項目について、要点を摘記し右に示した論証の過程を具体的にみてみることとしたい。

○伊豆手船○熊野船○松浦船

(1)〈先人の学説を掲げる〉伊豆手船と云フこと其説区々にして、いまださだまらず。代匠記に「五(イツ)手(デ)にて、十人にして揚船(コグフネ)也」といへる、中にもさるべきよし略解などにもいはれたれど、万葉集中に、伊豆とのみ書たれば、都の言の清濁違ひていかゞ。

(2)〈先人の学説を否定する〉近来或人「伊豆出船にて、伊豆ノ国より漕出せるを云」といへるより、大方の人しかのみ心得めれど、出の意ならば、手とは書クまじきわざなるを、集中凡て伊豆手とのみ書て、出と書ヶる事のなきをみれば、しかにもあらざるなり。

(3)〈自説を示し、これを他の用例によって実証する〉今按に、手は手人（何にても、其物を作ル人を手人といへり）などの手にて作てふ義なるべし。伊豆ノ国は、上古より船を造るに巧なる国と見えて、応神紀「五年冬十月。科ニ伊豆国一令レ造レ船。長十丈。船既成之。試泛ニ于海一。便軽泛疾行如レ馳。故名ニ其船一曰ニ枯野一」とあるをはじめにて、其後にもこれかれ造らしめられたる事見ゆ。

(4)〈類語を掲げて傍証する〉此国を除ては、紀伊ノ国熊野、竺紫ノ松浦などぞ、其ノ名を得たりけらし。其国何れも良材多く、且は海路離れる国なれば、おのづから船を造るに堪べきなり。さて其ノ国々にて造れる船ども各其ノ製法異にして、よそながら打見ても、此は熊野船、彼は松浦船とやうに、其形にて見えわかりつと見えたり。其は巻六に○島かくり吾こぎくればともしかも倭へのぼる真熊野之船、また巻七に○さよ更て堀江こぐなる松浦船梶音高し水尾はやみかも、などよめるにてしらる。今世にても船人などは其船を見て、何処の船ぞといふ事をよく見知るめりかくて後には必しも熊野・松浦にては造らねども、其船の製の名とぞなりけらし。其は巻六に○御食国志摩乃海部有之真熊野之小船爾乗而奥部榜所見。此歌に、志摩の海人ならしといひて、其乗りたる船を熊野船といへる、これ其製に就ていふと聞えたり。それが中にも、伊豆国は殊にすぐれけむ故に、其国にて造れるは更にもいはず、他国にても其製をまねび摸して造りたるをも、猶伊豆手船とぞいひけん。伊豆に扃りて、手字を附ていひならひたるにてもしかおぼし。

(5)〈自説に基づき、他の用例について実証する〉巻廿に「佐吉母利能保里江己芸豆流伊豆手夫禰可治等流間奈久恋波思気家牟」此は防人等を難波津より、公の船に乗せて筑紫へやるなれど、猶それをも伊豆手船とよめり。又同巻、天平勝宝八年、聖武天皇、難波宮に行幸の時、家持卿の歌に○保利江己具伊豆手乃船乃可治都夫米於等之婆多知奴美乎波也美加母。此等伊豆国より出たる船とはきこえず。皆その造り状に就ていへる事しるし。又巻十二ノに〇松浦船さわぐほり江のみをはやみとよめるも、難波堀江の船なれば、たゞ造りざまに就ていふと聞ゆ。

このような論証の方法は「斉明紀童謡」(巻二)や「土佐日記正月十一日の文」(巻三)など、前記第四類の句・文章全体に関する項目にもよく生かされ、前後の語句を補足もしくは操作しつつ、難解な文章を巧みに解読し、一つの結論を導き出している。

ところで、こうした丹念な研究の根底には、いわば原義探求主義ともいうべき特徴的な語釈態度が一貫して流れている事実に着目してみたいと思う。

守部は常に人のもの問へるにも、ちからの及ばむ限りは、先ヅその本つ意を解て、やうやうに転ウツれる末の意どもゝ、さとり安からしめむと思ひいそしむ……今纔わずかに、守部が此ノ冊子に書出たる中にだに、本は一つ言にして、代々の間にくさぐさ転じたる類ひのいと多かるをばいかにせん。……げにも後世に生れて、上つ代々の事を明らめんには、詞の意をたづねずして、何によりてかはさとり得べき。中昔の末より世久しく乱れて、言の意をしらずなりにてしより、学びの道のいたく廃れ来にたるを、古学はじまりてまたやうやう明らかになりゆきけるも、偏に雄々しき大人うし等あまた出られて、おの〳〵詞の本を捜られたる功ならずや。（『山彦冊子』）

宣長の古典研究の態度

守部のいう、言葉の原義探求などはしかし、国学者の言説としていかにも当然の指摘にすぎず、とりたてて論ずる必要のないものと考えるとすれば、この場合それは当っていない。なぜなら、「ちからの及ばむ限りは、先ッその本つ意を解」くとする態度は、ひとり『山彦冊子』の著作方針であるにとどまらず、「学びの道」全般の底流をなす精神でなければならない、と守部自身が考えていたからであり、実際、その学問を特徴づける諸種の業績すなわち神典解釈や歌格研究などの根本にも、一貫してこの思考上の原則を確認することができるからである。そしていま、原義探求を第一義とする守部の態度と、宣長の古典研究の態度とを比較してみると、意外に大きな逕庭（けいてい）の存在することに気付くのである。この点を明瞭にしておくことは、守部の宣長学批判のもっとも重要な一面に触れることにもなると思うので、そのためにまず宣長の言語意識を端的に物語る『うひ山ぶみ』（筑摩書房版『本居宣長全集』第一巻所収）の一部を引用してみよう。

「語釈は緊要にあらず」

語釈は緊要にあらず、語釈とは、もろ〳〵の言の、然云フ本の意を考へて、釈（トク）をいふ、たとへば天（アメ）といふはいかなること、地（ツチ）といふはいかなることと、釈（ト）くたぐひ也、こは学者の、たれもまづしらまほしがることなれども、これにさのみ深く心をもちふべきにはあらず、こは大かたよき考へは出来がたきものにて、まづはいかなることとも、しりがたきわざなるが、しひてしらでも、事かくことなく、しりてもさのみ益なし、されば諸の言は、その然云フ本の意を考へんよりは、古人の用ひたる所をよく考へて、云々(シカシカ)の言は、云々の意に用ひたりといふことを、よく明らめ知るを、要とすべし、言の用ひたる意をしらでは、其所の文意聞えがたく、又みづから物を書クにも、言の用ひやうたがふこと也、然るを今の世古学の輩、ひたすら然云フ本の意をしらんことをのみ心がけて、用る意をば、なほざりにする故に、書をも解し誤り、みづからの歌文も、言の意用ひざまたがひて、あらぬひがこと多きぞかし。

（ツの項）

「本の意」に狭くこだわらず、「用ひたる意」を知り、「文意」を聞く態度こそ肝要であると説く宣長には、言葉は人間に運用されはじめてその独自の機能が発揮されるとする確かな自覚がある。『古事記伝』や『源氏物語玉の小櫛(おぐし)』の著者として、語釈は不要といっているのではもちろんないが、しかし、それにかかわりすぎた貧しい厳密さの故にかえって「文意」を見失う結果に終わった実例の珍しくないことへの警告として、「語釈は緊要にあらず、……しひてしらでも、事かくことなく、しりてもさのみ益なし」とする宣長の主張には、ずっしりとした重味が感ぜられる。『古事記伝』一之巻で、「言(コトバ)」は、「意(ココロ)」と「事(コト)」と「相称(アヒカナ)へる物」であるといい、『玉勝間』八の巻で、「すべて言は、しかいふ本の意と、用ひたる意とは、多くはひとしからぬもの也、」と述べているのも、言葉とそれを運用する人間とのかかわりあいに対する周到な洞察力を物語っている点で、『うひ山ぶみ』の一節と同様の趣旨と理解してよいであろう。

「言」と「意」と「事」

もちろん守部とて、単語を一音節ずつに分解し、それぞれの音節に意味を与えて解釈するような語源研究だけで文献の注釈が可能と考えていたわけではなく、すでにみたように、各語の用例と用法を丹念に蒐集し、そこから帰納して当該語の意味を定める方法を随所に採っている。しかし、言葉を「用ひたる意」の中で享受しようとする意識の強い宣長に比べると、『山彦冊子』に表われた守部の主要な関心は、「本つ意」（＝原義もしくは原初形態）の剔出(てきしゅつ)にあったことは否めないのである。宣長が、学者の通弊として自覚的に排除しようとした原義探求の立場を、逆に古典研究の基本態度として誇示した守部の

原義探求の立場

学問が、これ以後いかなる道程をあゆんで、どのような長所と短所を具現することになるかはおいおい明らかにされるはずである。

ところで守部の江戸進出が、「都下一般恐怖の色顕れ」る程の事態を招来したか否かは今問わないとしても、『山彦冊子』がひろく読書人の話題の書となり、学界にも少なからざる波紋を投じたことは事実であるから、以下には、『山彦冊子』公刊をめぐる反響を中心として、いわば外側からの守部観を描いてみることとしたい。

『山彦冊子』の反響

中島広足

この件に関し、管見に入った最初の事例は、長崎在住の国学者、中島広足(ひろたり)（一七九二―一八六四。名は春臣、通称嘉太郎のち太郎、橿園・田翁と号す。著書に『詞の八衢補遺』『詞の玉緒補遺』『橿園文集』などがある）が、天保三年（推定）、江戸の伴信友（一七七三―一八四六）に書状を送り、「江戸橘守部は如何なる男に御坐候や。大分著述出し候由承り候。様子御聞かせ被レ下度候。」（弥富破摩雄氏著『中島広足』一一〇ページ）と述べているものである。広足は二十四―五歳のとき肥後藩士の家督を姉婿に譲り、隠居して国学に専念し、当時長崎に移り住んで宣長学を学び、その得意とする和歌・文章をもって多数の門人を育成しつつあった人物で、のち同十年頃から守部と直接に親密な交渉をもつにいたる。この広足の要請を受けた信友は、

伴信友

「山彦草紙の事、昨年の末相識(し)り候。かの草紙の山彦のごとくならんと察し居候。さて山

彦は阿と呼べば、あと応ふるものなるを、問答の意にはふさはしからず聞ゆ。難語考つきぐへし。」(前同)という返書を呈し、『難語考』の方が書題としてはより適切である、となした。ここで『山彦冊子』の内容についての評言が聞けないのを遺憾とするが、国学界の碩学信友も発売と同時にこの書に注目し、批判と検討を怠らなかった模様の一端は、これを察することができよう。

伴信友肖像（国立国会図書館蔵）

また、同年十一月、守部は秋主に、「先日より彼難語考之響ニ而遠国大名之家中共追々ニ相尋、隙入多く困入候。其中ニ而土佐様家来国者三人大ニ信仰ニ而、国元へも右難語考追々ニ遣候よしニ申候。」(十一月二十四日付)と報じている。橘純一氏が『全集』の「解題」に、「予は曾て、土佐の藩公が山彦冊子の価値を鹿持雅澄に下問したのに対し雅澄が答へたもの―写本三巻あったと記憶する―を見たことがある。」と述べておられるのは、土佐に『山彦冊子』がもたらされた結果と思われる。

津田正生・直澄父子入門懇請の書状

天保五年八月には、『山彦冊子』を読んで感服した尾張国津島村根高の酒造家、津田三輪助正生（まさなり）（五八ページ参照）が守部のもとに書状を送り、子息直澄（ますみ）とともに入門を懇請してきた。尾張ははやくから鈴屋門の国学がすこぶる優勢な地域であったから、国学に関心を寄せる人物は少なくなかったのである。興味ぶかい書状であるから、これをつぎに紹介することとしよう（高井浩氏「天保期のある少年と少女の教養形成過程の研究」㈥『群馬大学紀要人文科学篇』第一八巻）。

拙者儀、職業之隙々ニ国学、本居もの丶書物など心がけ読居候へ共、従来、田舎学問ニて一向非力ニ而世間へおし出所へハ中々以行届不レ申候事ニ御座候。

さて、尊大人の御高名五七ケ年先ニ承及罷在候上ニ、去年之春書林永楽屋東四郎方より、大人御撰述の山彦冊子三冊相求メ、初二三丁拝読仕、ビックリシ驚入、次々通読、繰返しく感読仕、旨々ニ奉二感伏一候。

近国ニ候ハヾ早々参上を以、直ニ拝顔し、御高談之御教訓をも可レ承物をと思ひ居候へ共、行程百里も御座候ニ付、然思ひながら遂ニ年月をむなしく送り来候事ニ候。

扨又一子直澄と申候者ハ今年二十四歳ニ相成、是亦国学よミ歌執心ニ候へ共、従来田舎の事ニて今まで深く師と申取不ㇾ申候。是亦御本ヲ拝見申シ、何とぞ、大人の御弟子ニ相成度申聞、拙者も同意、仍而今般書翰ニ而奉ㇾ願候。御賢察之上御承引被ㇾ下候ハヾ、父子祝着、本懐ニ可ㇾ奉ㇾ存候。且今より後、追〳〵ニ御尋向申上度奉ㇾ存候。右申上候通り遠国故、心にまかせず、然共、江戸となごやとは三度飛脚の便寄も宜候へば、文通の便宜ハよろしき所ニ御座候。何とぞ〳〵いなや御返事可ㇾ被ㇾ下奉ㇾ願候。……

○大人は幸手駅御産土と承申候。御社官ニて御座候歟。御本職委ク御さとし越可ㇾ被ㇾ下候。且亦御寿も幾宛と申事、御しらせニ成可ㇾ被ㇾ下候。

○何とぞ〳〵急ニ御返事御指出被ㇾ下候様奉ㇾ願候。

恐惶謹言

午八月十六日　　津田三輪助　拝下

橘守部翁大人御旅館人之御中(ママ)

二白、拙者むかし、玉のみはしらといふ国書一見申候所、下巻ニ妻(いも)の痛之文句あり篤胤の『古史徴』

と相覚居申候。又、古史徴とかいふ書もよミ候処、成ほどく才学博識とは奉レ存候へ共、文章不レ穏やうに相覚申候。

尊大人の御撰書ハ、毛頭もムリなく、殊更御解説春天ニ旭日の昇ルガ如奉レ存候。宣長翁の後、斯有撰書はたえて無二御座一候と蔭ながら噂申合候事ニ候。あなかしこ。

『穿履集』に、「天保の七とせ三月ばかり、尾張国津島の根高村津田三輪助千畝が物学に来て、六月の末つがた帰りける、馬のはなむけによめる長うたみじからうた」があり、その反歌には、

海山の神
もたすけ
よ家にし
て老たる

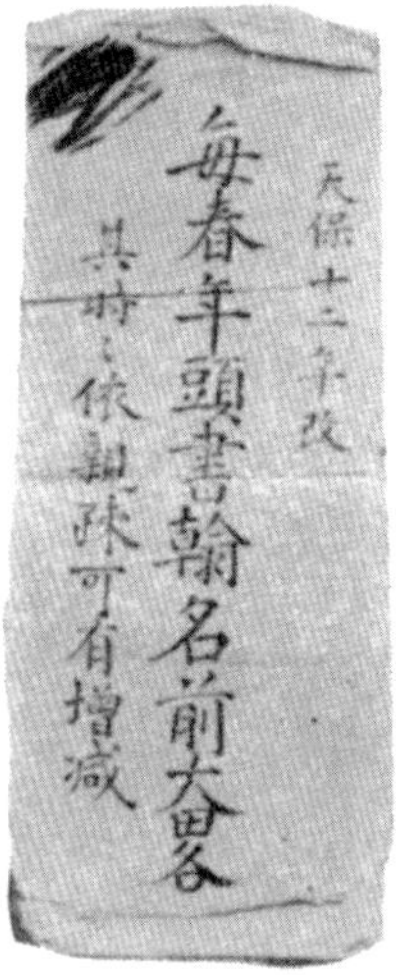

『天保十二年改 毎春年頭書翰名前大略』

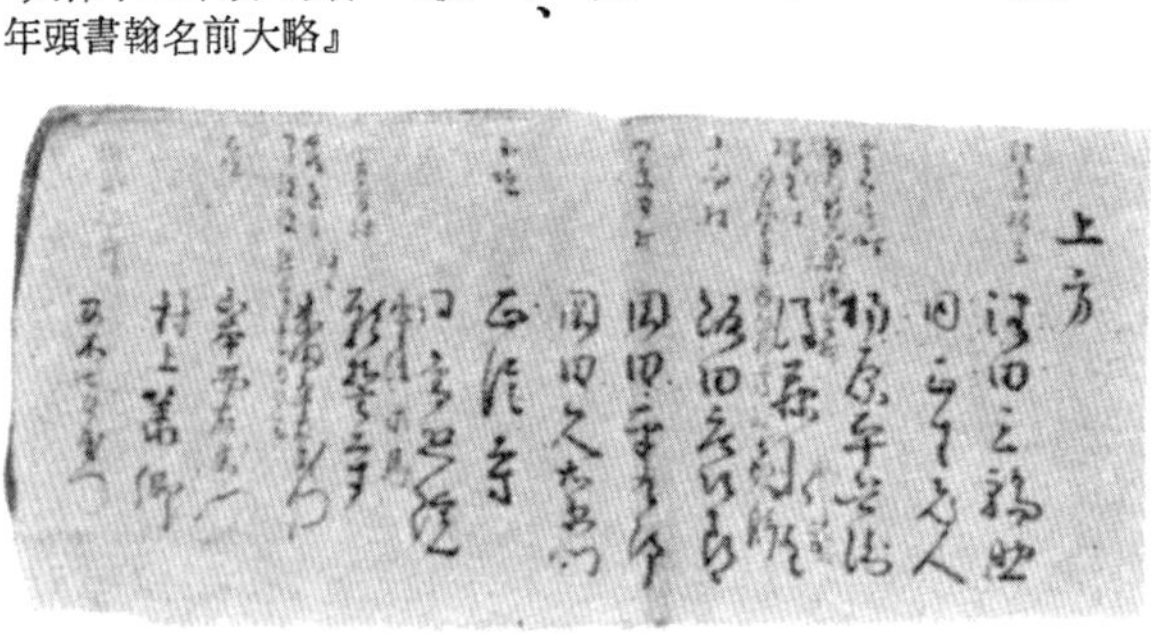

父のまたるわく子を

とあるところよりすれば、さきの書簡でおそらく入門の希望が達せられ、二年後にははるばる出府して池庵を訪れたのである。ただ、『穿履集』に「千畝」となっているのが気がかりであるけれど、これが直澄であることは右の反歌に徴して疑う余地はなく、守部自筆の『天保十二年改 毎春年頭書翰名前大略』(朝日町役場蔵)にも、「津島根高 津田三輪助」と「同正生老人」の名が並んでみえる。

さて、津田正生のごとく『山彦冊子』を「繰返しく感読」した者がある一方、これと対蹠的に言葉を極めて罵倒した事例も見出される。伊勢松坂の殿村篠斎(宣長門人)が平田篤胤に宛てた書簡(渡辺刀水氏「埼玉に鴻爪を印した国学の二大人」「郷土の偉人研究(一)」『埼玉図書館叢書』第三編所収)には、次のような一節がある。

一、守部が山彦冊子の事は已に先達て申上候事、近頃又鐘の響てふものを見申候。尤上木せしは五—六年あとの趣なれど、野拙は此頃一覧致候也。山彦冊子よりは又々一段傍若無人の書きかた、惘(あき)れて巻の抛れ候心地もせられ候。いかに己を高くせずては売れぬ故の所作にもせよ、余りなる事にて実に狂人の書ける書の様に候。

なるほど、『山彦冊子』端書には宣長の学問を批判している言説がみられるというもの

守部と篤胤

の、篠斎が「狂人の書ける書」とまで激しく批難していること自体、それがもはや学問上の議論を越えた、感情的な駁撃であったことを示している。篤胤自身には格別守部を攻撃した文章はないが、守部には、「平田篤胤といふ人、まろにうらみありとて、をしへ子のうち、ざえありて口かしこきを、二人えらびておこせたる事あり。その申す事ども、いとこちたくうるさかりければ、ただむゝとのみいらへて、そのあひだによみて出しける長うたみじかうた」（『穿履集』）があり、その反歌には、

平田篤胤肖像（国立国会図書館蔵）

守部の敵愾心

あらそはむ心のおにの角をりてまことの人となして得させむ

と詠んでいる。篤胤に対する守部の敵愾心もやはり相当昂じていたのである。守部と篤

胤とは、同時代に同じ江戸に住んでいたにもかかわらず、ついに一度も面会せずまた手紙のやり取りもしなかった。自信と覇気にあふれる両者の性格から推して両立は不可能だったものと思われるが、さきの浜臣との不和によっても知られる通り、守部にも度量の寛弘でない面が目立つようである。もっとも、江戸時代の中期以降、国学者間の軋轢は守部周辺のみにみられたわけではなかった。はじめ莫逆（ばくぎゃく）の友であった篤胤と信友とがのちに絶交して仇敵となった例のごとく、些細な事柄に端を発する敵意にみちた対立と抗争は、概して儒学者間のそれより熾烈（しれつ）であったようである。

『当世妙々奇話』

浜臣といえば、『山彦冊子』の内容をめぐって、幽明界を異にする浜臣が地上におよび戻される一幕があった。それは、天保十一年（一八四〇）頃書かれたとみられる『当世妙々奇話下』の「難語考、浜臣嘲二守部一」においてである。それによれば、

> 弁天山の守部、ちかごろ大人の仲間入して、ちとのぼせ気になり、つまらぬ著述追々出来せしが、ある日故人になりし清水浜臣、忽然と出て来り、嘲て曰く、其許は方今詞林の一名家と、我等泉下にあつて承り、後世おそるべき事と、蔭ながら頼もしく存ぜしに、さて〳〵思の外なる愚陋の御人なり。我等多年辛苦して、考おき候

人の説をぬすむ

説など、『難語考』を御著述にて、皆御とり用ひなされ、公然と上木(じょうぼく)して、御自分の御説になされ候事、至て御人躰(ごにんてい)に似あはざる仕方なり。衆目の昭々たる、彼のじやうはり鏡よりあきらかにて、拙者の説をぬすまれたるといふを、いまでは誰知らぬものも御ざらぬよし。苟も先生株の者、右様の始末こそ愧(は)づべきの甚しきなり。たとひわろくても不レ苦、御自分御力にて御考なされ候御説を、御上木の方が、はるか人の説をぬすむよりは、宜しき事と存候。拙者の考候説を御ぬすみなされても、拙者はなんとも存ぜず。しかし衆評かしましく候へば、拙者ひそかに、御自分の為に、はづかしく存候故、御忠告申なり。

『下蔭集』

こう批難した浜臣はさらに畳み掛け、守部がその門人の歌を編集した『下蔭集』（天保九年刊、後述）について、「其撰の疎漏なる、いまどきの狂歌師も、とらざるいやしき調のものばかりなり。」と貶(おと)しめ、また『長歌撰格』（後述）を、「世間の評判では、西国の人某が作を、其まゝ奪はれたとの事なり。」とし、その原本所持の人が現にいる以上、上木は差し控えた方が賢明であろう、と忠告する。『当世妙々奇話』は、「一片の老婆心を申述る」という浜臣の前に閉口した守部が、「生娘(きむすめ)ならねど座をひねりて、唯もぢ〳〵とし、しらみきつて」いる挿絵まで載せており、おそらく浜臣門下の筆になるのであろう。

『莞翁歌話』の守部批難

『莞翁歌話』に、「此元亮（輔）の過ちハ、清水の雑考といふ書を写し置たりしを、自分の著せる難語考といへる書に自らの考へとして、書著せるハ、ひきよう千万なる事也」とあるのも、この推測を裏付けている。しかし逆に、『鐘の響』に門人の言葉として表明されている——実は守部自身の言葉であろう——次の一文によれば、自説を盗用したのは浜臣の方であるということになる。

　此江戸の和歌者流の言をきくに、前キに著はし給ひし難語考の内に、五－六ヶ条浜臣が説ありとて難つけ侍る。こは大人の田舎に潜み給へりしほど、浜臣方より人しれず、をり〱毎に難きふしを問合せにおこせける、そを都下にて我しりがほに云ヒふらしぬるを、しらぬ故とは云ヒながら、さりとて浜臣を何ばかりの考と心得てしか云にかあらんといとをかし。

『山彦冊子』と『雑考』の比較

それでは、『山彦冊子』（『難語考』）と、『雑考』（文政八年成立。『月斎雑考』と題し『百家随筆』二所収）の記事を実際に比較してみるとどうであろうか。『山彦冊子』の収載項目二二五に対し、『雑考』は四九、そのうち「みづはぐむ」「うるまのしま」「すさみ」「すぐろの薄（すすき）」「ますほの薄」の五項目が両書に共通し、「すさみ」「すぐろの薄」をのぞいては語釈の結論がほぼ一致するのみならず、両書とも長文の考証をほどこしている「ますほの薄」の場合は、引用例の選定から論証を展開する手順にいたるまでほとんど同じといってよいほどである。その先後関係をここで推断することはもとより困難であるが、どちらか一方の側に立てば剽窃の問題が起ってもやむをえないであろう。

ともあれ、守部の研究関心は古道の闡明にあって、「ちひさきこと葉のうへなどは、こゝろともし給はね」とした『山彦冊子』端書の書きぶりや、『鐘の響』の中にみえる「ある人」の言、

大江戸の学問も、浜臣以来、多く下にくだり来て、今は古学と云はたゞ名のみにて、わづかに源平盛衰記・東鑑以来の物さがしとはなりにけり。

などは、浜臣門下の眼に、以前被った学恩を顧みない、まことに不遜の態度と映ったにちがいない。

『山彦冊子』をめぐっての毀誉褒貶は以上のごとくであるが、この節の最後に『山彦冊子』出版の直後、つまり天保三年（一八三二）三月頃から目立ち始めた桐生社の分裂と動揺の

事態に触れながら、社中の人々の守部観についてもその一端を述べておくこととしたい。

佐藤方定

社中分裂の発端は、玉上政美・石原周朝ら社中の有志が、加藤千蔭門流の原 久胤（下谷三味線堀に住居、生没年不詳）について歌の添削指導を受けたことにある。この動きに当初は寛大な態度をみせていた守部も、同年秋、周朝らと気脈を通ずる佐藤方定（鶴城）がその著『奇魂』（神代より医道の伝来した所以を説き、皇国古医道を標榜）を上梓した際は、自説を無断で盗用したなどの理由によって方定を破門に処したのをはじめ、分派行動をとる人々を排除するために厳しい姿勢を打ち出すようになった。方定は文政十年（一八二七）以降、頻繁に気吹舎に出入し篤胤の講説を聴いているが、こうしたことも守部の感情を強く刺激する結果となったのであろう。これに対し当の方定らは天保三年十一月、当時大坂から江戸に来ていた国学者村田春門（一七六五―一八三六）の示教を仰ぐべく書状を送っていた事実が、春門の『田鶴舎日次記』（渡辺刀水氏「村田春門日記鈔」）によって知られる。

村田春門『田鶴舎日次記』

（同年十一月）十三日、一、桐生佐藤民之助（方定）より来状。彼地、千蔭及浜臣をしへ子十五―六輩も有レ之候へども、其後浅草観音地内に居候何がし（守部）により候へども、をしへ方心ゆかず、おのづから疎遠になり居、春門名承及、入門のこゝろざしの人も有レ之、且此度民之助始四人、点取歌合さし越、菓子料南鐐一片さし出ス。
（同）二十一日、一、桐生方定・光雄（新井光雄。守部門人。桐生新町居住の医者）・正(政)美・周朝歌点取出来、返書認封。……上州桐生二丁メ民之助旅宿也。

政美らと久胤との関係がその後いかになったか分明でなく、またよし桐生社の分派が春門に入門したとしても、歌の点取り以上の結びつきをもったとは考えがたいが（ただし方定だけは文政十年十一月、天保二年八月、同三年一月・七月、同五年六月といく度も直接春門を訪ねている）みずから自由に師を選んで学派に拘泥しない態度を持する方定らが、他の学者との接触を容認しない守部に「をしへ方心ゆかず」という不満を感じたとしても、無理もないことであった。

鶴峯戊申

翌天保四年九月には、吉田秋主みずからが勧進元となって、折から来桐した国学者鶴峯戊申（一七八八—一八五九）のもとで、蘭語・算法・悉曇・韻鏡など「常の人にも至而おもしろき」新知識を学ぶべく、別の結社を立てようと企図したことがあった。景気の悪化になやむ当時の桐生機業界にあって、秋主らが少しでも実用に役立つ広い知識を習得しようと努めたとしても、これまた当然の成りゆきであった、と思われる。同三年九月、守部は秋主から『ハルマ和解』を購入したい旨の依頼を受け、日本橋の蘭医渡辺東策なる友人の

秋主、蘭学にも興味示す

斡旋でこの書を入手し、秋主に送っている。秋主は蘭学にも興味を示しはじめていたわけである。ところが守部は、戍申を「是も佐藤之類に可レ有ニ御座ニ」「都下に而は大に不評判」（九月二十九日付、秋主宛）などと誹謗して新結社を立てることに強い難色を示し、そのためこの企ては結局沙汰止みとなってしまったのである（高井浩氏前掲「関東機業地における文化社会の新生」）。律義な秋主らは、

立場上の相違

こののちも依然として守部支援の態度を変えなかったから、これ以上社中に大きな動揺は生じなかったけれども、このような悶着は門人をつねに自己の掌握下におさめておきたいと願う守部と、歌の作法にせよ算法にせよ、実用的な新知識を幅広く求めたいとする社中の人々と、両者の立場上の相違をおのずから浮き彫りにする結果となった。

三　『三撰格』の成立

本源の形態を分析

一般に『三撰格』と称せられる『長歌撰格』『短歌撰格』『文章撰格』各二巻（三著とも『全集』第十一所収）の三部作は、それぞれ古代の長歌・短歌・散文に一定の句格もしくは構造のあることを実証し、これによって後代の作品を批判し、制作上の規範を示そうとするものであって、守部の代表作の一つに数えられている。和歌と文章について、その本源の形態を古

古典研究に対する根本姿勢

代にさかのぼって分析しようとする『三撰格』の方法は、語句の原義を探求した『山彦冊子』のそれと軌を一にし、ともに守部の古典研究に対する根本姿勢から発している、と考えられる。

『短歌撰格』の中の一文

『山彦冊子』が、長期にわたる学問的蓄積の成果であったように、『三撰格』の基本構想もまた幸手(さつて)時代に求められる。前記『万葉摘萃集』は、その構想実現のための第一階梯であったといえよう。『短歌撰格』の中に次のような一文がある。

おのれ早くの時おもひけらく、古へ歌はうたひし也。うたひし世にはうたふふしぞありつらん。ふしあらば其ふしに引れて、言のつゞきも定まれる則(のり)ありけん。……いざやむかし今のうた集に、しるしをさして試みばやとて、記紀・万葉よりはじめて、廿一代の撰集、及び世々の文詞、又近世にては円珠庵ノ阿闍梨・県居ノ翁の集は更にもいはず、其門葉にして名高き人々の家集、うたに詞に、くさぐくの籤(せん)をまうけて、さまぐの言の上を相照し、参(まじ)へ考へつる事ありき。先にものせし長歌・文章の撰格はそのついでにはからず成き。今又此短歌撰格も、そが余りにいでき……

この一文によっても『三撰格』は、『山彦冊子』端書にみられたような、古道闡明には

初期の守部学にふさわしい著作

たす詠歌の役割が相対的に低められつつある時期の著作というより、詠歌と古道とがいわば素朴な一元観においてあった初期の守部学のあり方にむしろふさわしい著作といえるようである。実際、『長歌撰格』の巻末に「文政二年三月　守部草」と明記され、『短歌撰格』には著作年次の記載はないが、『文章撰格』の巻末にも「文政二年九月十日よりはじめて十七日までに一わたり草しつ。改め正す所多かりなんかし。守部」の自記がある。これによれば少なくとも二著は、文政二年守部三十九歳の著作ということになって、

著作年次の遡及

すでにみたとおり実際の著作年次である天保三年(五十二歳)との間に一三年の懸隔が生ずる。文政二年にはまだ庭麻呂といい、守部と称していなかった一事をもってしても、これが後年の作為にかかることは明瞭であるのに、なぜ守部は故意に著作年次を遡及させたのであろうか。もっとも考えやすい道理は、それぞれの初稿成立の年次を完成年次に仕立てたのではあるまいか、ということであるが、同時にこれが「三九才ニ始テ真ノ道ヲサトリ得タリ」と後年まで自覚的に認識していた時期と一致する事実に着目すれば、古道の闡明を直接意図しない注釈的研究は、できるだけ文政二年頃までに書きおえたことにしておきたかったという心理が働いていたのではあるまいか。

成立年次については同様の作為を施しているものとしては、『稜威言別』をあげることができる。『三撰格』と並ぶ守部の代表作の一つで実際には弘化四年（一八四七）完成の『稜威言別』も、「文政と申す三とせの冬」とし、『三撰格』に引続いて完成したように著作年次を引き上げている（二四四ページ参照）。このように著作年次を故意に遡及させようとする心理には、守部の生涯の間に閲した学問上・思想上の発展ないし変化を裏書きしている点で大いに注目すべきものがあるが、その守部学の発展と変化および『稜威言別』については、のちにくわしく述べることとする。

いずれにせよ、『三撰格』は幸手時代の草稿を再三推敲し、あるいはこれに新稿を書き加え、天保二年にいたって上木可能の域に到達し、翌三年、さらにこれを再点検して成ったのであって、『山彦冊子』の奥付広告にもこれを「近刻」と発表している。

生前上梓の機会得られず『三撰格』の出版

ところが、桐生機業界の不振による資金不足のために、『三撰格』は守部の生前ついに上梓の機会が得られなかった。ちなみに、『長歌撰格』は明治六年（一八七三）五月、門人橋本直香らの手によりはじめて出版され、版下も直香の筆であって、その版木を明治十六年に橘家で買い受けて二度刷を出し、ついで同十八年七月に『短歌撰格』、同十九年七月に『文章撰格』を開版、これらの版下は孫の道守の自書で出版の労はすべて道守がとったのである。守部生前に上木の機会が得られなかったことから推して、天保三年以後も折ふし加除訂正の筆を入れていたと思われるが、これはあくまでも部分的な補正にとどまるから、『三撰格』は一応天保三年に脱稿したとみて、『山彦冊子』に続くこの段階において、その内容と学問上の意義を説明しておくこととしたい。

『長歌撰格』

まず、『長歌撰格』についてみてみよう。守部は、

> つらく、いにしへの雅楽ノ譜、また神楽・催馬楽(さいばら)譜等の、古き節付(ふしつき)の本につきて、年来考へ合せけるに、上つ代の長歌は、当昔の雅楽の、大かたの曲調に随て直に歌ふべくしらべなしつれば、やがて其うたを歌舞の時にものゝねに合せてうたふとも、よくその楽曲の音調に協ひて、殊更にぬきさしなどはせずて、そのまゝに諷(うた)ひて合ヒしなり。

と述べ、古代の長歌は読むべきものでなく謡うべきものである、という規定に立って、

和歌の本質

和歌の本質を長歌的表現に見出している。これに対し、この長歌的表現から節に添った調べを省いたものが片歌・短歌・旋頭歌(せどうか)であり、したがってこれらは、意趣を述べて口

『長歌撰格』巻下草稿本(朝日町役場蔵)

誦するだけのものになる、という。このような立場から、たとえば、『万葉集』巻一の「やすみしし　吾大君の……朝猟に　いま立たすらし、夕猟に　今たたすらし」㈢という中皇女命の長歌について、「こは朝とく出立すをりに、奉らしめ給へる御歌なれば、あさかりと云が用なるを、夕猟とそへ給へるは、たゞうたふしらべのみなり。」と断じ、この場合「夕猟」の意味にこだわる必要はないと説く。朝の出立のとき夕という表現を用いるのは、たしかに意趣には相違するけれども、このように言わなければ節の拍子に合わないことになる、と守部は考えたのである。

それ故、逆に短歌を曲節に合わせようとするときは、その表現に新しく曲節に合う語句を付け加える必要が起こってくる。一例をあげれば、「いで吾駒早く行きこそ真土山待つらむ妹を行きて早見む」(三五四)という短歌が、催馬楽では、

いで家駒　早くゆきこせ　まつち山あはれ
まつち山あはれ
つち山
まつらん人を　ゆきてはやあはれ
ゆきてはや見む

と、三十一字の歌を五十三言に歌うごとくである。三十一字の短歌が、神楽・催馬楽において五十三言となり、あるいは八十五言の場合もあるようにさまざまな変化をとげているのは、謡うことに伴う曲節の具合より生じたのである。

長歌独自の様式ないし特性

しかしもともと長歌は、短歌を長くしたものではなく、それ独自の様式ないし特性を具備すべきである、とする。

短歌は、右の神楽・催馬楽のふりにしらべなすとも、たとへばかの「きびの中山、おびにせる、細谷川の、おとのさやけさ、おとのさやけさ」などやうに、たゞいた

づらに、同言の重れるのみなるを、長歌にては、たとへば「上つ瀬に、いくひをうち、下つ瀬に、まくひをうち、いくひには、かゞみをかけ、まくひには、またまをかけ」とやうに、重れる中にあやありて、えもいはずうるはしく聞ゆ。

修辞の法則

一三種の句格

謡いものとしての形式を整えている長歌は、短歌よりはるかに豊かな表現力を発揮することができると考えたのであり、守部はさらに進んで、謡いものとしての長歌の特性から、その修辞の法則に着目する。もっとも、古代人が修辞の法則をことさら意識して詠んだわけはなく、ただ「うたふもの〻おのづからの定まり」にすぎないのであるが、これを後世から見るときは、あたかも「句格あるが如くに」みえるとして、その句格を、

畳句　聯畳　隔畳　変畳　対句　隔対　変対　招対　喚響
首尾　調段　譬喩　序辞

の一三種に分類している。このうち畳句から変対までの七種は、曲調を整えるための手法で、畳句と対句がその基本型をなし、招対から序辞までの六種は、意味上の脈絡もしくは呼応の関係を示す手法である、といってよいであろう。守部は、この一三種によって長歌の解剖を行うと同時に、

四種の言葉のあや

連実⋈　光彩⁀　数量罒　方辺︽

に分類した「言語四種のあや」をも加え、都合一七種の分類項を駆使し、古代の長歌がいかに修辞の法則に叶って謡いものとしての性格を豊かに具えていたかを精密に考察し、

長歌の構造を分析

長歌の構造を分析したのである。

これより先、長歌の句格を正面から取り上げた著述に、小国重年（一七六八―一八一九）の『長歌詞珠衣』六巻がある。重年は、長歌を句数によって小長歌・中長歌・大長歌に分けるとともに、『記紀』『万葉集』の全長歌を調査して、対句的構成にその特色を見出し、これをもって歌格の基本とし、さらに、「重ね詞、序詞、打かへし」等の修辞上の形式にも注目して、「いにしへよりの長うたの定格」を明らかにしようとした。守部自身は重年からの影響を語ってはいないが、守部の著書・

椎本文庫

蔵書を収めた「椎本（しいがもと）文庫」（慶応義塾大学斯道文庫蔵）の中に、『長歌言（ママ）珠衣』（写本三冊）があることによっても、重年の研究に負うところのあったことは確かと思われる。

長歌の構造分析に際しては、分類項の下に示したそれぞれの符号（簽）をもってしているものの、各符号を同時に使用しているため、一見錯雑し極めて難解にみえるが、その

周到な考察

周到な考察は大いに見るべき成果をおさめていると思われる。

一例をあげれば次のごとくである。

四八千ほこの神のみことや　あが大くに　ぬしこそは　をにいませば

うちみる　島の　さきぐ

かきみる　礒の　さきおちず　わが草の　つま持せらめ

あはもよ　めにしあれば　なをきて　をはなし

なをきて　つまはなし

あやかきの　ふはやが下に

むしぶすま　にこやが下に

たくぶすま　さやぐが下に

あわ雪の　わかやるむねを

たくつぬの　しろきたゝむき

そたゝき

たゝきまなかり

またまで

たまでさしまき　もゝ　ながに　いをしなせ　とよみき　たてまつらせ

「一つこゝろ」の繰り返し

この分析の結果、『記紀』『万葉集』の長歌は、「一つこゝろ」を繰り返し歌うかたちが根本になっていることに想到し、そこに守部は長歌の流麗さと味わい深さを感得していたようである。

いにしへは、長歌といへども、もはら一つこゝろによみて、軽きこと、またひとすぢなることは、おのづからみじかく、重き事、又ものゝかさなれるすぢなどは、これに随ひて長くもなれるにこそあれ。しひて長くせむとするやうのことはあらざりき。故ゝそのながきも、猶ひとつこゝろをうしなはずかろく短きにもえもいはぬ風韻あるがおほかり。其大抵十句ばかりよりして、二十句あまりまでのうたは、おほゝは短歌・旋頭歌にもよまばよまるゝほどのことを、しらべをよそひ、句をあやなして長歌になせるゆゑに、とりわきてうるはしく聞なさるゝなり。

古代の長歌の一篇が一段であるのはまれで二段にも三段にも歌い返している例の多いのは、「一つこゝろ」を繰り返すからであることを端的に示しており、章段を重ねて歌うのは、はじめの一段に言い残した余情を述べて首尾を整えかたがた上に返って歌うからである、と説明している。「一つこゝろ」を深く掘り下げて主題を的確に表現するためには、畳句以下の「句格」や「言語のあや」といった手法を合理的に運用することが不可欠となるのである。つまり守部は、「うたふべき則を得てつゞくる時は、いかに畳み重ねなすともうるさからぬが妙」といっている通り、「うたふべき則」を会得したうえで言葉を繰り返すならば、煩わしいどころかかえって情感の昂まりを適切に表現できる、と考えていたわけである。

「うたふべき則」

長歌はあくまでも謡いものであり、それには一定の「うたふべき則」がある、とする立場から『万葉集』の長歌を観察すると、「作者しられざるふるき代の歌と、次には柿本・山部ノ大人をおきては、ほかにとるべきも見えず」、憶良の歌は句格が単調に流れ、家持の歌は「すべて風潮はいたく荒びてくだれるがおほかり」と断じ、やはり「長歌のみやびは記紀にしくべきものぞなき」と、『記紀』の長歌にもっとも高い評価を与えたのである。

『万葉集』の長歌

『記紀』『万葉集』の長歌五四首を分析してこのような結論を示したあと、契沖・真淵・宣長・春海など、当代の歌人一三名の七二首をとり上げて、逐一論評を加えている。その結果、当代の長歌は、「一篇の上をひたぶるの独句・単句にのみ続けなせる」歌が多

当代の長歌

く、しかも、「畳対・招応・首尾等の句法もなく、たゞ打おもふ事をいたづらに引のべたのみ」であることを指摘して、「近世の大人たちの、すべて句調のみだりたる事」を難じ、古代の正しく雅びたる長歌について学ぶ必要を強調したのである。

『短歌撰格』

『短歌撰格』においても守部は、「古へ歌はうたひし也。うたひし世にはうたふふしぞありつらん。ふしあらば其ふしに引れて、言のつゞきも定れる則ありけん。」とする観点から考察を進めている。すなわち、伊邪那岐ノ命と伊邪那美ノ命による「あなにやし、えをとめを」「あなにやし、えをとこを」の唱和が「そも〳〵歌の初発」であるように、「歌の句も一句にてはいまだ何のよしとも理りの分ざるを、二句連ぬれば、やがて事の理りのそなはりゆくに准へても、まことに歌は、其初め二句にて起るべきもの」であった。

歌の初発

したがって、短歌も二句ずつ連ねて謡われた点は長歌と同じであって、雅楽譜の節付や古代長歌の畳対連句の句格などに徴して、それは明瞭であるとする。守部は、このような見解に基づき、『記紀』『万葉集』『古今集』および『新古今集』の句格について以下のごとき詳細な分類を試みている。

句格の分類

しもとゆふ□かづらき山に□ふるゆきの□まなく時なく□おもほゆるかな（古今、巻二十）

句切れのないもの

右のように、意味が上から下へと順直に続いて句切れのないものを「一篇の上を滞りなく引つゞけたるが古へに多かれば、此すがたを句格のもとゝすべき也」として、もっとも自然な形態であるとみる。しかし、「心に思ふ事をいひ出るわざなれば、物につき事によりて切るゝ事もなくてはえあらず」、一首中に切れるところがあるとすれば、四句の下または二句の下が本来の姿であるという。まず四句切れの歌は、

四句切れ

あきやまの□木のしたがくり□ゆくみづの□われこそまさめ□みおもひよりは

(万葉、巻二)

の類である。守部によれば、『記紀』の短歌一一二首のうち、句切れの歌は一六首あるが、その一三首までが四句切れであり、『万葉集』の短歌四二二九首のうち、句切れの歌が八〇〇首、その五〇〇首あまりが四句切れである。古代の短歌の句切れのなかで四句切れの最も多いのをみても、句切れのなかでは四句切れがもっとも自然なかたちであることは明らかであり、かつこれは「歌のしらべのおのづから五句まで引つゞかる勢ひのあること」にも示されているという。

直絶と倒絶

この四句切れには、切れ方に直絶と倒絶の二種類があり、直絶は、

しきしまの□やまとのくには□ことだまの□たすくるくにぞ」まさきくありこそ（万葉、巻十三）

のように、言葉の連続は切れても意味は下へ続いているものをいい、倒絶は前記「あきやまの……」や、

あしびきの□山のしづくに□いもまつと□われたちぬれぬ□山のしづくに（万葉、巻二）

のように、言葉も意味も下から上へ返るものをいう。

わがさとに□おほ雪ふれり」おほはらの□ふりにしさとに□ふらまくはのち（万葉、巻二）

このさとに□たびねしぬべし□さくら花□ちりのまがひに□家路わすれて（古今、巻二）

二句切れ

これらは二句切れの歌で、前者は直絶、後者は倒絶の例である。二句切れは『記紀』のなかに直絶のみ二首、以下直・倒合わせて『万葉集』に一九五首、『古今集』に一六八首、『後撰集』に一七六首、『拾遺集』に一九〇首あるが、これをみても古代に二句切れ

の歌の多くなかったことが知られよう。しかしこの形態は、謡う調べの二句ずつの連接に障害とならないから、これも歌の句調の正格とみなしてよい、と述べている。

たづねつる□われをや花も□まちつらん」けふぞさくらに□匂ひましける（金葉、巻二）

くれなゐの□こぞめのころも□うへにきん□恋のなみだの□色かはるやと（詞花、巻七）

三句切れ

右のような三句切れの歌は、雅楽譜の節付や古代に謡われた歌の二句ずつ連接する句格に背くから、『記紀』にはもとより『万葉集』の古い歌には見当らないが、奈良時代にいたり、はじめて直絶三〇首・倒絶二〇首ほどが現われ、以下その概数を示せば『古今集』に直絶一〇〇首・倒絶六〇首、『後撰集』に直絶一三〇首・倒絶一〇〇首、『拾遺集』に直絶一五〇首・倒絶一〇〇首ほどがある。それでも三句切れはそれぞれの歌集の全歌数に比較すると一割に満たないのに、『金葉集』『詞花集』になると二―三割に達し、『新古今集』まで降るとその半ばに及ぶほど増加する。

この傾向に対し守部は、「歌の巧みは千載・新古今のころとなりてこまやかになりぬとも、句格の本意にはいたく背け来つる也。いにしへをおもはん人、かへり見べき事ならずや。」と言い添えている。

しばしまて」まだよはふかし□なが月の□有明の月は□人まどふなり（新古今、巻十三）

初句切れ

このような初句切れの場合も、謡う声は音韻の切れずに引く息の長く続くのをよしとし、歌の調べは句々のよく連続するのを優れた歌としている古代の定則に背くのみならず、五言の句に言い起して七言の句に受け継ぐ歌の原型にも反している。それ故、初句切れの歌は、『記紀』『万葉集』には全然みられず、『古今集』に直絶八首・倒絶四首、『後撰集』に直絶九首・倒絶七首、『拾遺集』に直絶一三首・倒絶一〇首みられるだけである。しかし『新古今集』にいたると初句切れも三〇〇余首に及ぶことになる。

以上のように短歌の句格を分類することによって、古代の歌は句切れのないものを基本とし、四句切れと二句切れは謡いものとしての形式に添うかたちであり、謡いものとしての句格に背く三句切れの歌は古代においてわずかしかみえず、初句切れは全く存在しないということを指摘した。そして、「言は七五と逆に運び、句は三句・初句にてたち切ても、詞だに古語を用ひば猶古体とおもはれたるはいかにぞや」と述べ、「守部が心もていはゞ、よしや詞は時世に随ひてよまんとも、此句格はうたの本意なりければ、ひとへにいにしへにしたがふを古体とはいふべきなり。」と力説する。和歌本然の姿に復帰するためには、古語を駆使するよりも古代の句格に従うことこそ肝要と考えたのである。

「句格はうたの本意」

それならば、守部の句格の分類はどの程度の正確さをもっているといえるのであろうか。もともと短歌における句切れの問題は、客観的判断の基準を設定しがたい面があり、守部の場合も、たとえば三句切れを排斥する立場からこれを少なくしようとする先入主にとらわれたとみられる偏見があるなど、もちろん批判の余地はある。しかしかつて柴生田稔氏が「声調の連続性といふことは、万葉集を通じての特色であり、守部が句々の連続を句格の正とする説は、この意味に於いてやはり万葉の本質を捉へ得たところがあると言へるであらう。」(「万葉集に於ける短歌声調の変遷」『国語と国文学』第十七巻第十号)とされ、また平野仁啓氏は守部の句格論に対する先学の見解を斟酌整理したうえで、「ここでひとまづ結論をすれば、守部の句格の分類は、いくらか不完全なところがあるにも拘らず、大体において信頼してよいと考へて差支ないであらう。」(『万葉批評史研究』二五三ページ参照)と述べておられる。

句格分類の正確さ

「語脈断続」

なお守部は、句格を分類したあと「語脈断続」という一項を設け、『記紀』『万葉集』の歌は、

すみの江の　あさ沢をぬの　かきつばた　衣にすりつけ　きん日しらずも（万葉、巻七）

のように語脈の正順でたゆみなく、事物を引き離さず続けるのが本体であって、たとえ切れても「体用を分た」ないこと、句中に他物を混えないこと、一句の詞の中間が分れて二句に跨がらないこと、助辞が句末にくること、句の中間に助辞を挿入しても「春は来にけり」のごとく詞が順直であること、などが自然の表現であり、これを見習うべきことを説いている。

『短歌撰格』巻下 実語の位置の調査

『短歌撰格』の巻下に移ると、守部は『万葉集』『古今集』『新古今集』の歌について、実語（主として体言）の位置を調査し、『万葉集』は実語が上にあり（上実）、『古今集』は中にあり（中実）、『新古今集』は下にある（下実）という一般的傾向を見出し、三者の形態の特徴を明示しているが、これもはなはだ興味深い問題提起であるといえよう。かつて関根孝三氏は「短歌の表現については、形式・形態及び様式の三概念を区別することが出来る。五七五七七といふのは形式であり、二句切・三句切等は形態であり、「歌のさま」「ますらをぶり」等は様式である。……そして例えば短歌撰格に於ける橘

守部の短歌形態論

守部の形態論が、あれ程精緻な実証的研究でありながら比較的味気ない印象を与へるのは、一歩を進めて様式の問題に触れて行かなかつた為であると思はれ、賀茂真淵の万葉様式論が、あれ程直観の鋭さを示しながら、学問的といふよりも随筆的な印象を与へる理由も、短歌の形態に関する認識を欠いてゐた点にあつた」として、「守部の方法を更におし進めることにより、真淵が企図した所のものを短歌史の全野に於て組織することを試みられた。その結果、万葉調の特性を述語的様式、古今調の特性を主語述語的様式、新古今調の特性を主語的様式とそれぞれ規定し、「述語的な様式は主観的なるものの直接の表現をめざし、主語的な様式は客観をしてその本性を顕現露呈せしめようとするものである。」（「短歌の様式について」『文学』第八巻第六号）とみて、

短歌における形態の変化

短歌における形態の変化が、いかに発想の心的態度と内的な連関をもっているかという短歌様式論を展開されたのであり、守部の方法はその基礎作業となったのである。

『文章撰格』

さて、『文章撰格』は語脈の断続、章句の長短、実語の組み立てと位置、などの各面から文章の構造を分析し、当代と比較しつつ古代の正格を論じ、もって文章作成上の規範を示そうとした著作である。『文章撰格』は、前二著と比較して推敲が不十分であって、

創見に富む綿密な考察

意味の通じにくい記述も間々みられるが、長歌や短歌の場合と異なり、一個の統一体として把握し難い散文について、創見に富む綿密な考察を果している点で学問上大きな意義が認められる。

文章の変遷を大観

守部はまず文章の変遷を大観して、常に口づから言うままに記した上代の文章が、口語の外におのずから文があるのは、言に花を咲かせて心の雅藻を示すゆえであり、中古になるとこの雅藻が失われたものの口語のままに記す筆法を忘れなかったので、言の並びや句の断続には古格が多く残っている、それが近昔となっては、雅び言を失って字音をとりこみ、俗語を混えて見るに堪えない姿となった、しかし年極れば春が来るように、国学の興起によって古語が明らかになるにつれ、歌も文も千歳の昔にたち返る勢であるが、まだ古代の正しい文の続き(格)に心付く人がいないため、後世の風儀に引かれて筆先だけの技に陥っている、と警告し、つぎに模範とすべき上代文の筆法を検討する。

上代文の筆法

その際、上代文の筆法は長歌から五七の調べを除外したものという考えに立ち、『長歌撰格』の場合に示した各種の句格よりも、実句・異類・光彩・数量・方辺・枝葉と名付ける六種の「飾詞」の方を重視する。これらの術語に対しては、『長歌撰格』のそれを

「飾詞」の重視

若干改変し、またそれぞれに次のような簽（せん）を当てている。

実句━━異類═══光彩《　数量⋈　方辺〖　枝葉∘∘　畳句⊟　聯畳⊟　隔畳⊟

変畳ᵒ　対句⊞　隔対⊞　招応⌒　喚響∘∘　首尾∫　章段』　異類の三類連用∘‖　中虚の二類連用〔〕

守部はこれらの規準をもとに、『古事記』四例、『日本書紀』二例、『祝詞』三例を引いて上代の文章を分析する。一例を挙げれば次のごとくである。

古事記巻上六十丁

天津《日子地能邇々芸命。天の石位はなれ。天之⋈八重多那雲をおし

わけて』《いつの⋈千別

⋈千別て』天浮橋に

浮じまりそりたゝして』竺紫の日向の《高⋈千

穂の《くしふるたけにあもりましき故あめの忍日命

あまつ久米命　二人

あめのいはゆぎをとりおひ』

㈢

《くぶつちのたちをとりはき》
あめのはじゆみをとりもち》
あめの《ま《かごやをたばさみ《みさきにたゝしてつかへまつりき『こゝに
『そしゝのから国を笠沙（カサヽ）の《御（ミ）『前（サキ）に覓（マギ）とほりてのりたまはく『こゝは
朝日の　《ただます国
夕日の　ひてる国なり『こゝぞいとよきところとのりたまひて
『底津石（ソコツイハ）『根（ネ）に宮柱《太（フト）しり
高天原（タカマノハラ）に《氷椽（ヒギ）　《高（タカ）しりてましくき（下略）

宣長らの文の分析

古文はすべて、各種の籤を駆使することによっておよそ右のように図示することができ、かつ漢籍さえ古代の文章であればこれと同様の分析が可能であるとして、『老子』一例、『荘子』二例、『左伝』二例を挙げ、それぞれに籤をほどこしている。

次には、当代の国学者の文の中から『鈴屋集』二例、『うけらが花』二例、『琴後集』

二例を示し、これらについて「凡そかやうに何の心しらひもなく、只するくと単につゞけなせる、大かた今世の人の文のつねなり。かくては、こゝを文とすべき句もあらざれば、おのづから右の図にもたゝまれず、簇をもほどこすべきあやもなし。」と断言する。当代の文章の拙劣であるとなした理由を「只いたづらに句延びたれば、これを誦するに口にのらず、息もつきぐるしきばかり」という「章句の長き筆ぐせ」に求めた守部は、『県居翁家集』二例、『鈴屋集』三例、『うけらが花』二例、『琴後集』二例を引き、章句の切れ目に 』 の符号をつけてこれを証し、そのあと、『土佐日記』『竹取物語』『伊勢物語』『宇津保物語』『源氏物語』の各冒頭部分を掲げて同様に 』 をほどこし、「近世の文詞の句の長きくせある事」を示そうとした。

文章の自然な姿

さらに、文章の自然の姿を写している古文の特長を要約して、飾詞の多いこと、畳句の多いこと、章段の多いことの三点を指摘し、「ゆゑもなくあやもなく、拍子もなく、たゞするくとしどけなくつゞきたる」今世の文をおとしめている。

文章作成上の要諦

文章作成上の要諦をまず畳句・対句の手法に求めた守部は、「長き対句」「さかしだてる対」「からめいたる対」の三種を悪い対句とみなし、四六文の句法をまねた文体をと

『古今集』仮名序の分析

くに排斥している。また初学者は、畳対における「善悪のけぢめ」を紛らわしいと思うこともあろうと述べて、古文五例（祈年祭祝詞、『続日本紀』巻三十一の詔詞、同巻三十の詔詞、『古今集』序文、『土佐日記』）を引き、畳対の善悪を詳細に論じている。いま『古今集』序文と『土佐日記』の場合について、この点をやや立ち入ってみてみることとしたい。

人は『古今集』序文（仮名序）を漢風によって書かれているというけれどもあながちそうではないとして、その全文を上記の簽を用いて分析し、おおむね古文の句法に叶っていることを明示するとともに、たとえば、

秋の夕『べ立田川にながるゝもみぢをばみかどのおほんめ(一)に錦と見たまひ
春のあした(二)よしのゝ山のさくらは人まろが心には雲かとのみなんおぼえける

の箇所は、古文ならば、隔畳の格を用いて

秋の夕べは立田川にもみぢを見そなはし
春の朝た(二)はよしの(四)山にさくら(三)を見そなはすに
立田川(一)のもみぢはみかどのおほんめに錦と見たまひ

よしの山のさくらは人まろがこゝろに雲かとなんおぼえける

のようにいうべきである、と原文の改竄を試みている。守部の句格論に対する自信のほどを窺わせるものがある。

『土佐日記』の分析

『土佐日記』については、これを「口語の運びにしるされていとめでたし。」となし、『古今集』序文の文章よりもはるかに優れている、と高く評価し、本文の五分の一ほども引用して細かにその分析を行なっている。なぜなら、『古今集』の序文が技巧に走って口語の便を忘れたふしが混入しているのに対し、『土佐日記』は船中の心やりにあわただしく書き記したものだけに、かえって口語のふりをよく備えさかしらめいたところがない、と守部は考えるのである。なかんずく「船路なれど、馬のはなむけす」「塩うみのほとりにて餒れあへり」「一文字をだにしらぬものしが、足は十文字にふみてあそぶ」の類について、これらは一部の上にはあやとなり、章句の上には対句となっているが、その対し方はただ上の語を船と馬と合わせ、塩と餒と合わせ、一文字と十文字を合わせただけで、その下は自由にしているのが小気味よいと評している。

『文章撰格』の要点

ともあれ、『文章撰格』において守部の主張しようとする要点は、

上の条々守部がいふ所は、古文のつゞけとわが常にいふ、口給の言並(コトナミ)を規則(ノリ)として、文をかけといふ事なれども、古語も今にしては用ひがたき事あるべく、口の言並(コトナミ)も今となりてはおのづからを失へる所あり。其用ひがたき古語は後の語にいひうつし、そのおのづからを失へる口語の便(タヨ)りは、古語のつゞきに考へ合せて、互に補ひ、其うへにて右の十八種の句格、詞のあやを心得なば、誰もまことの文章は作り出なんものぞよ。

とするところにある。つまり語句やその用法は時代によって変化することを承認しつつも、文章の骨組みは一定の句格と言葉のあやとに従うべきことを強調しているのであって、守部のこのような発想がさきの『長歌撰格』『短歌撰格』二著のそれとも軌を一にしていることはいうまでもない。

『三撰格』の学問上の意義

総じて『三撰格』にみられる学問上の意義は、語句の訓詁注釈が古典研究の主流であった時代の中で、長歌・短歌・文章を一つのまとまりあるものとして統一的に処理し、かつその構造を詳しく分析してその本源の形態すなわち古代の正格を解明しようとした

ところにある。もっとも、守部が和歌・文章の構造の史的変遷を単純にそれらの質的低下の過程とみなしたことは、国学者の尚古思想に基づくものとはいえ、『三撰格』の考察にある種の偏向を生ぜしめる結果となったようであり、たとえば守部が当代の作品を批判しもしくは和歌の文学的価値を論定した箇所には、独断で穏当を欠くと認められる解釈もみられる（鈴木一彦氏「橘守部の国語意識（1）―三撰格に関して―」『山梨大学学芸学部研究報告』第十号）。

関根氏の論評

『三撰格』の内容および学問上の意義については以上のとおりであるが、しかし一面、和歌・文章の形態についての綿密な研究が果されたにもかかわらず、それを生み出したところの人間の意識面、つまり理想的な文芸を生み出したとされる古代人の精神生活について何らの積極的な言及がなされていないという事実には看過しえないものがあろう。なぜなら、さきに関根氏が、真淵の短歌論と対比させつつ、『短歌撰格』が読者に「比較的味気ない印象を与へるのは、一歩を進めて様式の問題に触れて行かなかった為である」とされた論評をここで想起してみると、『長歌撰格』『文章撰格』に対してもこれと同様のことがいえるのではないか、と思われるからである。和歌・文章の構造分析に非常な熱意を傾けた守部が、『三撰格』においてなぜ「一歩を進めて様式の問題に触れて行かなかつた」のかといえば、それは和歌・文章の良否の決定に際し、その本源の形態に叶っているか否か、換言すれば作者個人の内面から発する心の働きそのものよりも、外側から客観的に判断可能な一定の規矩準縄(きくじゅんじょう)を価値基準として重視する精神態度に基因しているといえよう。しかも古典に対するこのような分析視角は、『三撰格』著作の当面の問題関心に制約された結果であるばかりでなく、神典研究の方法にも通じ、より深くは守部の人間観・道徳観そのものに根差しているとみられるので、この点についてはのちに詳しく考察することとしたい。

古典の分析視角

なおここで、『三撰格』に続く時期に成立し、『山彦冊子』や『三撰格』とも関連の深い『神楽歌入文』『催馬楽譜入文』『湖月抄別記』『助辞本義一覧』の四著について、それぞれ簡単な解説をしておくこととしよう。

『神楽歌入文』『催馬楽譜入文』

『神楽歌入文』三巻と『催馬楽譜入文』三巻は、序文と跋文とを共有しているから、一部の書とみなされ(ともに『全集』第七所収)、江戸時代の神楽・催馬楽研究の中でもっとも注目される著作のひとつである。『神楽歌入文』の巻頭には自序「巻の大むね」(天保五年九月)と門人井田千英の序文(同十二年八月)があり、『催馬楽譜入文』の巻末には門人中村正当・坂井長予の二種の跋文（同十二年九月）がある。跋文の中に板行のことをいっているから、このときから遠からず開板されたのであろう。冒頭の「巻の大むね」において、

世に刊行なれるは、たゞ一条ノ兼良公の撰び給ひし、梁塵愚按抄のみなるもあかず。近来岡部氏（賀茂真淵）の神楽催馬楽考といふあれど、そもたゞ一わたりの物にして、写本にてさへ伝へたれば、謬りがちにて見るにたへず。そも〳〵今かく、朝日の豊さかのぼりに、学びのわざのさかのぼりゆきて、ふりにし木のめもはるにあへる時なるを、猶此譜のうたどもの明らかならざるこそ、事の欠たるひとつなれ。

と言っているから、守部は神楽・催馬楽が他の古典の研究に比してかなり見劣りする現状にあきたらず、大きな抱負をもってその研究に着手したわけである。すでに述べたとおり、古代の歌は謡いものとする学問上の立場を実証するためにも、守部にとって神楽と催馬楽の研究はきわめて有意義であったはずである。この『入文』では、おもに『梁塵愚案抄』や『神楽催馬楽考』の説を参看して自説を掲げ、幅広い考証と斬新な着想をもととして詳細な語釈と一首の大意を説き、古来難解とされる歌詞の解明に多くの新解を提示している。ただし歌詞の背後に寓意・譬喩・諷刺などを読みとろうとする意識が

あまりに強すぎる点も所々に見受けられる。たとえば神楽歌の、

神楽歌解釈の一例

たにからゆかば　岡からゆかん
岡からゆかば　　谷からゆかん

これからゆかば　かれからゆかん
かれからゆかば　これからゆかん

について、

右の二つは、ものゝくひちがひ行たがふを云フ中にも、上にはらぐろなる人ありて、わざと世にそむけ、人にもとるやうのわざせるを、比してうたひし歌なるべし。

と言っているような箇所である。

『湖月抄別記』

『湖月抄別記』（二巻、天保五年十二月自序、『全集』第八所収）は、『源氏物語』のいわゆる新注に属する契沖の『源注拾遺』と宣長の『源氏物語玉の小櫛』二著の補正を意図したものであるが、桐壺・帚木の二巻分だけしか成稿をみなかったもののようである。契沖と宣長の説を挙げてその欠を指摘している場合が多いのは著作の動機からみて当然といえるが、この書の特色は

個々の注釈より、むしろ

> うへも御涙ひまなくながれおはしますを
> あやしと見たてまつるを
> かゝるわかれのかなしからぬはなきわざなるを
> ──ましてあはれにいふかひなし

のように、『源氏物語』の複雑な文脈を解剖的に解釈しているところにあり、ここには『文章撰格』の着眼がよく生かされている。

『助辞本義一覧』

『助辞本義一覧』（二巻、天保六年十一月、冬照序、同九年三月開板、『全集』第十二所収）は、宣長が『てにをは紐鏡』『詞の玉緒』において果した古典のテニヲハ研究から強い影響を被りつつ、これらの解説と補正を企図したものである。守部はテニヲハの意味とその用法を説くに際し、いわゆる音義説に根拠をおいて宣長とは異なる見解を披瀝しているところが多い。その一例をあげると、

音義説

「も」

○も

ま行の音は、唇音にて、此五音を唱るに、一音毎に、唇の相合るより、即物の相合比（タグ）ふ事にいへる、一統（スヂ）あり。そを此もの音にていはゞ、先ヅ両諸などを、モロと訓て、諸（モロ）、諸共（モロトモ）、諸蔓（モロカヅラ）、諸実（モロミ）、両矢（モロヤ）、両刃（モロハ）、共臥（モロフシ）、左右折戸（モロヲリド）などの類多かり。又持（モツ）、

「の」

齎、共居、擾、舫の舟、又古書に、もと訓付る処に、亦字を書るなど、皆相並兼る意ある故也。又神代紀に、若二煙火一と訓、万葉に、如己男と書るなども、相比ふ意也。即比字、コロと訓来れるも、比ふを、モコロと云故也。就レ中此もの音は、唱るに、唇の形、帒の口を、結ぶが如くなれるより、即纏はり、からまる意、一統あり。そは裳、紐、延裳の義なり 裾襴、褌の類、また袴も着裳の義なれば、共に纏る意あり。又黐、餅、糜、戻摺、鋲、捂、紊なども、黏し糜るよしの名也。

○の

のは、所有言の中に、最一なだらかなる音なりければ、恒に切るゝ詞の、連接となりて、離々なる体語も、のを添へて続くれば、即て連り続かざるぞなき。たとへば、山、麓、里、家と、四ッ離れたるも、山の麓の里の家などいへば、即て続くが如し。即此音に、信、延、伸、熨斗などの詞のあるも、延しのどむる義のある故也。又其音声、すぐれて柔和かなりければ、此音に限りて、幾つ重ねても、耳にさはる事なし。此に先ッ此音のなだらかに、和ラかなる大むねを、な行の五音相合せて、いさゝかいはゞ、凪、和、平善、宥免、慰、撫、摩、直、平、平穏、靡、馴、娜娜、嘗、舐、滑、煮、柔(ニギ)、和(ニコ)、黏滑(ニレ)、光綾(ヌメ)、沾(ヌル)、塗(ヌリ)、萎草(ヌエグサ)、蕁(ヌナハ)、沼(ヌマ)、泥濘(ヌカル)、鍊(ネル)、煉(ネル)、調練(ネラス)、黏(ネエ)、挺(ネヤス)、寝(ネ)、和(ノド)、長閑(ノドカ)、海苔(ノリ)、糊(ノリ)、血(ノリ)など、此等いづれも、皆平穏なる方、又滑ラかなる方にのみ依れるを以て知べし。これ此音は、舌音の和かなるにて、た行も、舌音なれども、其動き状、やゝ烈しき方ある故に、此な行とは、言の活ラきも、又それ程のたがひある事、下巻三転ノ部、廿六段などと、合せて心得べし。口に唱へ試むるに、黏(ネヤ)すが如く、摩(ナヅ)るがごとくなるより、音義も又それに随へるなり。

守部の考えるように、ある音がつねにある一定の音義を先天的に具有するとみてよいかどうかに疑問をさしはさむ余地があるが、それでも一例としてあげた「も」「の」のごとく一音である場合は、かかる解き方によって妥当な説明となりうるものが多い。しかし、二音以上結びついた「なん」とか「らん」とかの場合になると、守部の解釈に無理が生じ、しばしば穿ちすぎた主観的な結論をひき出すことになったようである。

いずれにせよ、「一音の難語といへども、其音の開合、呼吸の動きよりはじめて、然云ゆゑの、本つ意どもをなん、証を引キ、例を挙て、いと詳(クハシ)くものせられたり」とその「提要」(冬照識)にあるように、「ちからの及ばむ限りは、先ヅその本つ意を解」くという『山彦冊子』の原義探求の方法がこの書にもつらぬかれていたことを確認しうるのである。

第五　社会不安の中の著作活動

一　社会観の変化

『三撰格』の改訂を中心に終始多忙な著作活動を展開した天保三年（一八三二）が暮れて翌四年、五十三歳の守部はこの年始めから身体の具合が悪く気分がすぐれなかった。そのため『古史鉤玄』と題する神典研究書の執筆に取り組む元気がおこらず、やむなく微痾（びあ）臥床のつれづれに、ゆくゆくは二〇巻とする計画で作り物語の趣向を立て、その筋書きを書き留めた。この計画はついに実現されずに終ったが、その筋書きは『啻香（ただか）物語総巻大意』一巻（『全集』第十二所収）なる一書として残されている。藤原久堅という室町時代の架空の人物を主人公とするこの物語は、「もとより文学的動機からでもなく、又経世的動機からでもなく、翁の古学の体系を、面倒な考証三昧から離れて、自由に記述しようといふ動機からの企てであつたと思はれる」（『全集』解題）。しかしそれだけに、古道への関心を一段と強めつつ

不快

『啻香物語総巻大意』

藤原久堅

その梗概

あったこの時期の守部の、卒直な時世観を窺える点で恰好の作品とみられるから、次にその梗概をやや詳しく紹介することとしよう。

藤原経成

　時代は足利氏の中世、処は人里離れた大和国吉野郡国栖庄に藤原経成なる人物が隠栖していた。南朝に仕えた藤原経高五世の孫に当るという経成は、貧しい中に辛苦して軍学を学び、また北畠親房を慕い、その学風を継いで復古の志を抱き、つねに里人に尊王の義を諭し、武家が政治を私するの不義を説きかせていた。このため淳朴な一郷のこととて「もはら上つ代の心に立かへ」ったようであった。しかし経成は年五十に及んで子がなく、妻刀自が鹿塩ノ大神に一子を授け給えと祈願した。すると家の庭先に大鷲が幼児を拏攫してきたのがもろ共に落ちて格闘している。経成が鷲を殺して二歳の幼児を助け、空から授かった子であるからとて久堅と命名した。久堅はすでに身長骨格五―六歳にみえ、長じて聡明叡智、文武両道に達した英雄となる。

諸国遍歴の旅

　幼くして両親に先立たれた久堅は、十五歳の春、「わがなき後も学問をはげみて、行末父が素意を遂てよ」との父経成の遺言を思い、ひろく同志の人々と語らい、世相人心のいかにあるかを見聞するため、諸国遍歴の旅に出る。甲斐国でははからずも実父金木楚幹と邂逅し、楚幹は将軍義教に恨みがあってひそかに窺っているが、久堅はこれを諫め、小なる私怨を去り大なる復古の道に就くべきことを説く。楚幹はこれに服し、以後復古の学を修め、山城国愛宕郡雲ヶ畑に庵して古道を鼓吹し、里人は国栖庄におとらず古代人の心に立帰る。久堅はそれより肥後国に到り阿蘇郡健磐龍神社に命をかけて次のような祈禱をする。

久堅の祈禱

凡ソ今ノ天ノ下の人心、皆うらうへにかへりくるほひて、まのあたりすめらみことの御食国を、おのがじゝ奪ひて領つも、われぬす人ともおもひたらず。民の心うすくなりて、あるはから心におちざるは仏におち、仏におちざるはえみしにおちて、わが神ながらの真情はあらずなりにけり。かくてはいかなる逆臣のいでんもはかりがたく、あなかしこ、いかなるゆゝしき禍事のあらび来んもしりがたし。われ父の代よりこれをふかく歎き侍りぬ。されど皇神の広き大御心を、人としてくみしるべき事あたひ侍らず。いとせめて、此世のありさま、行末いかになるべきものか、さとさせ給へ。又いかで神代のふるごとをだに説ひろめんとするに、すべて古事記・書紀のつたへどもゝさだかならず、疑はしき事いと多し。誠のうへは、いかなるものか、夢にだに告させ給へ。……いかで過さりしいにしへの御世に立かへりて、そのまさかを見るよしは侍らじかと、食を断て祈る事けふにして廿日なり。

神わざを授かる

この祈禱によって久堅は、過ぎ去った古代に遊行する神わざを授かる。神わざによって毎月一度、二日二夜、久堅の魂は現身（うつしみ）を離れて「いにしへの御世」に自由に出入し、およそ二〇ヵ月の間に、天地初発、神世七代の遠きより近くは延喜の時代まで、時勢の有様を正眼に見得たのみならず、古代の諸臣とも交わって意見をかわし、仁徳天皇には直接謁して時世の変遷をうれたみ奏したこともあった。これらはすべて国栖庄から肥後国まで慕い来った春山ノ霞壮士（カスミヲトコ）・秋山ノ下氷壮士（シタビヲトコ）その他の門弟・里人らに語り聞かせる趣向になっている。阿蘇山麓の里人もみな久堅の懇篤な教導により、もとの真情に立かえって古代人のごとくである。

神わざが破れる

しかし、久堅が延喜の時代に遊んだとき、その隠しおいた現身を里人に見られたために神わざが破れて魂は現身に還りえず、ついに身罷ることとなる。ところがその四十九日の夜、かつて久堅が天の八衢（やちまた）で拾って斎（いわ）いおいた珠がわれ、その中から身の丈三寸ばかりの光り耀く稚児（ちご）が現われた。霞壮士・下氷壮士らはこの稚児を耀益と名づけ、かし

耀益

ずき養い、これを奉じて大和国国栖庄に帰還する。もとより耀益は変化(へんげ)の人であるから、叡智限りなく、

わが祖父経成の君は、古事記・書紀、其余の神典をよく見られて、古事をあきらめてさとし給ひ、父久堅の君は、神わざもて遠つ代々に入て、いにしへの有さまをしめし給ひき。まろは又、奇幽事(クシカミコト)もて、今よりゆくさきの、世のなりゆきをあきらかにしめさん。

と里人に語る。そして霊妙なるわざをもって、行末の世のさまを鏡にうつし出し、二〇年の近き将来から、三〇〇〇年の遠い将来に及び、さらにこれを総括して「今よりゆくする〳〵の世の人に、くさぐの教へごと」をさとし終え、天上からの迎えを受けて昇天する(この物語のうち、経成と久堅の部分つまり過去と現世の世相を語る部分はかなり具体的な構想が織り込まれているが、耀益が未来を語る部分は構想が未熟なためか記述ははなはだ簡単で、稿本が空白のままに残されているところも多い)。

『啻香物語』のおよその結構は以上のとおりであるが、この「総巻大意」のあとに守部は「今世の人情、上文の中所々にあるべし」とはじまる覚書き風の一文を草し、そこ

で「天の下の政事も商ひを元とし」、「もの〻ふの司々も、こがねもて買ふわざ」となり、士民ともに「なまぐさきものに蠅のあつまるが如く」金銭にむらがる社会現象、すなわち政治の腐敗、道徳の混乱、射利の流行を慨歎し、このような現実の世相に触れた叙述をなお適宜本文中に盛り込みたいと書き添えているのである。

現実の世相

老中水野忠成

事実、守部の観察するように、文化期にはまだ寛政改革の余風が保たれていたけれども、文政元年（一八一八）、水野忠成が老中となって勝手掛りを兼ね、幕政支配の実権を握ってからは「水の出て元の田沼になりにけり」という落書が当時の世相を諷刺しているように、忠成のもとで田沼時代に劣らぬ賄賂政治が行われて金の力が政治を支配するようになった。放漫な政治による財政窮乏に対して有効な経済政策はみられず、ただ文政元年に始まる数度の貨幣改鋳によって、直面する難局をようやくきりぬける有様であり、

物価の高騰

物価の高騰は庶民の生活を脅しつつあったのである。文政十三年（天保元、一八三〇）のいわゆる伊勢御蔭参りの狂騒も、こうした政情の不安と民生の窮迫を背景としておこり、同年および翌二年の全国的凶作はこの傾向にいっそう拍車をかけていた。為永春水の『春色梅児誉美』や柳亭種彦の『偐紫田舎源氏』が、鬱屈した江戸市民の心情に共感をよ

んで、たちまち大評判となったのも、文政から天保にかけてのちょうどこの時期であった。

『啻香物語』執筆の動機

久堅と守部

これを要するに、『啻香物語』執筆の動機は、単なる夢想の所産ではなく「今ノ天ノ下の人心、皆うらうへにかへりくるほひ」たる当今世情の頽廃を見聞する守部の焦躁感と批判的心情のひそかな吐露にあったとみるべきであり、阿蘇健磐龍神社においての久堅の祈禱は、この守部の心境の端的な表明であったと思われる。しかも、『啻香物語』と先に詳しく紹介した『橘の昔語』―浜子が天保十四年に書いたものであるから、この時はまだ出来ていなかったわけであるが―を重ね合わせてみると、この作り物語に登場する経成は父元親に、久堅は守部自身に比定されるべき人物であり、耀益には将来に対する守部の予言を語らせる意図があったと考えてもあながち穿ちすぎた推測ではなかろうと思われる。たとえば、『橘の昔語』において守部が、遠祖を北畠具教と称していること、父の二―三代前まで存続してきた「郷士」としての生活を回想しつつ一家を破滅におとし入れた「領主の曲」に悲憤を感じていること、父の遺言によって学問に立志した経緯を語っていることなどは、いずれも『啻香物語』における経成と久堅の姿を連想させるものがあろう。ただしかし、守部の脳裡に浮かんだ世態・人情の矯正策が、人間自身の主体的・自律的行為に基づくそれではなく、もっぱら超越的な「神わざ」もしくは「奇幽事」であって、人間の側からすれば結局受動的・他律的な性格を帯びざるをえないものであったという点は、ここでよく心に留めておく必要がある。

『古史鉤玄』

さて、養生の甲斐あって病状が一時快方に向かったため、四月（天保四年）には懸案の『古史鉤玄』一・二巻を、五月には三巻をそれぞれ執筆した。『山彦冊子』巻末付載の「池庵橘守部大人著述目録」によれば、「古史鉤玄冊七」とみえ、次のような宣伝文が加えてある。

> 此書ハもはら日本紀・古事記・旧事本紀・古語拾遺・祝詞等の旧辞につきて近世古学者の惑説を弁じ、初て古伝説の意味深長なる奥旨を解ク事を考出られて巨細に導き諭されたる書にしあれバ、此書に寄て学ぶ時ハゆう〱に神典の難き疑関も開ラけぬべきなり。

もっとも、『古史鉤玄』は『全集』に収載されておらず、稿本も現存しないようであるが、この宣伝文から内容の大体を推察するに、やがて天保十三年（一八四二）、守部の代表作『稜威道別（いつのちわき）』（後述）において成就される、守部独特の神典研究の先駆的著作であったことは確かである。

神典研究の先駆的著作

病状の悪化

しかし、連日書斎にこもっての執筆で過労が重なったせいか、一時は回復したとみえた病状がまもなく再び悪化し、加えて五月末から左手が思うようにきかなくなって一人では帯も結べず、ついで右手にも同じような症状が表われて渉筆に少なからぬ不便を感ずるようになってきた。気分に障る日々が続いたが、それでも守部は『山彦冊子』がひろく読書人の話題の書になりつつあるのをはげみとし、あるいはめきめき実力をつけてきた茂三の学問的成長に大きな期待をかけつつ気力を鼓舞していた。このとき二十歳の茂三は七月、学者としての名を初めて冬照と称したのである。

茂三、冬照と称する

> 冬照益勤学、此節祝詞式并万葉会読仕候。今年之所ハ致し方無ニ御座一候間、倅（せがれ）修行のためニ折々相手ニ相成、いとま費し申候。学文もよほどあがり候様ニ相見え申候。御悦可レ被レ下候。（八月三十日付）

守部は秋主に喜びをこめてこのように報じている。九月には、足利在小俣村の山藤清風（外山庵）の主催になる桐生・江戸社中合同の「外山庵二百番歌合」が盛大に挙行され

「外山庵二百番歌合」

天保四年当時の江戸社中

『源氏物語語標』

『夫木集緊要』『万代集緊要』

た。残念にも守部の出席は叶わなかったが、手の痛みをこらえて急ぎ判詞（はんことば）だけは認めた。冬照もこの歌会に一〇首の詠草を提出している。この天保四年当時の江戸社中には、浅草転居後の新入者を含め商人・医者・寺役人・旗本の隠居など一八名前後が加わっており、池庵ではしばしば和歌と講釈聴聞の集会が開かれていた。冬照はもちろん、妹浜子もきまってこの集会に出て、父の講義を聞き、和歌を詠んだのである。宣長の『詞の玉緒』などによって語学方面の研究に主力を注ぐ冬照のかたわらで、十七歳の浜子も父が彼女のために特別に書いてくれた『源氏物語語標』という手引書をたよりに『源氏物語』の読破に精出すまでになっていた。兄妹そろって勉学にいそしむ姿を、守部は慈父の眼差（まなざ）しで幾度も眺めたことであろう。

この間、寒さに向かってはかばかしくない病状を気遣う家族と門人は、しばらく著述を休んで治療に専念するように再三説得したが、「中々以著述写本等に障候やうなる柔弱なることでは決して無二御座一」（十一月中、秋主宛）と強気に言い張り、九月から十二月までに『夫木（ふぼく）集緊要』三巻・『万代集緊要』二巻をものし、冬照に写させて控えができると次々と秋主方へもこれらの新作を送り届けた。この『緊要』は、もともと守部の休息と冬照の修養という一石二鳥の効果を狙って案出した方法、すなわち各々の歌集から当今参考になると思われる歌を選び出して冬照と門人に読み上げさせ、これを聞きながら作歌のポイントとなる箇所に標(しるし)をつけさせ、まれに頭注をほどこすという方法をもって行われたが、最終の浄書段階では、やはり無理をおして守部自身が筆を執らねばならなかった。

諸国凶作の暗い知らせ

さなきだにすぐれない守部の気分をいっそう重苦しくさせたのは、またしても舞いこむ諸国凶作の暗い知らせであった。天保四年は低温多雨に加え、奥羽大洪水・関東大風雨などの天災地変が相次いで天明以来の大飢饉となり、諸国はたいてい半作か三分の一作、津軽・南部・仙台方面は収穫皆無のところも多かったといわれる。このため東日本とくに東北地方では餓死者と疫死者が続出する惨状を呈し、江戸・大坂はじめ全国各地でも米価の騰貴や米の買占めに対して騒動・打ちこわしが頻発していた。

幸手宿の打ちこわし

九月末、幸手宿(さってしゅく)でも一夜にして二四軒の商家が破壊されるという大規模な打ちこわしが起った。この事件を知るや守部は早速書状を送って秋主にその模様を克明に伝えるとともに、「如レ斯人気立候而は、貴地とても油断成まじく候へば、此節は何事も質素内はニ被レ成候が世ニ対し第一之御慎ニ御座候」(十月四日付)と自重を促しているが、このときは

幕府の救済措置に望みを託す

次のようにも述べて、幕府の救済措置になおいくばくかの望みを託していた。

殊に此度は、御公儀様格別之御慈悲ニ而……、御手当等も甚手厚く又よく御手も被レ為レ届候趣ニ候へば、彼豪欲(ママ)之族買置等も容易ニは出来がたく、追々遠廻よりも米運送仕候趣ニ御座候、此様子ニ而は最早格別之事も有まじく候へば、先々此十一月比之様子を御覧被レ成候而、御心支度被レ成候方可レ然存候。

悲観的な現状認識

とはいえ、この間にも宅で小買いする白米は九月に一両四斗四升であったものが、十一月には三斗五升まで高騰し、これでは幕府の対策などとても期待できないと悲観的な観測に転じた守部は、最悪の事態に立ちいたろうとも自分には頼りになる門人・知己が大勢いることゆえ、今はひたすら志す学問に励みたい、と覚悟のほどを重ね重ね秋主に書き送っている。

冬照、『職原鈔』を講ずる

明くる天保五年、江戸の街々は相変らず陰欝な空気に包まれていたが、若い冬照は二月、請われて桐生へ赴き、約一〇日間滞在、はじめて社中の人々に親房の『職原鈔』を講義し、遠出のできない父の代役を立派に果した。ようやく有職家(ゆうそくか)としての学力が桐生の人々にも認められるようになったのであろう。守部自身は新年早々から『古今秀歌題

『古今秀歌題林』

林』という新著作の構想に意欲を燃やしていた。かつて文政十二年（一八二九）頃、『歴代一覧』という和歌の類題集を作ったことがあったが、この度は、『歴代一覧』とさきの『夫木集緊要』『万代集緊要』に用いた手法を拡充して古今の秀歌を類題別に体系化するとともに、歌を作るさいの用例検索に便ならしめようと意図したのである。そのさい守部は、当時まだあまり着目されていなかった『群書類従』所載の和歌を分類整理するところにその特色を出したいと考えていた。

『菅根集』への対抗心

またこの書には、作歌上の範例を提供しようとする目的にもまして、すでに当時おびただしく世に出ていた類題集、とりわけ浜臣の『菅根集』を凌駕しようとする目論見があったので、守部の、浜臣とその一門への対抗心はいつも忘れがたく心底に横たわっていたものと思われる。

守部が蔵書に捺した愛用の獅子印と「池庵」印

『清渚集』

翌六年、これを『清渚集』と改題した守部は、冬照・秋主・貞暉の協力を得て、和歌の蒐集と類題編成の作業を倦まずに続けたものの、作業の進展につれてその規模は拡大するばかりとなり、一－二年という短期間では到底完了しえない状態となってきた。そこで同八年からは息長くこの作業を行うこととしたが、還暦をすぎた守部は同十二年、おそらく神典研究の総仕上げに全力を注ぐため、冬照に編纂を委ねたいと考えるようになった。この種の編纂に必要な多数の参考書類は、利用が済めば吉田家に収めることとして多くは秋主の出資によって購入されたもののようである。後事を託された冬照もこの作業を完成させえず、『清渚集』はついに未完のまま残されることとなったのであるが、桐生吉田家に現存する稿本を精査された徳田進氏は、守部苦心の跡を次のように報告しておられる。「清渚集は美濃仮綴三十二冊から成る一大叢書である。しかしこの綴じ上っているものは、春の部だけである。夏・秋・冬の各部が、続作される予定であったことは、現在なお中型のつづらに、古今の歌集からの書抜和歌六万枚以上が、細幅の短冊型紙片に、守部、秋主、守部の子冬照、守部の助手星野貞暉四人の手跡をもって書き残されていることで、明らかである。」（徳田進氏「清渚集に見る橘守部の索引事業」『高崎論叢』第四巻第一号）と。『清渚集』説明のために天保十二年まで時期を下げることとなったが、ふたたび天保五年以後の著作活動に戻ると、この年前記『神楽歌入文』『催馬楽譜入文』

『蓬萊園記』

『湖月抄別記』を完成させ、四月にはかねて知遇をえている肥前平戸藩主松浦肥前守熙の依頼により、その江戸邸の庭園である蓬萊園について、『蓬萊園記』なる一文を草したこともあった。

『源氏物語』の講義をはじめる

翌六年一月から『湖月抄別記』をもととして冬照と浜子のために月六回、『源氏物語』の講義をはじめると、これを聞いた社中の一〇名余りがこれに加わった。初学の人が多いことであるから、一言一句懇切に教授したが、基礎学力の涵養をはかるため、秋からは宣長の『詞の玉緒』に書き入れをして示しつつ、テニヲハの講義もあわせ行うこととした。おそらくこの講義録をもとにして書かれたのが同年十一月に成った『助辞本義一覧』および同十五年に成った『てにをは童訓(わらわのさとし)』(後述)であって、『助辞本義一覧』の方は同九年三月、桐生社の出版援助により「桐生足利連蔵版」として開版の運びとなった。

慢性的な大飢饉

このように著述と講義に孜々(しし)として励む守部とその一家の上にも、天保四年から始まった慢性的な大飢饉は、ますます深刻な打撃を与えつつあったが、同七年を迎えるとついに守部をして、悪いことばかり重なる天保という年号は早く替えたいものと言わしめる事態に立ちいたった。前年の暖冬異変が翌年の春・夏には低温と多雨にかわり、しかも稲の出穂期に烈風と豪雨、ついで大霜が襲う有様で、作物はいずれも大凶作となったのである。

碾割飯と大根飯

不可思議な世相

三年前まで一貫目あたり六〇〇文で買えた最上品の薩摩芋が、今は一分と三〇〇文、中等品で一分と二〇〇文という暴騰ぶりにいよいよ飢饉が一家の身にもひしひしと迫っていることを痛感し、急ぎ少しばかりの大根の切干しと鹿尾菜(ひじき)などを買い集め、芋幹(いもがら)も二―三俵欲しいと思ったがこれは入手できず、そのうえ米は一両で一斗七升と異常な高値、食事には今のところ碾割(ひきわり)飯と大根飯を交互に用いているが、世間では来年の備えにと米糠を貯えることさえ行われ始めたと聞く。天が人をもって語らしめるという異変の前兆であろうか。ことのいまだ起らないうちにこれを察するのが智者というものであるが、行末の不安はまことに筆舌に尽くしがたい。しかし、日々飢えに苦しんで死んでいく人があるこの都会の中で、方々に多数の見物人を集めていろいろと賑やかな催し物が行われ、吉原の繁昌ぶりも普段と変りはないようである。いったいこの不可思議な世相をいかに考えたらよいのであろうか。

守部はこのような内容の書簡をたびたび秋主に送って一家の窮状を訴え、江戸の世態を述べ、諸国の情勢を伝え、そして景気の見通しと機業家の心構えを説いていた。その桐生も同六年の冬以来極度の不況におちいり、秋主は木綿物の比率を多くするとともに確実な収入源を求めて尾張徳川家の江戸屋敷御用機（はた）株を獲得しようとはかり、ようやく同七年十一月、願書提出のはこびにこぎつけたが、織り溜りは増加する一方であった。

『独慨言』

守部はひそかに世情の混乱と頽廃を難ずる一文『独慨言』（現存せず）の執筆にとりかかったが、幕府当局者の察知するところにでもなったら大変と他人の目を憚って中止したという。

翌天保八年（一八三七）一月、秋主の営業不振に心痛の念おさえがたく、

旧冬中、貴地不景気絹売兼織置溜り候斗ニ而御難儀之御事嘸（さぞ）々と奉二遠察一候。行々此様子ならば暫御休も可レ被レ成哉の旨御尤ニ存候。小生事も此儀御案申し衣類商売之者参り候節ニは色々世上様子柄等問合、勘考仕罷在候。京師などハ別而御不景気、江戸ニ而も近甚・田庄・松勘等も商売休同様と申事ニ御座候。

『三大道弁』

と書き送った守部は、これと同じ書簡の中で「三大道弁あまり一寸したものに御座候へ共、是も少し入用御座候而稿仕候」と述べ、『三大道弁』（未刊、天理図書館蔵）なる著作の成ったこ

『三大道弁』（天理図書館蔵）

とも報じている。「あまり一寸したもの」とある通り、『三大道弁』は小編であり、直接には「漢意（からごころ）」の人々にその信奉する「三綱五常ノ道」を包摂するところの、「三大道」（天命・幽明・鬼神）の真価を諭す目的で書かれたものであるが、この著には、上にみたごとき体験を通して知った天保期の不安な社会状況を守部がいかに受けとめ、どのように対処しようとしていたかを知りうる重要な内容も含まれているので、次にこの点についてみてみることとしたい。

「蓋シ学者、宜ク時ヲ知ヿヲ要スベシ」

蓋シ学者、宜ク時ヲ知ヿヲ要スベシ。コレヲ異邦ノ道ヲ以テイハヾ、凡ソ学者ノ時ヲ知ルニ三次アリ。其順ヲ得バ天下治リ、其逆ヲ得バ天下乱ル。神ト武ト文ト是ノ三ノ者鼎足ノ如ク、一モ欠ベカラズ。此レヲ逆ニ文・武・神ト移サバ、天下忽チ乱ヲ生ズ。

学者は、机上の文献による研究のみでなく、それを通じて的確な時代認識、守部によれば現今社会が「神」「武」「文」のいずれの歴史段階に際会しているのかを見極める見識が要請されるという。「逆ニ文・武・神ト移サバ、天下忽チ乱ヲ生ズ」るのであれば、当代が「文」の時代の場合には「神」に転換させる努力を、「武」の時代であるならばいったん「文」に移行させたのち「神」に到達させる方策を、それぞれ講じなければならない、とするのであろう。「漢意」の人々が心酔する中国に実例をとるならば、「周ハ文ヲ以テ治ヲ久シクシテ、終ニ武ニ移テ天下ヲ喪ヘリ。秦ハ戦国ノ後ヲ治テ、漫ニ祭祀ヲ尊デ福ナク、二世ニシテ天下ヲ喪」ったごとく、これらはまさに「次序」を失ったための衰滅である。それ故にこそ、

> 孔夫子ハ、春秋ノ末ニ出玉ヒ、武ヲ専ラトセル時成シカバ、文ヘ移サヾレバ、天下平治ス可ラズ。若シ神ヘ移ラバ、愈以テ乱ヲ益ベシ。是レ夫子ノ幽冥鬼神ヲ語リ玉ハズ、文ヲ専ラニシテ、礼楽ヲ説玉ヒシ三ツノ所以也。

したがって、周室の衰微を復興し「王道ノ壊乱」を再建しようとする孔子が、「唯一向

ニ仁義ノ方ヲ説」いたのは大いに意味のあるところであって、また怪力乱神を語らずとある類も、

自ㇾ是以前ニ、楊子・墨子・老仏方士ガ徒、異端虚無、寂滅ノ教ヲ立テ、妄リニ幽冥鬼神ヲ説キ、民ヲ惑ハシ、仁義ヲ充塞シケルヲ恐レ玉ヒテ、専ラ人道ヲ主トハ説キ玉ヒシモノ也。

孔子の王道再建の悲願

にもかかわらず、孔子の時宜(じぎ)をえた王道再建の悲願は、何事にも「人民世界ノ理ヲ以テ度(はか)ル」中国においてついに忘れ去られ、孔子の真意も正しく継承されることがなかった、と守部は考えるのである。ここに中国の先例を引いたのはほかでもない、「政事ヲ漢風ニ移サレショリ以来、治乱モ彼土ニ似タルヿ多」くなった、わが国の現状をこそ問題としなければならないからであった。

わが国の現状

今ヤ、二百有余年来、天下平治ナルヨリ、文学ノ人往々出テ、益昇平盛徳ノ御代トナリ、文化ニ飽テ、華美ヲ窮メ、田夫野人ノ犢童(とくどう)マデモ、文ヲ学ビ章ヲ列ネ、詩歌ヲ賦シ、其言ヲ巧ニシテ、詛偽(そぎ)ニ移レリ。是時ニ於テ、幽冥ヲ顕ハシ、神祇ノ霊威ヲ重クセズンバ、治ヲ縮メ、平ヲ破ンヿ、豈可(キ)ㇾ畏(ル)ノ甚シキニ非ズヤ。

盖シ神ハ武ニ移リ易ク、武ハ文ニ移リ易シ。只文ハ其治ヲ久シクシテ、神ニ復シ難シ。神ニ復セザルトキハ、華美ニスギ、驕奢ヲマシ、色ニ耽リ、弱ニ流レテ、下ヨリ武ヲ萌ス。上慢リ下暴ニシテ、終ニ大乱トナル。和漢トモニ、文ニ流レテ国ヲ失フ者寡カラズ。唐ノ末及宋末・明末の有様推テ知ベシ。是故ニ今ノ時ハ、彼ノ教ノ上ニ取テモ、神ヲ興サズンバアル可ラザルノ秋也。況ヤ我神国ニ於テヲヤ。

文華驕飾の弊

是が非でも「神」の道を振起し、文華驕飾の弊を除去するのでなければ、わが国も中国の轍を踏み、「アナ恐コ天下ニ禍事興リナン」と警告し、「学者以テ神ヲ鳴サズンバアル可ラズ。驕ヲ懲サズンバアル可ラズ。」と、守部は学者の責務を力説するのである。

大塩平八郎の乱

このような守部の危惧は、『三大道弁』を書いた翌天保八年二月、はやくもかの大塩平八郎（一七九三—一八三七。大坂町奉行所の世襲与力をつとめた。中斎と号し、陽明学者としても有名）の乱によって現実のものとなった。前年の大飢饉が大坂市中に餓死者続出の惨状をもたらしたにもかかわらず、町奉行跡部山城守良弼らは何らの救荒策を施さなかったばかりでなく、内密に大量の江戸廻米を行なって暴利をむさぼり、市中の豪商もまた利権目当ての役人と変らぬ遊楽に耽っていた。これをみて怒りを発した平八郎は、貧民救済を奉行に再三願ったが聞きいれられず、蔵書五万巻を売却してみずからこれを実行したもののいかんともなしがたく、これら汚吏・貪商に天誅を加えて窮民を救おうと門下の与力・同心および近在の農民らとはかり挙兵したのである。この騒動はまもなく鎮圧されたが、平八郎の決起は天下の耳目を聳動し、それに刺激をうけて全国各地にこれと同様の反乱や一揆が起こった。同年六月、平田篤胤の門人生田万（一八〇一―三七）が越後柏崎で桑名藩（飛地）の陣屋に斬り込んだ事件はなかでもよく知られている。

生田万の乱

大塩の乱に対する所感

大塩騒動勃発の直後、この事件の報に接した守部は、「天保の八とせ二月の廿日まり一日二日のあひだ、大坂の町与力大塩平八（マヽ）と云が、恨むる事ありて一揆をおこし、鉄炮もて城のべの町々を焼はらひきとて其さたのかしましかりける比、戯れによめる長うたみじかうた」と詞書した次のような長歌一首を詠んだのである。

すめろぎの遠き大御世に、浪速の国と名におひし、はや浪はをさまりつきて、朝潮も高くはみたず、夕潮も荒くはよせず、風だにも吹あへぬ世に、いかならむ神の荒びか、わたつみのあらしま風の、あらましく大塩よせて、城のへにはしら浪さわぎ、ちまたにはほのほとばして、あらぶりし其おとなひは、久方のあめにひゞかひ、あらがねのつちをとよもし、民の家千むら五百むら、おしくづし烟となして、引しほのいづちともなく、しぞきぬとかたりしつげば、聞つがひこゝろぐに、なにはがたよしあしいひて、梓弓引たゆみ来し、武士のねぶりをさます、大塩がそのなりおとの、高くもあるかな。

おししほのよせてゆるがす難波がたあしかるわざにならずもあらなむ
難波がたあしのみだれも大塩のふかき心やそこにありけむ

予言の適中

守部は、世人の目を憚って『独慨言』の執筆を中止したように、社会的実践の場面から一歩退いたところで古典研究に従事していたわけで、この大塩の乱に同調し社会批判を公言するようなことはもちろんなかったけれども、「神ニ復セザルトキハ、華美ニスギ、驕奢ヲマシ、色ニ耽リ、弱ニ流レテ、下ヨリ武ヲ萌ス。上慢リ下暴ニシテ、終ニ大乱トナル」としたさきの予言が適中したとの感慨に打たれたに相違ない。それ故にこそ、

複雑な心境

この騒動が「たゆみ来し、武士のねぶりをさま」させるよき契機となることを願って「大塩のふかき心」に理解を示すとともに、これが「あしかるわざにならずもあらなむ」と

する複雑な心境を歌に託していたのであろう（この節の桐生門人との交渉や生活状況については、高井浩氏「天保期のある少年と少女の教養形成過程の研究」㈤・㈥『群馬大学紀要人文科学篇』、第一七・一八巻所収による）。

二　神典研究の推進

「神」の道の振起

『三大道弁』にいう「神」の道を振起するためには、まずもってこれがいかなる内容精神を有するのかについて究明しなければならない道理であるが、守部はこの時分、長期間の研鑽ののちに独自の方法論に基づく神典解明への自信を一段と強めつつあったのであり、「学者以テ神ヲ鳴サズンバアル可ラズ」とは、それ相応の学問上の成果を背後においての主張であったとみられるのである。

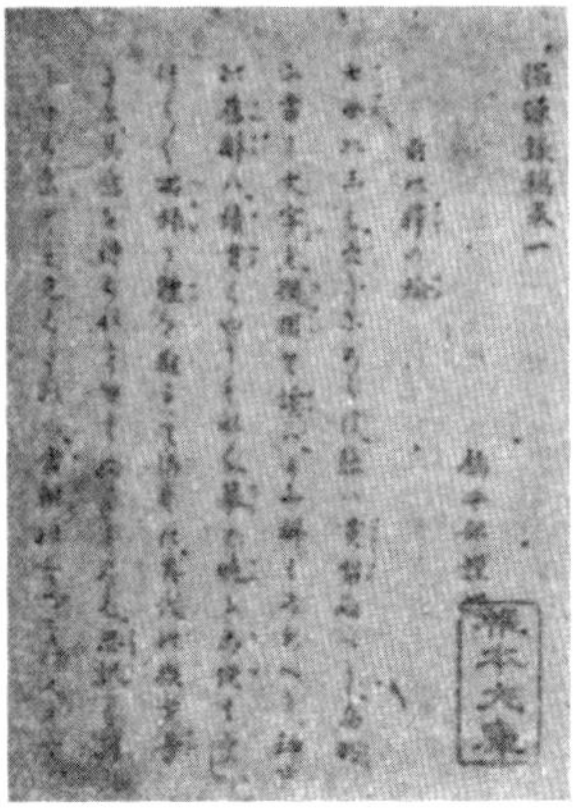

『温源録』

の一部

すなわち、その学問上の成果を具体的に示す著作が『温源録』三巻（慶応義塾大学斯道文庫蔵）なる未刊の一書である。この書は、先学の神典解釈法を検討批判し（巻一）、つぎに守部自身の解釈法を開陳し（巻二）、

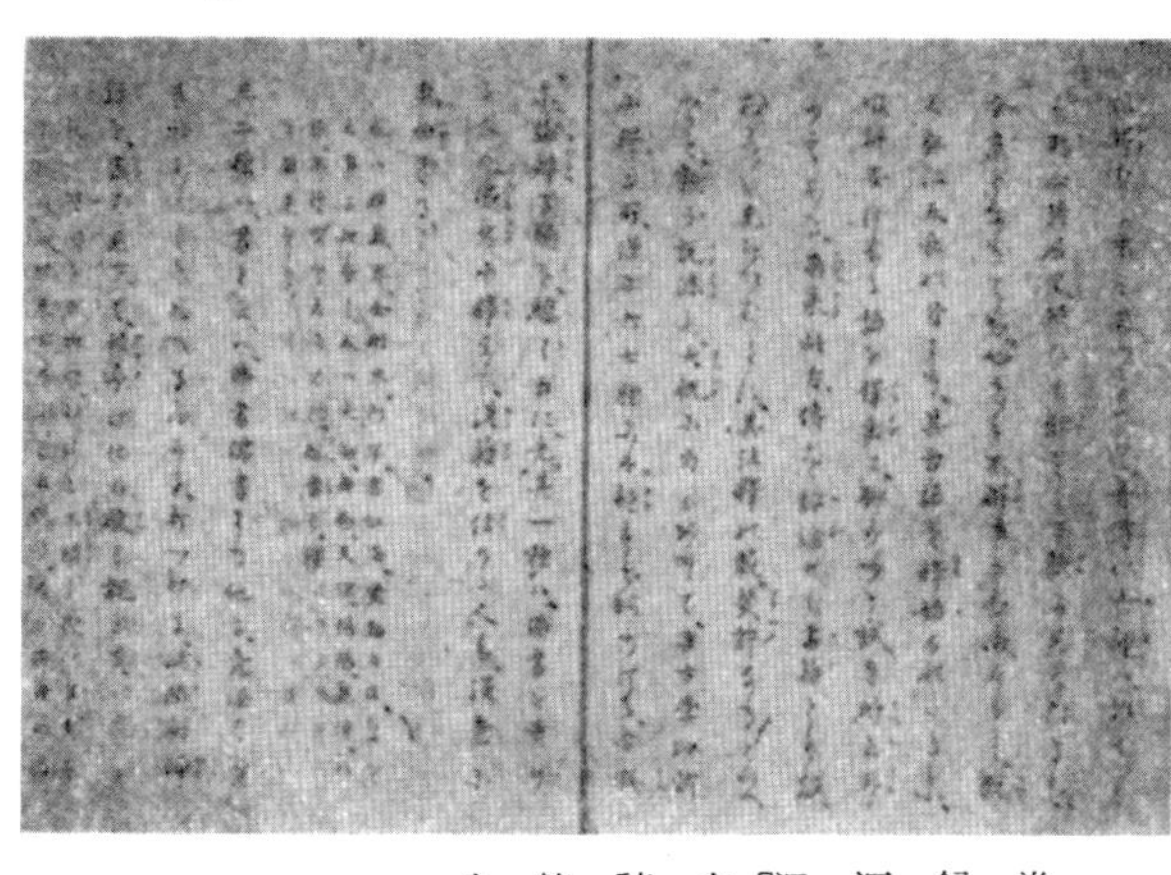

自筆稿本『温源録』巻一

そのあと自己の解釈法にもとづいて神典が『記紀』に定着する以前のいわば本源の口誦文を策定する作業を試み（巻三）たものであり、のちの『稜威道別』十二巻中の巻一・巻二・巻三の部分の原形をなしている。事実、「稜威道別は初名を温源録といった」（『全集』首巻『稜威道別』解題）のである。しかし『温源録』については、これまでほとんど内容紹介がなされていないばかりか、その成立時期さえ明らかでなく、したがってここに、『三大道弁』の主張を背後から支える著作と述べてみても、いささか唐突の感を免れないであろうから、やや煩鎖（はんさ）にわたるきらいなしとしないが、内容紹介に先立ちその成立年次について一言しておく必要がある。

『温源録』の成立年次

前記解題『稜威道別』の項で橘純一氏は、『温源録』の執筆時期にも触れ、㈠文政度の守部の著作に頻繁にみられる宛字がここにも多く使われていること、㈡書風も文政度のものと察せられること、㈢真淵・宣長ら先哲に対する態度が『稜威道別』に比して謙虚であること、の三点を挙げて、「五十歳（天保元年）よりは以前の執筆と推定」し、「比較的若い時代の起稿である」と判断された。

しかし『温源録』と『稜威道別』の稿本を比較した結果、宛字と書風の問題は必ずしも前記㈠㈡のようには言い切れず、ついで㈢の点についても『稜威道別』が神典研究の結論であってみれば、先学批判の言葉が自信にみちたより厳しいものとなっているのは当然であろう。しかも『温源録』の文中に、「予美と云言の意に、関ㇾるすぢの事どもハ、既に山響冊子、三枝ノ巻に委くいひつ。此(コヽ)と引合て見べし。」とある『山響(彦)冊子』は、既述のごとく天保二年五月に『難語考』を最終的に修訂したさい始めて名付けられた書名であって、それ以前に『山響冊子』と称した例はないのであるから、守部が神典研究書を『温源録』と銘打った時期は明らかに天保二年五月以降であって、「五十歳よりは以前」とする「解題」の推定は事実に背馳(はいち)するとみなければならない。さらに、

㈠　文政十三年（天保元）二月に桐生へ送った「御連中方の為ニ追々取懸候書目」（前掲）に、

神典研究書として『日本書紀分釈』凡二十巻と『古事記索隠』凡五十七冊の二著がみえるが『温源録』という書名はない。

㈡ 天保二年刊の『山彦冊子』巻末に掲げてある一六種の著述目録にも、当時まだ本格的な執筆の段階に入らなかったはずの『古史鉤玄』さえ「七冊」として予告していたのに、『温源録』の題名はみえず、『古史鉤玄』以外に神典研究書とおぼしき著作も見当らない。

㈢ 「古伝の本源、談詞（カタリコトバ）の所以を弁へて、大概（オホカタ）に古ル事中の疑関ハ開く」という『温源録』は、その内容から推して「此書に寄て学ぶ時ハゆう〳〵に神典の難き疑関も開ラけぬ」とする『古史鉤玄』と無関係であるとは考えられない。

などの点から、はやく文政二年（一八一九）の『古事記索隠頭書』において「はじめて此事をさとりつる」と自負した神典解釈の着想を基軸として研究を続けてきた守部は、天保四年（一八三三）四－五月から、これまでの研究を一段整備したかたちとして『古史鉤玄』を執筆し、その後これに推敲を加え、書題も『温源録』と改めたのではないかと思われる。

『古史鉤玄』と『温源録』

『三大道弁』には、

守部年来神典聖経ニ、天ト称シ、高天ノ原ト称セル物ノ不レ明(ナラ)ルヲ嘆息シ、又古学ノ徒ノ、古伝旧辞ヲ所謂異端ノ怪談ニ説キ枉(ま)ゲ、人ヲ惑ハスノ甚キヲ慨(ウレタ)ミ、勧(く)学沈思シテ、幸ニ発明スル所アルヲ以テ、サキニ神典ノ旧釈ヲ改メツ。

『心の種』

神典解釈の方法を体系的に展開

とみえるが、ここに「神典ノ旧釈ヲ改メツ」とあるのは『古史鉤玄』か『温源録』のいずれかであろう。管見によれば、天保九年六月刊の『心の種』（同七年八月に草した『詠歌玉津島』を増補改題したもので、詠歌の心得を論す。歌学の書を引用し、その中に適宜俗語を挿入する手法を採り、初学者の理解に便ならしめようとした。『全集』第五所収）巻末付載の宣伝文に、はじめて『稜威道別一名神典古義』なる書名が現われるのであって、守部が神典研究書を『温源録』と称していたのは、『古史鉤玄』（天保四年）以後『心の種』（同九年）までのおよそ四－五年の期間ということになる。そしてこの期間は社会不安に脅されつつ、次第に悲観的な現状認識を抱くにいたった時期が含まれ、しかも守部の神典解釈の方法は、この書において初めて体系的に展開されるのであるから、次には所説の要旨を摘記して「学者以テ神ヲ鳴サズンバアル可ラズ」とする「神」の内容を検討したい。

『温源録』の内容

『温源録』三巻は、「前の釈(トキゴト)の論(サダ)」「御伝風(ミツタヘザマ)の論(サダ)」「談詞(カタリコトバ)の論(サダ)」（以上巻一）、「古伝の心得様(サマ)の論」「古伝の釈法(トキサマ)の論(サダ)」（以上巻二）、および上件の所説に即して神典を取捨統合し

「本源の真実」

「本源の真実」の解明を企てた巻三（ただし中絶）から成っている。

まず「前の釈の論」において真淵・宣長・春海ら先学の神典解釈の特徴を簡単に説明し、そのいずれにも正当とすべきものがないとした守部は、

さばかり難き神典をしも、守部如きの未熟(カタナリ)にて、左右(トカク)いはんハ、いとも〳〵おふけなく、梢の蛙の雲を見て、雨を招(ヨハ)んとすめるこゝちすれど、かゝる尊き御伝の、明かならざるを憾恨(クチヲシ)く、又彼ノ大人等の、常に軽々しく、謗られ給ヘるを聞クも、慨(ウレタ)さに、及びなき身にも、年来(としごろ)考度(はか)りて、一箇(ヒトツ)の了解法(トキサマ)を思ひ得たるは、雲を招(マネ)きし梢の蛙の幸ヒにして、天の濡(ウルヒ)を得たらんこゝちぞしける。

「一箇の了解法」

と述べ、ここに先人未発の「一箇の了解法」を獲得しえたという。以下の論はこれに基づいて展開されるわけであるが、「御伝風の論」「談詞の論」の主張はすでに『古事記索隠頭書』にその骨子がみられたところである。つまり神代の古事は天下おしなべて語り伝えられてきたものであり、長い伝承過程に「実事」を伝える手段として「怪異」の語句や「幼稚語(ヲサナコト)」のごとき付加的分子の混入が不可避的であること、とはいえ「後の博士等の眼より此を見るに、只怪異(アヤシク)、癡々(シレ〳〵)しくのみ思(オホエ)て、めも心も及び叵(ガタ)かりけるから、本文

「談詞」の効用

「談詞」の種類

にさかしらもえくはへず、還て押除おかれて、古伝の真実ハ、伝はり来つる」という「談詞」の効用も認めねばならぬこと、などを説いている。この「談詞」について、伝えるべき「実事」の内容によりその性格も多様であるとし、「昔話を託せたる」談詞、「歌以ていはん」談詞、「人の為行態に擬云」談詞、「其事、其形状を語るとて、いっとなく付そへ言の淆ハりたる」談詞、「其言の旨趣、其物の形容、何くれの態の有様を、直にはいはで、強くも甚太も可笑も云ヒ運回て語れる」談詞などに分類している点は、前著に比して研究の進歩が窺われる。

天・黄泉・顕露

以上巻一に記されたところは『古事記索隠頭書』の延長とみなしうるが、巻二の「古伝の心得様の論」はこれまで守部の説いたことのない天・黄泉・顕露といった神典中の観念の世界を論じ、初めて一家の神道説を立てようとする意欲を示した。

幽冥界と顕露界

そもそもこの世には、幽冥界(幽界)と顕露界(顕界)との厳然たる隔てがあり、神はこの二界を兼ねて支配している。人間と禽獣との間よりも神と人間との隔たりの方が遙かに遠いのであるから、この区別をよく自覚して神典に接するべきである。世間には「道理」というものがあるけれども、善人が時を失い身を沈め災害にかかり、悪人が幸を得、

幽界からの禍災

立身することも少なくない。かかる「理外」の事態は、みな幽神のなすわざであり、仏書の善報悪報、漢籍の勧善懲悪が「世の実事」に合致しない例の多いのは「道理」が顕界の小さき理をもとに造りもうけたものにすぎないからである。幽界からの禍災は、思慮知計も届かず、力量勇威も叶わず、眼にもみえず耳にも聞えないのであるから、免れる術も防ぐべき法もない。畏むべきかぎりはこの幽界からの禍災である。

幽界の所在

黄泉

それではいったい幽界は何処に在るのかといえば、仏教の地獄、宣長の黄泉国などのように別に一処遙かに隔たった地域にあるのではなく、同じこの世界のうちに在る。広大な幽界についてことごとくは考え及ばないが、いましばらくこれを分けて考えれば三つの区分が成り立つ。その一は、悪神はじめもろもろの亡霊妖鬼の隠れ居るところで世の禍事はことごとくこの界隈から荒びくるもので、恐るべきは幽界の中でもこの界である。その二は、伊弉冉尊・素戔嗚尊・大国主命などのごとく夜見に入坐（いります）とある神霊の鎮まる界をいい、その三は、神世五代の神たちのつねに留っている界である。第一・第二の界を合わせて黄泉（よみ）というが、「よみ」といっても闇いところの義ではなく、眼力の届かぬ世界のことであるから、これを闇い意味にとって幽冥とも夜見ともいい伝えたのである。

幽顕の差別

これに対し第三の界は天もしくは高天原といい、人間は産霊神の霊により生まれたのであるから死後その魂は再び天に帰着する。丈夫魂を持とうとする人々は、よくこの深密な幽顕の差別を弁えて今際の時にいたるとも女々しい心を起し卑しき道に幻惑されぬようにすべきが肝要であるとなし、この書執筆の主旨を次のように要約する。

熟彼ノ御伝風の素意、かたり詞の趣意をわいだめ、又此現事、幽事のいともく微妙に、奇霊き理ある事を考合せて、本文の詞に泥まず、本原古伝の、しかも正実にして、すぐれて尊き所由ある事を、明むべきなり。

神典の「正実」の解明

国学者としての主たる使命を、神典の「正実」の解明に見出した守部が、神典の本文に古語の読法を添え、段落ごとに「本つ旧辞」と「談詞」の別を諭して本来の意味を考えるとともに、「本文の詞に泥まず、本原古伝」を想定した、いわばその序論が「古伝の釈法の論」であり、これを受けた各論が巻三である。そこで、守部が『古事記』冒頭の一節に依拠しながら、これを祝詞風に改め、稗田阿礼の口誦した原文に近いかたちとなしたところを左に引用してみよう。

天地初発之時尓、高天原尓神成坐支、其成坐流神名波、天之御中主ノ神、次成坐流神名波、高御産巣日神、次成坐流神名波、神産巣日神、此三柱神者、各各独神成坐弖、御身隠賜支、天地初発之時波、国稚久地稚久、如浮脂天之、海月成漂比支、然漂之利時尓、如葦牙萌騰流物有支、其萌騰流物尓因弖、成坐流神名波、宇麻志葦牙彦遅神、次成坐流神名波、天之常立神、此二柱神毛、各各独神成坐弖、御身隠賜支、上件五柱神者、別天神、

守部は、今見る『古事記』の文は太安侶が阿礼の誦習した古語の意を汲み、漢文風に直したため章句が長くなっているとして、逆に「天地初発之時尓」「成坐流神名波」といった句をくり返したり、あるいは「其」「然」という連体詞・副詞などを適宜挿入することによって章句を短く区切り、阿礼の誦習した古語を想定したわけである。神典における本源的要素の剔出を意図したこの『温源録』と、さきの『三撰格』とは、対象を分析する視角において畢竟同一であったと考えられる。

対象分析の視角

『温源録』は、神典中の後世的・付加的要素（「昔咄し」「戯れ」）の存在に着目した『古事記索隠頭書』の所説に加え、神典の核心たる「本原古伝」についても積極的に具体的な

篤胤の神典観

研究成果を示している点が注目される。しかし「本原古伝」の意義としてとくに強調されている幽顕両界の位置や霊魂の行方の問題は、実は守部の創見とのみなし難く、天と黄泉とを幽界の二面と見て、顕界と対立させたところに幾分独自の工夫を見出すことができるというものの、全体としてみれば篤胤がその著『霊能真柱（たまのみはしら）』（文化十年刊）・『古史成文』（文政元年刊）においてすでに詳しく論じたところであった。すなわち篤胤は、古学する学徒の根本的な精神態度として大倭心（やまと）を堅め、死後の安心を得る必要があるが、それは天・地・泉三者の成初（なりはじめ）、つまり宇宙開闢の起源を知ることによってはじめて可能であるとし、また人間は死後霊魂として大国主神の支配する冥府に帰着し、冥府は宣長の言うような汚穢な黄泉ではなく、眼にみえないだけでただちにこの顕界のいずこにもあり、霊魂も社や祠として建て祭った場所に鎮まって、決してはかなく消え去るものではなく、ここにこそ古道の安心が存する、と説いたのである。のみならず篤胤は、宣長の学問態度を踏み越え、わが国古伝説の、『古事記』に伝えられたよりもいっそう精細にして完全な形が最初に存在していたとし、諸説の取捨と統合を企てたのである（村岡典嗣氏著『宣長と篤胤』）。

守部自身は片言隻句も学問上の継承関係を語ってはいないが、時代的にみても如上の

篤胤からの影響を暗示

神典解釈において、篤胤からの影響を何程か認めないわけにはいかない。篤胤およびその一派をひどく敵視していた事実は、むしろ守部の篤胤との関係を暗示しているともいえるようである。

切迫した現実的関心

ただ守部に即していうならば、当今の世態人情の一大混乱は、人々の敬神の念が稀薄となって神典の「正実」を見失い、神典の「正実」を見失ってますます敬神の念が稀薄となる悪循環の中に発生し、これを断ち切るためには一日も早く埋もれた「本原古伝」を発掘して神典に対する不審を払拭しなければならないとする、守部なりの切迫した現実的関心が心底に深く根差していたのである。

> 高く広く厚き仁恵(ミメグミ)どもを顧(おもわ)ざるより、悪穢(あしき)心も念(オモ)ひ、外国(とつくに)の道にも迷ひ、神を敬ふ情念(こころ)の薄きなり。神を敬ふ情念の薄かるより、神の御所為(ミシワザ)をも疑ひ、神典(みのり)をも信(ウケ)がてにすめるなり。……神を恭敬(ヰヤマフ)心だに出なば、神典を貴む心も出ぬべく、神典を貴む心出なバ、此書の旨も承ヶぬべし。斯て彼顕幽の二道ハ、古伝を覚るのみならず、凡神事最第一の道なり。

さて、「神」の道を振起するには神典の「正実」の解明こそ先決であり、これなくして頽廃する世情の矯正はありえないと固く信ずる守部は、すでに述べたとおり、おそくとも天保九年六月までに『温源録』を『稜威道別』と改題し、以後ますます旺盛な研究活動を続けていくわけであるが、神典研究の進展に伴って詠歌と和歌研究と古道とが一元的に捉えられていた初期の学問観に、無視しがたい変化の様相が表われてくる点は重要である。

学問観の変化

その変化の徴候は、「うたは学問とはことなる所のあるぞかし。」とした『長歌撰格』などにすでに認められるとしなければならないが、このような傾向は『心の種』を開版した天保九年の段階にいたると、

歌論の書などは、……わが心ざす学問の妨とはおもひつゝ、ある限りはとてうかくと見ふけりつるをりもありき。……今より後のわかうどは、もの学びこそあれ、歌の上の心得はたゞく中古の人の、私なき定めにつきてよむべきなり。(『心の種』)

「もの学び」と「歌の上の心得」の別

と、さらにはっきりしたかたちの表現がみられるようになる。守部は「もの学び」と「歌の上の心得」とを別のこととして説いているのみならず、詠歌のために歌論の書などを読み耽けることは「わが心ざす学問の妨」になる、とさえいうのである。その詠歌に関

『万葉集』は「もの学び」の対象

「もの学び」と古道との関係

守部の古道観

「神秘」

しては、「たゞく中古の人の、私なき定めにつきてよ」めばそれでよく、見習うべき歌とは「古今と合せて千載・新古今中の、名人の秀歌ども」のことであり、それ以前の「記紀歌謡」や『万葉集』は実に「もの学び」の対象とされたのである。

其上に余力ありて学問の方に心ざし出なば、ほどくに随て学問すべし。こは歌にまさりて貴きわざにぞある。（『心の種』）

こうして、かつて最大の関心事であった詠歌が第一義的な意味を失うとともに、「もの学び」は「歌」とは一応別個の、しかも「歌にまさりて貴きわざ」としての位置を与えられることとなった。そしてこの「もの学び」さえ、古道に比しては第二義的な意味しかもちえないのである。『稜威道別』著作の動機を追懐している、やはり『心の種』の一文はこうした守部の古道観を端的に表明している。

そもく古伝説の趣は、然か伝へたる事の中に、別に一のさとりざまありて、奈良以前の人は、みなよく心得居たる事ども也。中昔迄も、稀には神秘とて伝へたるさまなりけるを、あまりに秘して、知人なくなり、つひに付会の説どもに入まじりて、定かならずなりし也。守部は、いさゝか神さちやありけん。はやくより、かの二人の大人（真淵・宣長）を信じながら、神の御上のさだ、道の論などは、はじめよりえうけず。たゞ勿躰なく覚えければ、別になして学び来しを、さりとて外に考へもなく、歎きながら過つる内、家に聊か伝へたる事のあるにもとづきて、初念のほい空しからず。数十年苦労して今は十年あまり以前に、つひに真の解ざまをさとり得つ。よろこばしきあまりに、とみに筆をとりてしるしおける、即書目に出せる、稜威道別是也。

「真の解ざま」を悟る

『心の種』の末尾に近いこの一文――おそらく初稿『詠歌玉津島』にはなく、天保九年の出版に際し増補した部分――だけを読むと、『稜威道別』がこれより「十年あまり以前」に成就されていたかのように受けとれるが、それは事実に反する。『古事記索隠頭書』から数えて二〇年、『日本書紀分釈』『古事記索隠』の構想を桐生社中に示してからさえすでに九年を経過して、守部の神典研究に対する強い関心はかなり以前からのものであったのであるが、実は『稜威道別』の初稿の成立までにこれから四年の歳月を必要とする。ただ、「十年あまり以前」に神典の「真の解ざまをさとり得」たことを強調している以上、「実事」と「昔咄し」の弁別という『古事記索隠頭書』の発想に加え、『温源録』ではじめて明瞭に示された幽顕両界の所在や霊魂の行方の問題などについても、その時点で何らか解決の糸口を見出していたのであろう。

守部が、「神秘」であった「古伝説の趣」を特殊個人的な「神さち」により辛うじて

「さとり得」たとする限り、古道闡明のための神典研究は古歌を学習したり注釈したりする「もの学び」とはおのずから異質な性格を帯びざるをえないし、したがってそれらはそれぞれ異なった学び方によって究明されるべきことを意味しているといえるであろう。

詠歌と古道

詠歌と古道とが直線的に結びついて「神典・国史トイヘドモ、書ハ素ト意智ニフル、モノナレバ、上古ノ歌ヲ詠ジオボエテ、神随ノ真情ヲ得ル事、尤吾学ビノ肝要ナリト知ベシ。」となした初期の古道観とは、もはや同日の論ではないといえるのである。しかも注目すべきは、それ以前はもとより天保八年初めの『三大道弁』においても、神典の「真の解ざま」は「劬学沈思」、あくまで自力の「発明」であると高唱していたにもかかわらず、右の『心の種』の一文において守部は初めてこれに「神秘」的要素を賦与し、かつ家伝の口訣なるもの——谷川士清を「吾が師」と呼んだ父元親の遺訓中にこれがみえていたが、すでに述べたとおり、『橘の昔語』は『心の種』より五年おそい天保十四年五月、守部の口述をもとに娘浜子が執筆した——の存在をあわせ重視しているという事実である。

「神秘」的要素の導入

守部がみずからの神典解釈の方法を「数十年苦労」した「もの学び」の成果とするだけで満足しえず、なぜここに新しく「神秘」的要素を導入しなければならなかったのかについては、口訣の内容が必ずしも明らかでなくはっきりしたことは言えないが、おそらく古典研究が進捗して神典解釈の方法が明確化するにつれ、その客観性を確認し、また『温源録』巻三にみたごとき唯一であるべき神典の真理性を保証するために守部は超越的な「神秘」の登場を許したものと察せられる。父元親から受けたという秘伝口訣の存在そのものを全く否定し去ることはできないとしても、これまで一度も言明したことのなかった「神秘」が、神典研究の整備期もしくは確立期に入ろうとするこの段階において初めて表われてきた背景には、人間の論理を超越した何ものかによって自己の方法論を絶対化しようとする、いわば主観的事実の方が色濃い影を落しているように思われるのである。

神典の真理性の保証

「もの学び」と古道との異質性の承認

ただし、「もの学び」が古道＝「神秘」と一応絶縁を宣せられたからといって、守部の内面において占めるその役割が軽視されたとはいえず、むしろ両者の異質性の十分なる承認の上に立ってそれぞれの存在根拠が別途に確かめられる結果となったようである。なぜなら、守部自身は「もの学び」が古道と別の次元に属することをよく自覚しつつも、一方で「記紀歌謡」や『万葉集』などの丹念な分析からえた諸規準に基づき、古代の尊貴性を立証することに依然として変らない意義を認め、そこに深い喜びを見出していたとみられるからである。詳しくは後に述べることにするが、『稜威道別』『難古事記伝』など神典関係の著作に主力を投入した同じ六十歳代に、長期の懸案であった『稜威言別』を完成させたほか『万葉集檜嬬手(ひのつまで)』『俗語考』『土佐日記舟の直路』など各種の古典研究の著作を遺しているのであるから、守部の「もの学び」への執着心は晩年にいたるまで決して衰弱してはいなかったというべきであろう（詠歌と学問研究と古道との関係については、太田善麿氏「橘守部と「記紀歌謡」」『国語と国文学』第十九巻第七号から示唆を受けることが多かった）。

「もの学び」への執着心

三　門人の支援と著書の刊行

全国的な飢饉

天保七年（一八三六）に全国的な規模で襲った大飢饉は、翌八年半ばをすぎてもいたるところになお深い傷あとを残していたが、守部の住む浅草でも米価は一両で二斗一升と非常な高値が続いて人々の生活不安は一向に解消されなかった。

浜子の縁談

ちょうどこうした五月、門人の好意により二十一歳の浜子に縁談がおこった。相手は神田白銀町の名主明田摠蔵という者の子息で、知人に問い合わせてみると家柄・人物とも中分ないとの返事である。浜子の縁談はこれ以前にもいくつかあり、当時守部夫妻の心配の種であったにもかかわらず、その日の生活に追われる家庭の状況を考えると不憫と思いつつどうしても話を進めるわけにいかず、今回も苦しい家計の内幕を先方に説明していったんは断わることにしたのであった。

支度金の援助を請う

しかし先方のことのほか強い懇望に動かされた守部は、桐生と江戸の門人たちの力添えが得られるならば何とかこの縁談をまとめたいと決意し、無理を承知のうえで秋主はじめ小佐野豊・西川等雄らに支度金の援助を請うたのである。桐生社では三一名の有志がこの五月、『助辞本義一覧』出版の板木代として一〇両を送り届けた直後だっただけに秋主でさえ守部のこの申し入れにはいささか困惑のていであったが、それでも豊は毎年暮に池庵におさめてきた足利の束脩（そくしゅう）金一〇両を以後浜子一人分減らすという名目で九両とすることを条件に当年分の一〇両を早速工面して送ってきたし、金子の相談に目下のところは乗りかねるとした等雄は豪華な縮緬の振り袖と手文庫一具を届けてくるなど、門人たちはそれぞれに力の及ぶ限りの援助をした。江戸社中の人々からも応分の協力がえられて準備は順調に進み、西中町の堺屋

浜子の結婚

宗三郎というさる大尽夫妻の仲人で七月二十八日結納をとりかわし、八月十三日の祝儀

には供回りと送り人など七〇名ほどの人数が繰り出し、道路の両側は見物人で埋まるほどであったという。こうして婚礼は滞りなく済んだが、およそ四〇両を越える借金が守部の手許に残っていた。

冬照の結婚

続いて天保九年の春、二十五歳になった冬照が品川の商家から七歳年上の東世子(とせこ)を妻に迎えた。冬照は同七年からすでに江戸社中の学問教授を担当するかたわら関宿藩主久世広周の江戸藩邸へ出講しており、この同九年からは江戸社中の歌の添削指導一切も父に代って行い、また平戸藩主松浦熙の江戸藩邸にも出向いて有職学を講じたのである。翌十年五月には桐生・足利・高崎方面へも出張している。経済的には不如意であっても、

冬照の活躍

冬照のこうした活躍によって、守部は著書執筆に専念しうる時間の余裕をより多くもつことができたのであろう。

ところで、桐生社の著書刊行に対する経済的支援は、『山彦冊子』以来しばらく頓挫したままとなっていたが、この時分から再び活発となった。すなわち天保九年三月の『助辞本義一覧』(前述)のあと、六月に『心の種』、九月に『下蔭集』(後述)と矢継ぎ早やに開版され、同じ十一月には、すでに述べたとおり、『鐘の響』三巻もようやく上梓(じょうし)

桐生・足利の不況

のはこびとなったのである。とはいえ、桐生・足利の機業界は依然として不況から脱出することができず、天保八年十二月に尾張徳川家から苗字帯刀御免となった秋主が、このころみずから工夫改良した撚糸(よりいと)機を用いていわゆる御召縮緬の製織に多忙であったのは例外とみなければならない状態であって（高井浩氏、前掲「吉田清助秋主伝」）、社中からの資金調達にはますます困難が伴うようになっていた。

「口上書」の配布

そこで秋主は、『心の種』の板木代を結局一人で請負い、「上毛桐生足頴舎蔵版」として世に出すことになったのであるが、そのさい次のような木版一枚刷の「口上書」（『国学大系橘守部集』「解説」所収）を桐生社や江戸の社中の面々に配布したのである。

此心の種は、初心となく、労巧となく、見ずては叶はず、凡吟詠に心ざしあらん人は、連俳狂哥の人といへども用ありて、至て向キのよき書也。仍て此書よりとて、こたび上木し侍る故は、先生の著述、あまたあれども、世に知人なく、われ〱が為にも、甚有用の書どもあれば、今此書を、相当の価にかへ、其利益を、世話人方に積置て、追々に一色づゝも、板にゑらせたくて也。されば事卑(ひく)きには似侍れども、最寄〱の御社中方、懇意知音の御許にあつらへ、望む人々に求めさせ給はん事を、願ひ侍る也。近年紙高直（たかね）にて、此一部三冊、銀十匁に売ずしては、右の趣意遂がたく侍る也。此旨御賢察の上、御ともぐちからを合せて、一部もよけいに、御世話ねぎ奉るになん。

板木代出金主　吉田秋ぬし
製本料　集世話人　椎本唯乗
加藤真幸

御社中衆中

『心の種』一部三冊、銀十匁

『心の種』一部三冊を銀十匁で売り捌いた利益金は浅草に住む唯乗院と加藤真幸方で積立てておき、次回の出版費に当てたいので門人は協力して、一部でも売上げが多くなるよう各方面に働きかけて欲しいというものである。「口上書」配布というこの措置は、師匠の著書出版にあたり桐生社に比重をかけすぎていた従来の方式を改め、より広い地域からの支援が必要とみる秋主の状況判断に基づいていたのであろうし、守部にも同様の考えがあったと思われる。そして同年十一月に出版された『下蔭集』（国立国会図書館蔵）はこの

『下蔭集』の出版

線に添って門人の結集をはかる一つの企てであったと考えられる。この『下蔭集』は、守部門人一三六名（門人の総数は一八〇名前後と推定されるから――巻末付表参照――これはその約七割五分

『下蔭集』収載歌作者国別人数

国	下野	上野	武蔵	江戸	下総	伊勢	尾張
人数	11	44	16	35(6)	22	1(1)	1
国	近江	信濃	美濃	越中	越後	肥前	
人数	1	7	2	1	1	1	

（ ）内は人数中の近親者

に当る）と近親者七名（妻政子、冬照夫妻、明田摠蔵夫妻と浜子、伊勢玉垣郷の正信寺に嫁した姉町子）の折ふしの詠草を、春・夏・秋・冬・恋・雑（上・下）に分類して七巻（七冊）に編成した歌集であって、巻頭の「集のゆゑよし」に冬照が、「他門の人ははゞかりてひとりもくはへず、此集にのれる限りの人は、高きもいやしきも、ことぐくわが翁のをしへ子なり」と明記している点からみても、この書編集の意図は明らかである。『下蔭集』に収載された秋主の歌を数えると六八首にのぼるが、たとえそれが一首であっても、自分の詠草が板にされたことによって、門人は守部の「をしへ子」としての確かな保証が得られたと実感したに相違ない。またその出版費は詠草を出した者によってまかなわれたのであるが、これは一人分の負担軽減という効果だけでなく、門人の協力意識の昂揚にも役立つところがあったのではあるまいか。左に『下蔭集』所載の政子、冬照、浜子、町子四名の詠草を一首ずつ引用してみよう。

近親者の詠草

〈政子〉恥レ人恋

おもふともいひはなたねバ中々に恥るを人のいとふとか見る

〈冬照〉わが祖母の九十の賀しける時人々よりほぎ給へるうたのするゑにそのこたへとはなくて

皆人のちよといはへることのはのまことゝならん事をのみこそ

〈浜子〉寄レ滝忍恋

忍ぶれバおとにたてねどせきとむる袖よりおつる滝のしら玉

〈町子〉落葉月明

こずゑには秋の一葉もなくなりて木の間に月の影ぞちりしく

生母の死去

冬照の詠んだ「わが祖母」つまり守部の生母は、『下蔭集』の出版される前年（天保八年）、九十四歳の天寿を全うして世を去っていたが、守部より七歳年上の町子は常照院といい、天保九年当時なお健在で、六十五歳のはずであった。『天保十二年改 毎春年頭書翰名前大略』（前出）に、「玉垣常照院江為二年玉一金百匹ヅ、例年可二上申一事」とあるのをみれば、幼少の日不幸にして別れねばならなかった姉のことを守部はいつまでも心にかけていた

富子の病没

のであろう。

増田村源流寺に嫁した四歳違いの次姉富子は、はやく文政四年（一八二一）十月に病没していたから、町子と守部は二人きりの姉弟になってしまっていたわけである。

鈴木重胤

広足の『鐘の響』批判

『下蔭集』に続いて出版された『鐘の響』は、つとに計画のあった『山彦冊子』の続編であるから、その学問上の意義についてはここでくり返さないこととするが、相互に関連があると守部が認め一括した数語を一段として、七二段から成り、これを「ひもろぎノ巻」「たまぼこノ巻」「かねのひびきノ巻」の三巻に分け、前著と同じく問答録の体裁にして集めたものである。

子・登瀬（東世）子らの名がみえる）
（慶応義塾大学斯道文庫蔵）

この『鐘の響』に対しては、『祝詞講義』『日本書紀伝』の著者として知られる幕末の国学者鈴木重胤（一八一二―六三、篤胤没後の門人）に、『鐘の響弁妄』なる一書があるほか、『山彦冊子』が出版されたさい、いち早く伴信友に書簡を送って守部に注目した中島広足も、その

青木永章

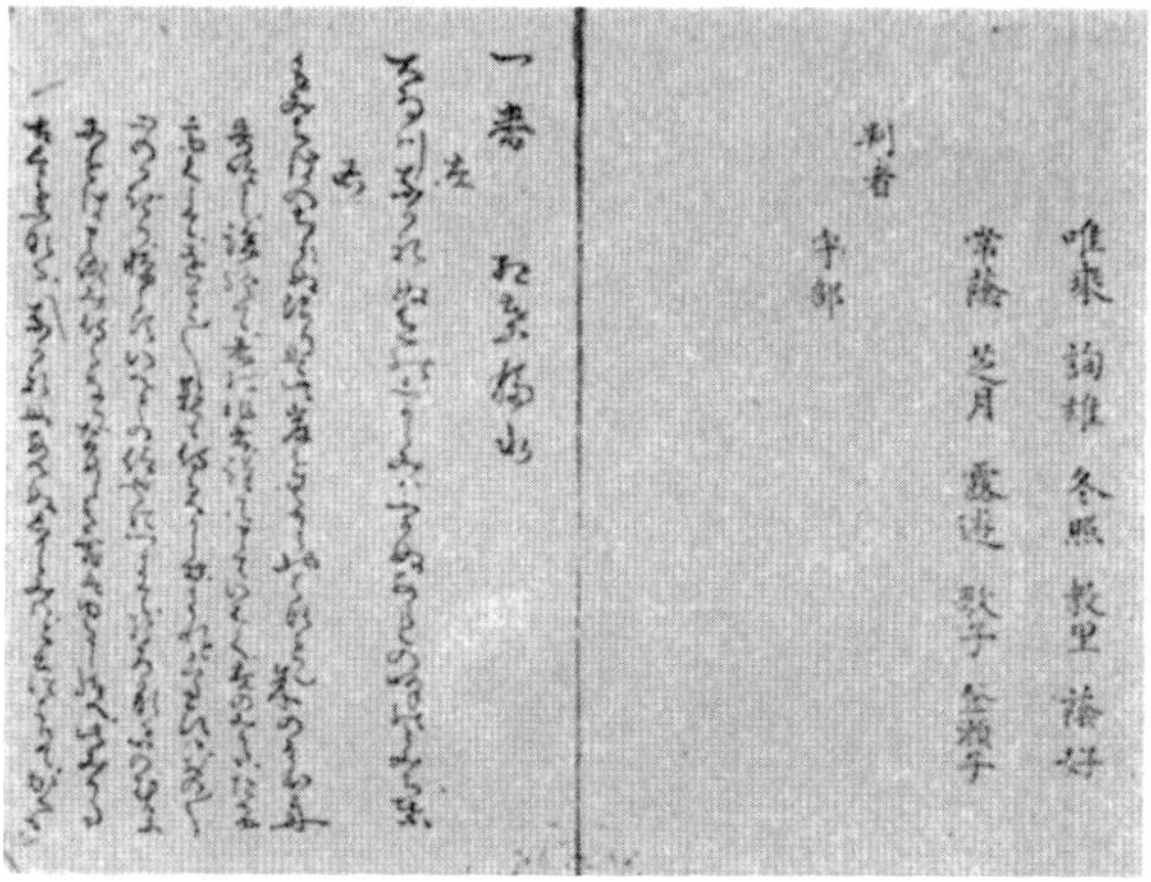

「擬難陳三十番歌合」（天保十年十一月六日）（作者の中に冬照・浜

随筆『海人（あま）のくぐつ』（『中島広足全集』第二篇所収）の中で、『源氏物語』帚木の巻の「馬のかみ、ものさだめの、はかせになりて、ひゞらきゐたり。」の「ひゞらき」について守部が「座を避（サ）り、座を改めぬる形容」となしたのは独断的解釈であり、ここでは『落窪物語』に使われている「ひろゝぐ」「ひゞろき」と同義で「身をふるひうごかす形容をいへるなり。」と、守部の説を批難している。広足の名は、知友の歌人青木永章（長崎諏訪神社大宮司、天保九年四月に出府して池庵を訪い、六月に帰郷）を介してすでに守部の知るところとなっていたと思われるが、天保十年頃からは書信によって直接親交を結ぶにいたった。次に引用する守部の広足宛書簡（弥富氏前掲書所収）は、翌十一年二月のもの

守部、広足に埋木の硯を贈る

であるが、『穿履集』に「天保十一年二月、肥前長崎橿園中島広足がもとに埋木の硯をおくる長うたみじかうた」が収載されているから、守部はこの書簡に添えて埋木の硯を贈り、遠国の友へ親愛の情を表わしたのであろうか。

(上略)今般或貴方より、是迄あり来り候和漢議論の類、何れも五十歩百歩にて、漢学の徒も未だ閉口するに不レ至、右之類を悉く大成して此度は漢学の徒、一言半句無レ之、ひたと閉口すべく物せよとの事に御坐候。依て先般集書纔(わずか)に左の通りに御坐候。

太宰純と伊勢貞丈との論
平春海と真国との論
同人摘紕(てきひ)
禍(まが)のひれと葛花(くずばな)
吉野の若菜 夏目甕満述
級戸(しなど)の風と真清鏡(ますみの)
返しの風と花のしがらみ

国意考弁妄とゝはじぐさ

成形図説十一所引　紀州人

先漸此等相集め候得共、何れも一冊づゝの小巻、一も可レ引程の事も見え不レ申候。右の外に何ぞ御心当は無ニ御坐一候哉伺度、且は、借用仕写取り度候。筑紫がたには、定て可レ有ニ御坐一候ものと被レ存候。少々の物にても御坐候はゞ、御贈被レ下候様奉ニ希上一候。本居氏の鉗狂人と申すものは如何なるものか、未見不レ申候。若貴家か又青木君方等に候はゞ御借被レ下度候。又神霊の方も書付五七枚づゝ差上候間、可レ然方へ御配分被レ下、諸方之珍説奉レ待候。此度青木君へも返翰仕候へども、右等の事申洩候間、御次手も候はゞ御共に御勘考奉ニ願上一候。時節折角御保護専一に奉ニ存上一候。以上

二月廿八日　　守部

広足大人　高梧下

広足に著述の計画を示す

儒者に対する論争的姿勢

神典研究の進展にともなう学問上の自信を背景として、この時期の守部が宣長の学説を駁するにとどまらず、さらに儒者一般にも論争的姿勢を打ち出すようになった点が注

目されるが、「漢学の徒」を「ひたと閉口」させようとする目論見はすでに前年（天保十年）三月、『十段問答』二巻によって開始され、やがて、『稜威雄誥』（後述）によってより徹底化されることになる。このうち前者は、十段にわたる問答から成り、まず第一段で宣長の所説とくにその神典観および外国観について論難する所以を述べ、ついで神・儒・仏の本義（第二段）、儒・仏の伝来と神慮（第四段）などに関して説明し、八・九・十段にいたりわが国が万国の宗国であるとする、守部の主張が展開されている。第一段の論弁によれば宣長の門人の反駁にあい、みずからの立場を闡明しようとしたところにこの書執筆の動機があるというが、宣長門下の正体については明言しておらず、また第二段以降の主題が「漢学の徒」への強い対抗意識によって貫かれているところから推して、難者への反批判というかたちをかりながらその主旨はむしろ自己の神典観および外国観を積極的に開陳するところにあったのであろう。

　いずれにせよ、面談の機会に一度も恵まれなかった十一歳年少の広足に、守部が著述の計画を示して協力を要請しているのは、学友として同志として心の通い合うものを感得していたからに相違ない。このことは、青木永章宛の書簡において「橿園大人（橿園は広足の号）—

守部、広足を高く評価

（引用者）、学といひ、御風流と申し、不㆑堪㆓欽慕㆒候。殊更、御歌之御手際、御秀絶、当今、江戸には、ケ斗之人（かばかり）、壱人も無㆓御坐㆒候。」（年次不明、『中島広足全集』第一篇所収）といい、その学問と和歌に高い評価を与えていることからも窺われる。しかるに広足が『鐘の響』に対してのみならず、往々守部の学説を批難しているのをみるのは、宣長学に私淑する広足として宣長に攻撃の矢を向ける者への反発や、学問は公道にして私情を交えるべきでないとする態度があったからであろう。しかし親しい交際はこののちも変らずに続き、江戸の学界において孤立していた守部にとって、広足は数少ない学友の一人であったのである（この項の前半の生活状況については、高井浩氏前掲「天保期のある少年と少女の教養形成過程の研究」㈤・㈥による）。

第六　守部学の熟成と晩年の生活

一　神典解釈法の確立

幾時代もの長い間、「神秘」のヴェールに包まれてきたという神典解釈の方法について、「一箇の了解法」を「さとり得た」とする守部が、その「了解法」を駆使した体系的な記述を『記紀』二典の文献に即して試みようとすることは、けだし当然の帰趨といわなければならない。事実、『古史鉤玄』から『温源録』へという経過の中にこの作業の具体的な進捗状況がみられたわけであるが、ここではその完成形態である『稜威道別』（『全集』第一所収）を中心に、これとほぼ同じ時期に成った一連の神典研究書『神代直語』『難古事記伝』などをあわせ検討し、もって晩年における守部学の特性について考察することとしたい。

晩年における守部学の特性

次に掲げるのは、先に関説した『心の種』巻末付載の『稜威道別』の宣伝文——「池庵北畠守部先生著述略目録」所収——である。

総論上・下の部分に大増補

○稜威ノ道別　十五巻　一名神典古義

此書ハ、古事記伝の、道の論の拙かるを深く歎きて、更に真の古伝の本義に、とき改められたる書也。其躰裁ハ書紀を本文に立て、古事記も、其一書の中にくはへ、諸の神書をも合せ、天地の初メより崇神の朝迄を、精く釈せり。是より後は、人のまどふべき事もあらざれバ、省るなり。故に甚箇古にして神典の限りを貫き、久しく埋れたりし古伝説の本義燦然として世に顕はれ初メて神の道の上古に立かへる基を開かれたりと云ハ此書なり。

『稜威道別』の著作動機と要旨とは、この宣伝文によってよく観取することができるのであるが、さきにも指摘したとおり、『心の種』が出版された天保九年（一八三八）当時、この書はまだ未完成の状態にあり、その「十五巻」という巻数も、「天地の初メより崇神の朝迄」という対象期間も、あくまで予定であった。

守部が『稜威道別』十一巻を『書紀』神代巻の注釈書として脱稿――『全集』にはこのあとに「巻十二」として神武紀の注釈が収載されているが、この理由については後述――するのは、その自序の日付によって同十三年九月であり、さらにこれを改訂し、なかんずく総論上・下

（巻一・巻二）の部分に大増補を施して一応の完成をみたのは、この総論末の日付によって同十五年（弘化元）五月二十五日と考えられる。

『稜威道別第一稿総論』

しかるに、守部学の精髄と自負する神典解釈の方法論を明示した総論については、この大増補を終った段階でもなお意に満たない点が少なくなかったようで、全集本と同じ日付をもちながら、しかも全集本にくらべ文章・内容とも未整備で改訂の痕の多い草稿本（『稜威道別第一稿総論』の表題がある。慶応義塾大学斯道文庫蔵）の現存するところから察すると、全集本の総論は天保十五年五月以降さらに推敲が加えられたものであり、完成年月日だけを草稿本のそれに遡及して当てた、とみなければならない。

荒木田久守『稜威道別』を朝廷に献ずる

ともかくしかし、同年七月、守部は『稜威道別』完成の旨を桐生社に知らせ、翌弘化二年一月、その総論二冊を秋主に届けているから（高井浩氏前掲「吉田清助秋主伝」）、辛酸したこの部分もほどなく最終的な全集本のかたちにまとめられたのであろう。『穿履集』には、同二年九月、伊勢内宮の神官荒木田久守（一七六八―一八五八）を介して『稜威道別』を朝廷に献じたさいの守部の和歌四首がみえるから、おそくともこの時までには総論も含めて神代巻の注釈は完了をみていたはずである。

弘化二年九月十七日、伊勢皇大神宮の神嘗祭の勅使藤波三位卿、祭はてて申し給はく、此たび禁裏におきて、日本書紀の御会読はじめさせ給へり。それにつきて、荒木田神主久老が日本紀槻の落葉奉るべし、又、江戸人橘守部が稜威道別もかねて聞及ばせり。神官の中にしる人あらば、其書奉ずべしと仰ごとありけるよし、久守のかたよりいそぎまをしおこせけるにつきて、写させ奉るとき、そへて奉りけるうた

神の代に近かりぬべき雲の上にまだすもうれし家のひめごと

御民われいけるかひあり雲の上に古言とはす時にあへるは

雲井までまつらざりせば皇神の道のすたれとひとりなげかん

日のみこの照しまさずば皇神の道のおくがの又もくもらん

冬照が昌平坂学問所に提出した『稜威道別』上木伺いの書付。年次は嘉永元年の九月か。（朝日町役場蔵）

全集本『稜威道別』巻一から巻五までは、嘉永四年（一八五一）正月十日の日付けで冬照が上梓

した版本を、巻六から巻十一まではいずれ上梓する予定で浄書しておいた自筆本を、それぞれ底本としている。守部一代の心血を注いだ『稜威道別』は生前刊行にいたらず、その死後二年にしてようやくその前半だけが開版され、後半は大正十年（一九二一）八月の全集本発行まで公刊されることがなかったのである。全集本には、神代巻の注釈のあとに「巻十二」として神武紀のそれが収められており、これには「巻十二上下は原本（守部自筆）の体裁より推すに、蓋し未定稿に属す。さきの本書刊行に際し、新に整理して之を加ふる事とせり」とする校訂者の言葉が付いている。さきの宣伝文によれば、崇神紀までの注釈を執筆する計画があったというが、実際には神武紀の草稿本までしか書かれなかったようである。

『稜威道別』生前刊行されず

『稜威道別』がこのようにして完成をみるまでには、星霜三〇年に及ぶ研究の集積があったわけであるが、従来の著作活動に即していえば、『温源録』巻一・巻二の改訂増補をもってその総論に据え、『日本書紀分釈』と『古事記索隠』とを発展的に解消して巻三以下の注釈とした、という位置関係になろう。なお、『温源録』巻三において若干試みた古伝説復元の作業を守部はその後中止してしまったが、その理由はこの作業の困難さによるとともに、「神代五代七代ノ間の伝へのみは、古事記の方に、真(マコト)の神語をぞ伝へたる」が、それ以後の「古伝説の本義」は『書紀』の文中に含まれているとする、

三〇年に及ぶ研究の集積

守部の認識に基づくところでもあったと思われる。

『日本書紀』重視の立場

「神秘五箇条」なる法則

五〇種以上にのぼる守部の著作のうち、『稜威道別』がとくに有名なのは、『記紀』の価値優劣を論じ宣長の『古事記』尊重に反対して『日本書紀』重視の立場をとったこと（総論上）、独自の信念により設定した「神秘五箇条」なる法則を示し、この法則に基づいて神典解釈上に新境地を開拓したこと（総論下）、の二点がひろく知られているからであろう。宣長一派の古道論にあきたらず、さりとて春海らの文人主義にも慊焉（けんえん）たる守部の主張は、なかんずくこの法則の中に遺憾なく発揮されているとみるのである。国学者として後世に残した学問的業績という点からみれば『稜威道別』を守部の著書の筆頭に据えることはのちに述べる理由から必ずしも適当でないように思われるのであるが、しかしこの「神秘五箇条」の内容を検討することによって、守部学の特性をもっともよく捉えうることは確かであるから、ここでその簡単な紹介を試みておくこととしたい。そのさい『温源録』の所説と幾分の重複をまぬかれないが、ここではむしろ、それがどのように整頓・深化されているかに注目する必要がある。

「神秘五箇条」の内容

神秘第一条＝「旧辞・本辞ノ差」

(イ)　神秘第一条は「旧辞・本辞ノ差」を弁えること。旧辞とは古事ともいい、神代以来おしなべて語り伝えた伝説のことで、本辞とは本紀ともいい、旧事・古事の中から部を分けて録したもの、あるいは旧辞に添えられた談辞（神秘第三条参照）を除いて史実的なるものを録したものをいう。

神秘第二条＝「古伝説ノ本義」

(ロ)　神秘第二条は「古伝説ノ本義」を知るべきこと。神代にあって神から神に伝えてきた古伝説は、やがて人の世に伝わり、ひろく天下の語り伝えとなった。その語り伝えがおのずから皇室の系譜のごとくなったのは、天の下こぞって皇室を尊崇していた当然の結果とすべく、そこに古伝説の正しく私事を加えることのなかった明証がある。かかる大事は人の必ず修得すべきこととして、古代にあっては貴賤の別なく幼少の頃から諳（そら）んじていたのであったが、これこそ国民の間に口々に伝誦された真の教えであり、天地に徹（とお）った大道といえる。このことは、あえて言挙（ことあげ）しない国の教えといえるわけで、人作によらない自然の実事であったからこそ、覚えやすく文字なき世にも口々に伝わって洩れることがなかったのである。

神秘第三条＝「稚言・談辞ノ弁」「稚言」

(ハ)　神秘第三条は「稚言（オサナゴト）・談辞（カタリゴト）ノ弁」である。前条の趣旨から貴賤老少が古伝説を口誦するうち、往々、ものはかなき「稚言」あるいはあらぬ「談辞」をまじえる結果となった。それは、むしろ避けがたい必然の勢というべきなのであるが、しかもそれが後世の人心を惑わす原因となり、よそながら神典を垣間見る儒者・法師らはこれを神奇・鬼怪の作り物となし、儒仏の付会やさかしらをとり除こうとする国学者さえ、禽獣魚虫がものを言うなどといわゆる赤本の怪談とひとしく説きくだすにいたったのである。それは畢竟、本伝と談辞とを混同してこの差別を考慮しないところから発した誤謬といえる。胎より国を産むといい、あるいは地底に黄泉という醜悪の国ありとして、貴賤善悪と無関係に人は死ねばおしなべてその国へ行かねばならないとするごとき、神典の文面そのままを信じよというならば、誰か疑わずに済まされようか。すでに説いた古伝説伝誦の経過からして、そこには当然幼童の心性・動作・生活などに即し耳親しく語られた多くの「稚言」が存するはずなのである。

また「談辞」とは、右の「稚言」をもその中に含むものであって、古伝説伝誦の過程においてその言の勢にひかれて自然と添えられたことばのことである。それは、のちの物語・日記などにもしばしばみられる寓話・比喩・誇張・虚構などへつながるものと考えればよく、当世のはなしというものの源泉である。これを『書紀』についていえば、

「談辞」

漢文の中にとくに多く見出されるのであるが、それが漢籍にみえたることどもを取り合わせた、単に潤色のための添加である場合は識別が比較的容易である。これに対し、その処の意趣を汲んでことさらに一つの物語風に語りなした場合ははなはだ紛らわしいけれども、ひとたび「談辞」というものの性質を了解して臨むならば識別は可能であるといえる。なお、何事のうえにもその由縁を構えていうようなものは、概して「談辞」と思ってよいようである。天下にひろく語り伝えた古事には幾代経ても私事の加わる余地がないという貴重さはあるが、そのかわり口々相伝のうちに付加された後世的要素に用心しなければ「神代の本旨」を見失うことになる。

神秘第四条＝「略言・含言ノ大概」

㈡　神秘第四条は「略語（ハブキゴト）・含言（フクメゴト）ノ大概」を心得べきこと。古代の人々は、誰も古伝説の大旨をよく体得していたから、誤解を生じないかぎりにおいて一事を挙げて他は省略に従ったところが少なくない。また一事をもって他を含蓄することができる場合はそのようにした例も多い。古文には無用のことを長々といっているかと思えば、有用のこともはなはだ簡略にしか述べていないことがあるのはそのためで、この修辞法に思いをいたさない先学の諸注釈はいずれも誤りである。

神秘第五条＝「天・黄泉・幽・現・顕露ノ大意」「神典三箇の秘事」

(ホ)　神秘第五条は「天(アメ)・黄泉(ヨミ)・幽(カミ)・現(ウツ)・顕露(アラハニ)ノ大意」を知るべきこと。このうちとくに重んずべきは「天・黄泉・幽」であって、これを「神典三箇の秘事」と称する。これは「奇(クシ)く微妙(タヘ)にして、思慮も至らず言も及ばず、筆にも尽しがた」いが、いささかその大概を挙げて説くならば、天も黄泉も幽冥の中の一つずつの名にして、近くいえば人間の上下左右から身体を包み、遠くいえばいわゆる六合(りくごう)の間に満ちているものである。いま

天と黄泉の区別

天と黄泉との区別をいえば、神については天と称し、鬼については黄泉というので、この二つをかねて幽という。天と黄泉とは夫婦のごとく、昼夜のごとく、相扶けてこの現世を支配しているのである。それ故、「世ノ中の所有事(アラユル)は、咸(コトゴトク)、幽冥ノ神ノ御量(ミハカリ)にして、目に見えぬ幽(カゲ)より、興(オコ)されも廃(ステ)られも、幸(サキハ)へられも禍(マガ)なはれも、助けられも罰(ツミナ)はれもするなれば、尊むべき限りにして、又畏るべき極みなり。」

黄泉

天をつねに空の方につけていうのは、敬い貴ぶゆえであり、黄泉に夜見の字をあて、「根ノ国」「底ノ国」などというのは人の屍を地下に埋めるより出たのであるが、天が天上にあり、黄泉が地下にあると考えるのは、いずれも誤りである。ただ「アメ」は「空(アカ)眼(ラメ)」の中略、「ヨミ」は「闇(ヤミ)」の通音であることからすれば天が日のめぐる間の幽冥を

いい、黄泉が日の光明のいたらぬ間の幽冥をいう、と一応はいえるかもしれない。ともかく天・黄泉ともこの地上以外の特別の場所にあるのでないことは『記紀』の本文に徴して明白である。

黄泉にはいわゆる怨霊・鬼物・妖物の類がひそみかくれていて人知れず禍災をなすことがあるが、しかしそこには伊弉冉尊・素戔嗚尊・大己貴（おおなむち）命・事代主（ことしろぬし）神のごとき尊貴な神々も居るので、凶事ばかりでなく、世の幸福・吉事もこの黄泉から向かい来る。黄泉をひたぶるに穢い処とのみ心得るのは、たとえば『古事記』の「宇士多加礼斗呂呂岐弖（ウジタカレトロロギテ）」などの句に惑わされたもので、談辞と実事とを混同した宣長の誤見である。『記紀』を読めば、いわゆる天つ神といえども黄泉の助けなくしては現（うつ）し国において「神功（カムコト）」の成らないことが明らかになるであろう。

幽冥界と顕露界

幽冥界と顕露界とは、天地のはじめ天つ神たちの定めによって隔離され、現世から幽界は見えないが、幽界からは現世を見透すことができる。現世の治乱興廃、人間の禍福賞罰はすべて神慮に基づく。わずかに許された五官の世界だけをたよりとして、身の始めも知らず魂の行方も知らず、また明日死すとも知らずに生きている人間は「皆是幽冥の借物」にすぎない。

人間は「皆是幽冥の借物」

人間として畏敬すべきかぎり

神典理解の体系化

『稜威道別第一稿総論』と全集本の総論との比較

自筆稿本『稜威道別第一稿総論』神秘第四条の部分

は幽冥界の神々である。

守部は「神秘五箇条」なる法則について概略以上のように説明している。要するに、古伝説の荒唐無稽をかかる法則のもとに帰してその性質を明らかにする一方、「天・黄泉・幽」についての宗教的考察をさらに深めて、神典理解の体系化をはかったのである。

さきに述べた『稜威道別第一稿総論』なる草稿本を全集本の総論と比較してみると、いくつかの無視しがたい相違を見出すことができるが、そのうち「神秘五箇条」の形成過程を知る上でとくに重要と思われるのは次の二点である。

㈠草稿本では、「神秘第四条」までしか存在しないこと。文章の表現・文献の引用において草稿本そのものが未整備であるばかりでなく、全集本の「神秘第四条、略語・含言ノ大概」の項全体がまだ書かれておらず、したがって第五条が第四条に繰上がっている。

㈡しかもたとえば「旧辞本辞ノ差」に「神秘第一条」と冠するごとき方式は、天保十五年五月以降、おそくとも翌弘化二年九月（朝廷献上時）までに加えた推敲の段階にはじめて表われたこと。このことは、加除の筆をもって「神秘第何条」と行間に無理に書き入れた草稿本の体裁を一見すれば明らかである。ちなみに「是レより寧楽以前の人の心得ざまをさとさんに、先ッ幼言とは彼ノ幼語りとなりて後、いつとなく稚詞の入混り来つるを云フ」との一文を削除し、その行間に

「四箇ノ神秘」

「寧楽以前の心得とて、大に異なるにあらず、即こたび許す四箇ノ神秘の外ならねバ、此神秘を戴キて、神典の真の旨を世に推シ弘むべし。其中に近世、記伝の僻説弘て後、此幼言てふを拒む人多かれバ、少し引出て諭さんに」（傍点引用者）としているなどは、表題に「四箇ノ神秘」を立てたこと

「五箇条ノ神秘」

に応じ文章を改めた例であろう。全集本ではさらにこれを「さて其心得様（ザマ）とは即此度許す（ユル）五箇条の神秘なりければ、此神秘を貴み戴キて、神典の真の旨を、今こそ世におし弘むべき時の来向ひたれば、其ノ詳かなる事は次々に諭すべし。」（傍点同）と推敲している。

『神代直語』

弘化三年（一八四六）五月に成った『神代直語』三巻（『全集』第二所収）は、守部独自の方法論に基づく開闢建国の歴史の概説であり、「神代の本つ意を直チにいひうつして語る」というその内容は、おおむね『稜威道別』の要約とみなしうる。しかし単なる要約というにとどま

前著の所説を修訂
神秘第一条＝「神語ノ本義」

らず、前著の所説を修訂している個所があり、個々の語釈のほかに「神秘」の適用に際しても幾分異なった見解を示している。すなわち『神代直語』における神秘第一条は「神

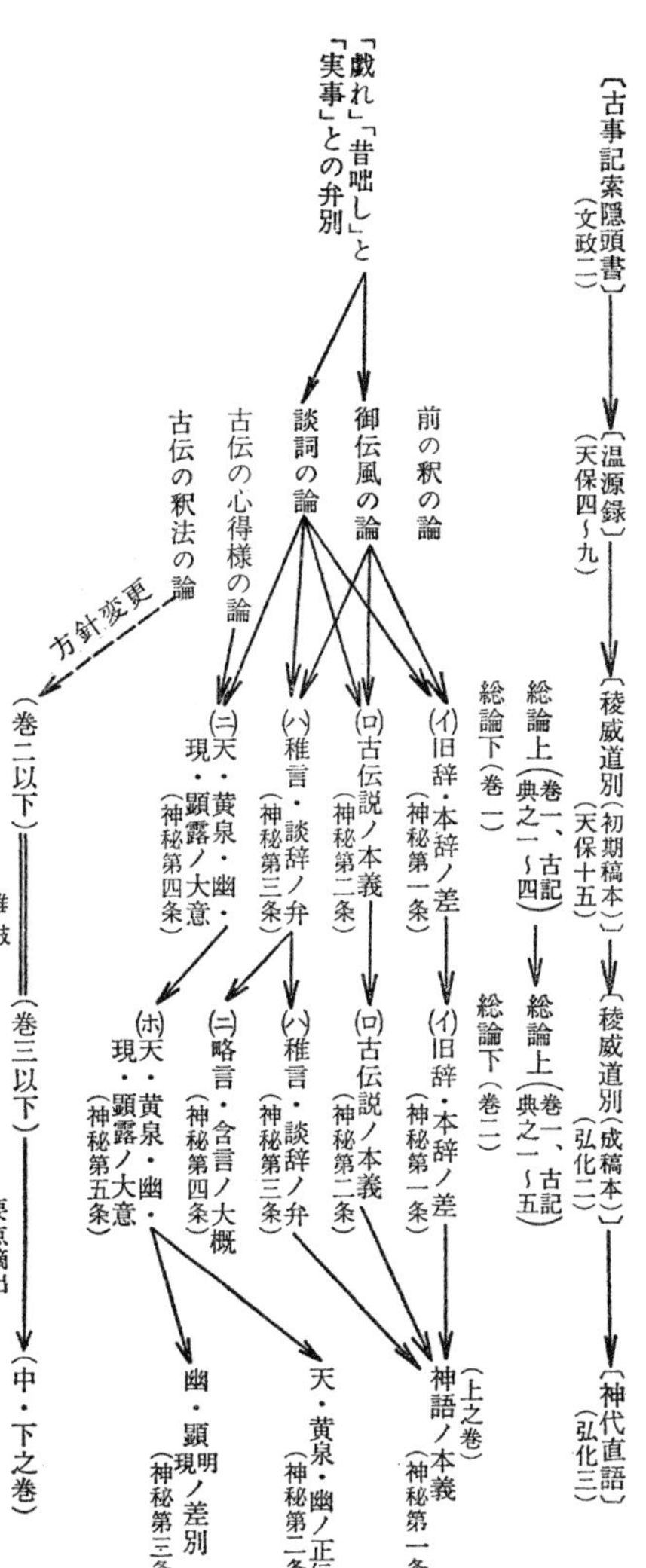

神秘第二条＝「天・黄泉・幽ノ正伝」
神秘第三条＝「幽・顕ノ差別」

語ノ本義」と書きかえられて『稜威道別』の前三条を一括して扱い、神秘第二条は「天・黄泉・幽ノ正伝」として『稜威道別』の神秘第五条のうちの「神典三箇の秘事」のみをとくに取り出して説明し、さらに神秘第三条は「幽・顕・明ノ差別」として天・黄泉を包含するところの「幽」とこれに対する「顕」との「差別」を論じている。

大部分が守部の創案

このように守部が、工夫を凝らして「神秘」の組織化を推し進めていく経緯についてつぶさに観察すると、「神典は既に云フ神秘口伝の習ひ無クては、一枚も心得らるゝ物にあらざる」（『稜威道別』）として、それが学問的成果でないとする主張とは裏腹に、その大部分が守部の創案であったと認めざるをえないのである。しかも「稚言・談辞」によって本伝の復元をはかり、「幽顕ノ差別」を論じて宗教的考察を深めようとする守部の神典観には、とくに村田春海の「神代のことは、往古より人口に言つたへたる談話なる」ゆえに「怪誕不経」と一蹴した態度と、本居宣長の古伝説に対する没批判的態度への、反発心もしくは対抗心の所産とみなすべき要素が多い。このことはその神典観形成の過程からしても容易に察せられるところであり、したがって「近世の浮説どもに惑はされず」（『稜威道別』）、

切実な使命感

真の意味での神典復権を実現したいとする、切実な使命感に支えられて営々精進した結

『難古事記伝』『古事記伝考異』

『記伝概言』

論がこの「神秘」にほかならなかった、といえるであろう。そして、守部の目指す神典復権への大胆卒直な試みが、宣長の大著『古事記伝』の所説を攻撃した『難古事記伝』五巻（『全集』第二所収）ということになるのである。

この書は、はじめ『古事記伝考異』五巻と称していたが、その後改訂して『記伝概言』四巻とし、さらに修正を加えて『難古事記伝』とした。『古事記伝考異』巻一（浄書本、天理図書館蔵）の「古伝意哀武泥(おおむね)」に「天保十年九月廿五日守部筆を執て卒(にわか)に草」の署名があり、『記伝概言』の「於褒牟涅(おおむね)」の末には「天保十三年三月十八日」の日付がある。しかしこの『記伝概言』も、墨朱の斧(ふ)鉞(えつ)が甚しく『難古事記伝』として完成するまでにはなおいくばくかの時日が必要であった。『難古事記伝』には天保十三年三月の自序と同十五年四月の出雲国造千家尊孫の序文があるが、前

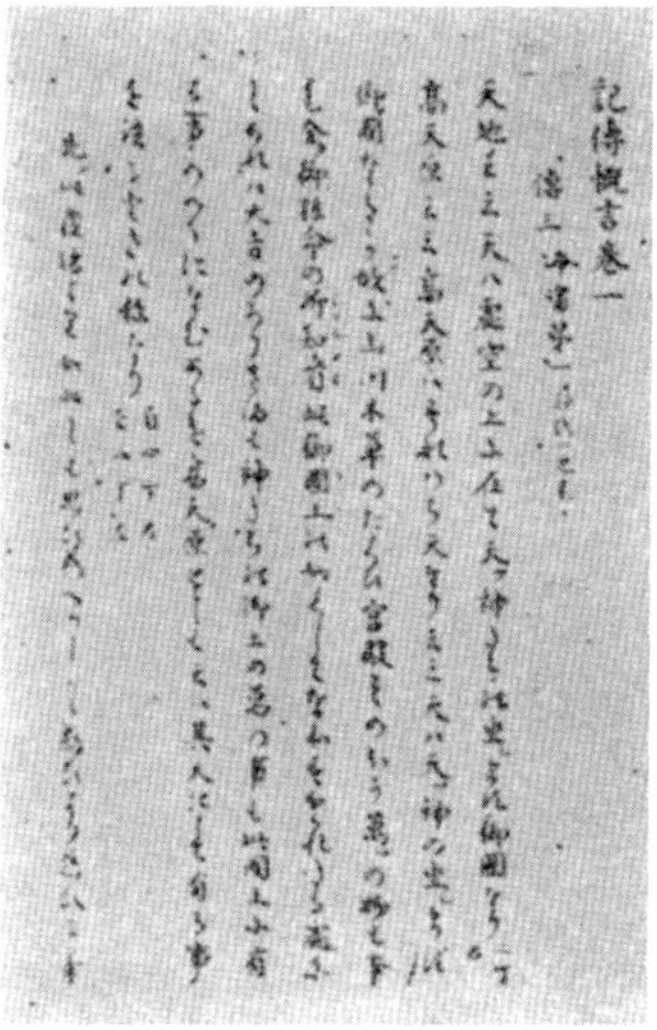

『記伝概言』の自筆稿本
（天理図書館蔵）

者は『記伝慨言』の「於褒牟涅」の日付を採って記したものであって、『難古事記伝』としての完成がこれよりおくれることは確かであるから、二年後の序文の日付をもって完成年次にあてておきたい。

二一九ヵ条の論駁

『難古事記伝』は、『古事記伝』三之巻から十七之巻にいたる、『古事記』神代巻の注釈を逐条的に論駁した書であり、その論駁は全部で二一九ヵ条にのぼるが、そのうち十中八–九はいわゆる「稚言・談辞」および「幽・顕」の二ヵ条を武器としての攻撃であり、残る一–二が語釈上もしくは考証上の難詰である。次に、守部の論駁の実際をいくつか拾い出し、それを『古事記伝』の当該部分(『本居宣長全集』筑摩書房刊第九・十巻より引用)と比較してみることとしたい。

『古事記伝』との比較

高天原

古事記伝

○高天原(タカマノハラ)は、すなはち天(アメ)なり、……かくてたゞ天(アメ)と云フと、高天ノ原と云との差別(ケヂメ)は、如何(イカニ)ぞと云に、まづ天は、天ッ神の坐シます御国なるが故に、山川木草のたぐひ、宮殿(ミアラカ)そのほか万ッの物も事も、全御孫(モハラミマ)ノ命の所知看(シロシメス)此ノ

難古事記伝

○難云。……そもそも天と云ヒ高天原と云るは、神霊の留り給ふ所をさせる称(ナ)にて、必しも其ノ所と定れる城の一処あるにもあらず。又本より形体の有べきにあらざれば、其物に因て化変(ナル)と云伝へ、此記にも書紀にも総てある

御国土の如くにして、なほすぐれたる処にしあれば、……大方のありさまも、神たちの御上の万ッの事も、此ノ国土に有る事の如くになむあるを、……

天浮橋

○天浮橋は、天と地との間を、神たちの昇降り通ひ賜ふ路にかゝれる橋なり、空に懸れる故に、浮橋とはいふならむ、……神代には天に昇リ降る橋、此所彼所にぞありけむ、

「汝国之人草一日絞殺千頭」

○〔「汝国之人草一日絞殺千頭」の注釈—引用者〕汝国とは、此ノ顕国をさすなり、抑モ御親生成給る国をしも、かく他げに詔ふ、生死の隔りを思へば、甚も悲哀き御言にざりける、

天若日子が射上げた矢の穴

○矢穴（天若日子が高天原に射上げた矢の穴—引用者）は、下国より天上

事なし。只人間の目ふれぬ、いはゆる幽冥界の一ッなり。されば此国の内にても、神の御上に就ては、天ノ宮・天ノ日隅宮など称へ、又宮造の寿辞に、於二高天原一千木高知而といひ、又祠祭ルに、天津籬・天津磐境・天ノ手抉、また神事に、天津金木・天津菅苧などあまたいへるも、その故也。

○難云。例の幼がたりと云ことを知らぬなり。よくも思ひ見よ。梯なくては昇リ降りする事あたはざる、世の凡人ならばこそあらめ、彼幽顕の隔をさへ自在に出入せさせ給ふ大神の、さる煩はしき物を何にかはし給はむ。

○難云。何のさる事ならん。皆上より引つゞきて、是は邪見く恐ロしき方の目覚しぐさなり。若シ此を実の事になしてきかば、又此大神をしも悪神になし奉るにあたれり。あな畏コく。

○難云。……。此に云る堅庭の土ぞ即ち天上の国

へ射徹(イヌキ)たる孔(アナ)なり、〔古伝の趣をえしらず、かたくなる漢意におぼれて、なまさかしき人は、此ノ矢ノ穴を疑ひて、下ッ国と天上との隔(ヘダテ)に、板などの如き物あるが如く聞えて、陋(イヤ)しとや思ふらむ、上の御誓ノ段ニ、堅庭者(カタニハハ)於二向股(ムカモモ)一蹈那豆美(フミナヅミ)と云ひ、又天之真名井(アメノマナヰ)もあり、又畔離溝埋(アハナチミゾウメ)なども、皆天上のことなれば、矢の通(トホ)り来たる穴も無くはあるべからず、……なほかゝれば、古へを知るはいよゝ難(カタ)きわざになむ、〕」

の畾地なるべきに、矢の貫徹(ヌケトホル)ほどにして、其山川宮殿万物はいかにして支持(サヽヘ)らん。又天は蒼々と見ゆる虚空の上に在と云る、其虚空の上までは幾億万里ありとも測知るべからぬを、其矢はいかにして到りけん。又其ノ矢ノ穴ありしからは、隔テなくは有べからぬを、高天原に坐す天照大御神を始め奉り、月読命・星神のいさゝけなる光りまで少しも物に礙(さゝわ)らず照したまふを何とかいひ解ん。……畢竟は然かしどけなきが幼言のしるしにして、目惑ひせるが拙き也。

「稚言・談辞」説と「幽・顕」説

補完の関係

右のわずかな例によっても知られるとおり、守部の「稚言・談辞」説は「幽・顕」説によって権威づけられ、「幽・顕」説はまた「稚言・談辞」説によって真理性の確証が与えられる、という具合に、両者はいわば補完の関係をなしている。このことから推察すると、「稚言・談辞」説、「幽・顕」説ともそれぞれ単独では「神秘」たりえなかったに相違なく、「古伝説の本義」（『稜威道別』）を希求した守部が両者を意図的に結び合わせたとき、はじめて「神秘」たることを得たのではあるまいか。

「古伝説の本義」

守部はこの「神秘」を縦横に活用しつつ、天つ神・国つ神の出現、三種の神器の所由、皇統の由来、氏々の系譜といった部分に「本つ旧辞」＝神典の本質を認めて、そのほかのはかなくしどけない部分をふるい落していった。もとより神典の絶対視という点において、守部の立場は宣長のそれといたく背馳（はいち）してはいなかったけれども、〃唯古事記主義〃に徹した宣長に対し、守部はむしろ篤胤に似て、『古事記』をも『日本書紀』の「一書」に含め、より根源的な「古伝説の本義」に到達しようとする営みを続けてきたのである。しかしその結果、「神秘」の関門を通過しえた残留部分は当然はなはだ僅少となり、守部の得た「古伝説の本義」なるものはかなりに痩身となることを免れなかった。

神典解釈の方法は『山彦冊子』『三撰格』のそれと共通の基盤

「古伝説の本義」の剔出（てきしゅつ）を目指す守部の神典解釈の方法は、語句の原義を探究した『山彦冊子』や、古代にさかのぼって和歌・文章の正格を論じた『三撰格』の方法と、明らかに共通の基盤の上にあった。古文の修辞的研究に得意であった守部が、神典の文章に対してもこれと同様の視角から修辞的分析を試みたものといえるのである。しかし、神典の「本つ意」究明とそのための法則定立とに主たる関心を示した守部は、宣長のように神典の個々の語句にわけ入ってその「用ひたる意」を明らかにしようとする周到な文献学的配慮に欠けていたため『山彦冊子』や『三撰格』においてはかなりの学問的成果を収めえたところの方法も、そのままでは神典という特殊な性格を有する文献の分析には有効な力となりえなかった。

六人部是香

篤胤の門人六人部是香（一七九八—一八六三、山城国向日神社の神主）は、嘉永六年（一八五三）に著わした『道の一言』の中で守部の神典研究に触れ、「尊き古伝説を己が狡意をもておもふがまゝに取捨厭離して杜撰に説を設けて或ハ幼談ぞ此ハ付会ぞとかけまくもゆゝしく釈キ成したる」と批難しているが、結局、「彼が付加的分子として遊離させた個々の場合に於いては、本居が人智を以て量り得べからざる不可思議のことゝなしたところを、概ね稚辞や談辞の名称に代へて、併も本居のかゝる立場のうちに試みた如き苦心の解釈を、無視し去つた如きものも少くない。」（村岡典嗣氏「橘守部の学説」『日本思想史研究』所収）のであり、また

村岡典嗣氏の評言

「彼の幽冥説は、古伝説に対する批評的見解を基礎としてをる丈に、換言すれば、古伝説の事実に泥んでをらないだけに、哲学思想としては、従来の説中、最も簡明であり、かつ徹底してゐる。而もそれ丈に、文献学の対象たる古代人の意識を去ること甚だ遠いものとなつた。」（村岡典嗣氏「復古神道に於ける幽冥観の変遷」同書所収）といわざるをえない結果を招来したといえよう。

たしかに、神典の批評的研究として守部の神典研究をみれば、そこには注目すべき見解が随所に表われているし、近世後期における復古神道の思想的発達の一階梯としての意義もまた十分認めねばならないが、守部の神典解釈法が対象に即した実証的方法によって「記紀神話」の構造をよく内在的に捉ええたかといえば、それははなはだ疑問とせざるをえないのである。

宣長の態度

ところで、反駁を被った宣長としても、神典が「稚言・談辞」といった童話的・文芸的要素を含んでいることに気付かなかったはずはなく、ただこれを言明することはやがて神典そのもの、とくに神霊の存在と神霊の活動とを否定し去る発端になるとして、これをふかく危惧していたのにちがいない。「稚言・談辞」説を徹底させていくならば、神典の中の動かしがたい事実というようなものはおそらく皆無とならざるをえないからである。それにもかかわらず、守部があえてこれに踏み切ったのは、その神霊的真実を保証するに足る「天・黄泉・幽・現・顕露ノ大意」なる「神秘第五条」を確信したからであろう。

『歴朝神異例』

『稜威道別』と時期を同じくして『歴朝神異例』七巻（天保十四年七月自序『全集』第六所収）を著わし、古来の神々の霊異を諸書から丹念に抜萃してこれを類別し、その霊異についての意見を

「幽・顕」説の補強

述べ、ひたすら神威の畏むべきことを説いたのも、この「幽・顕」説補強の意味があったものと思われる。神霊の活動する幽冥界の存在を守部は固く信じていたからこそ、神典の尊貴性をひろく一般人に説き及ぼすに当り、その本質と抵触しないかぎりでの合理化を容赦なく推し進めることができたのである。それだけにこれを法則化するまでの辛苦には並々ならぬものがあったようで、

> 此ノ五箇の大事の中に、天(アメ)・黄泉(ヨミ)・幽(カミ)の三つぞ、特に重く貴き極みにして、最モ難き限りなりける。此ノ三箇(ツ)の解ケざるかぎりは、神典の義理(コヽロ)も共に解ケず。惑ふも此ノ三ツにあり、悟るも此三つにあり。故レ昔より此三つを神典三箇の秘事とぞ申シ伝へにける。……故(か)レ慎(つゝ)ましくも恐(かし)こくもあれど、為便(スベ)なくして此ノ神秘をあかすなり。戴き貴みて信ずべし。(『稜威道別』)

神秘的口吻

と神秘的口吻をいっそう強めて、この一ヵ条の重要性を力説している。しかしながら反面、第一条から第四条にいたる「神秘」を説く場合、その論拠を全く提示していないのと対蹠的に、第五条については「天(アメ)・黄泉(ヨミ)・幽(カミ)の三ノ界ある事、皆本文に出て定かなり。」「本文どもに引合せもてゆかば」(『稜威道別』)などとしばしば「本文」との実証的関係を指摘し

「本文」との実証的関係の指摘

ているのである。そもそも「神秘」と称する以上、凡慮のための論拠などは提示すべきでないと考えられるのに、なぜこの一ヵ条に限ってかかる指摘を必要としたのであろうか。それは、表面上の神秘性と「秘事」としての重要性にもかかわらず、第五条の中にこそかえって現実社会（「顕露界」）との密接なかかわりが存したからなのであった。

「幽冥神ノ所為」

すでに説明したとおり、人間は「幽冥の借物」にすぎないとする守部にとって、「畢竟此ノ世ノ間は、咸ナ悉ク神の所領知霊区」であり、個人と社会との在り方を全的に規定しているのは「幽冥神ノ所為」なのである。したがって、政治の理法も道徳もすべて神意に基づくもので、人間を超越した次元においてしかありえず、しかもそのことが「高皇産霊・神皇産霊ノ大神等の産霊の御魂播坐シけるより」、いわば運命論的に決定

「道」と人間

されているとすれば、「道」は人間にとって天地自然の理法に近い性質を帯びざるをえないこととなろう。現に、「世ノ間」を「所領知」ところの「幽冥神ノ所為」が、人間の眼には「誰が為すともなく、物の自然と、さやうになりゆく」（『十段問答』）と映ずる所以である。それならば、この「幽冥神」の事蹟を記した「神代ノ古伝」も、それが人間にとって

「自然の事」

あたかも「自然の事」のようにみなされるのは、けだし当然のことといわねばならない。

世に覚えらるゝ事と、覚えられぬ事との別(ワキ)侍り。自然の事はおぼえ易く、人作の事はおぼえがたし。又事実のうへは、おぼえられ、空論・虚事はおぼえにくし。皇(すめ)ラ大御国の先代旧辞は、自然(オノヅカラ)に伝へ来て、其レが即天皇の御系譜、神及百官の本縁、国土の来歴にして、何れも実事のみなりければ、おぼえ易く忘れがたかり。彼ノ漢籍・仏経のたぐひは、人作の寓言・空論・設ヶ言なるからに、人の心に留りがたく諳記(オボユル)ことのかたく侍るなり。(『稜威道別』)

今は知らず、少なくとも上古の人々は、貴賤の別なく「是は本伝ぞ、此は談辞ぞと各其差をよく心得」ていたから、「古伝説の本義」を見失わずに「事実」に基づいた「神代ノ古伝」を「諳記」していたのであるという。では、「神代ノ古伝」を「諳記」することの目的ないし意義はどこにあったのであろうか。この点について守部は、次のように説明している。

「神代ノ古伝」を「諳記」することの目的

高き卑(ひく)き押なべて貴みあへりけるあまりに、人生てやゝ物言フばかりになるを待て、先づ此ノ古伝の神語を諳(ソラ)んぜしむるならひなりき。然か暗記(ソラン)ぜしめて、幼きほどより、天皇は天津神随(アマツカムナガラ)に大座(オホマシマシ)々て、天ノ下を無窮(トコシナヘ)にしろしめすべきもの、臣等(オミタチ)は興言(コトアゲ)

せず万代に服従ひ奉レ仕へべきもの、官司は申クも更なり、下が下に至るまでも、氏姓を世々に伝へて、おのれ〳〵が職業を堅く慎み守り、仮にも上ミを僭凌がざるものと天地の初発より定めましける、神勅の重く、神習の正しき憲を知ラしめ、又神の霊徳を尊み、阿米の奇く幽冥の畏きを懼れしめて、隠しても悪き心を思ひがたく、持がたき事の所以を、生涯忘れしめじとてぞ、然か諳んぜしめ来しなりける。かくてこそ神随の先つ蹤にしたがひ、まさしき事実に就て誣ず飾らぬ真の教なりければ、天地に徹達る大道とは称すべきなれ。（同右）

「天地に徹達る大道」

「自然」の生き方

「古伝の神語」を諳んじて神や天皇に対する畏敬の念を深めていた上古には、天皇を頂点とする上下の身分秩序にいささかの変化も生ぜず、理想的な政治（「天地に徹達る大道」）が行われていたとするのであるが、この状態はまた「上ッ代の人々は何事も然か私なく」為政者の行う政治の「道」に随順して個人にとっても「自然」の生き方ができていた、と守部は考えていたのである。ただ、いかに「人作」にあらざる「事実の教」とはいえ、「古伝の神語」を「諳んぜしめ」「知ラしめ」るとは、一種の作為であったはずであるが、「幽冥の借物」である人間が我執を去り「私なく」行うかぎりにおいて、これもやはり

「自然」なる行為でなくてはならなかったのであろう。

然るに後世の人は、斯る古伝説をなべて皆忘れはてゝ、動れば人は天地ノ霊也など思ひ侈て、現身の及ばれぬ事の上にも理を設け、神の所治行世ノ中を、人の智計に任せらるゝ物の如く思ひなりぬるこそ、おふけなけれ。(『神代直語』)

守部によれば、人間が自己の理性に基づいて道徳上の判断をくだし、それによって自主的な行為を実践しようとする態度は、不「自然」であって、「神の所領知」政治の理法を乱し、かえって「道」にもとる結果となるばかりであった。そしてこの不「自然」な状態のよってきたる主因を、多くの国学者と同じく「聖人の教へと云もの入来てより、尊き神習の失はれて、人の心うすくなり、万の事さかしらた」ったことに求めた守部は、「聖人の教へ」の、「神ノ道に背け、国家の御為によからぬすぢ」を論証すべく、弘化二年(一八四五)の四月から五月にかけて『稜威雄誥』五巻(『全集』第六所収)を完成させたのである。

「聖人の教」と「神ノ道」

『稜威雄誥』

巻頭の「大旨」末には「天保十年四月八日」とあるが、おそらく初稿成立の年月とすべく、この日付をもって稿了とみなしえないことは弘化二年四月二十七日付、守部の秋主宛書簡(高井浩氏前掲「天保期のある少年と少女の教養形成過程の研究」(四)所収)によって知られる。守部は、この『稜威雄誥』にかぎ

「別楠後身寸邑子」「武別後身寸邑子」

り憚るところがあるとして「別楠後身寸邑子」もしくは「武別後身寸邑子」なる変名を用い、しかもこれを「腹心の門人」にしか示さなかった。その理由を前記秋主宛書簡にひそかに明らかにして、

さして憚る事もなく候得共、林家の書多く引候故、しバらく拵名（こしらえな）をしるし置申候。別楠ハ、別ハ清麻呂朝臣（和気清麻呂）、楠ハ河内守（楠木正成。守部の生母の姓が楠であったところから、ここに楠木氏の子孫という意味をこめたのであろう）、寸邑は守の下、部の右をとり、分而作り申候。御一笑可レ被レ下候。是は何より大切之書故、人手ニかけ不レ申、私一筆ニしたため申候。人出入多くよく書け不レ申候得共、先、落字なきやうニ少々守り申候。長く御秘蔵可レ被レ下候。愚老一生の魂は此書ニ半分、神典（『稜威道別』）ニ半分入尽し申候。《（　）内は引用者》

と述べている。

平田篤胤の国許追放・著述差止めと井上正鉄の流謫

守部は、平田篤胤が国許追放と著述差止めの処分を受け（天保十二年）、神道家井上正鉄が三宅島に謫（たく）せられた（同十四年）情勢にかんがみて、官学者たる林家や幕府要路の忌諱（きい）にふれることを極度に警戒していたのにちがいない。『稜威雄誥』の中で「いかにも論

し直すやうあらざるは平田氏の弟子等なり。からうじて一－二人は直したれど、今はとし老てものむつかしかれば皆ことわりて家によせず。悪き事は弘り安きものと見ゆ。」「其は吾が真の古学とは一歩千里のたがひにて、」といい、篤胤の学問との間にことさら一線を画そうとしている守部の態度は、かえって篤胤から受けた学問上の示唆を裏書きしているとみられないこともないが、この場合はかかる情勢への配慮が強く作用していたように思われる。

儒者の建国論・国民性論を詰責

『稜威雄誥』は真淵の『国意考』、宣長の『葛花』『鉗狂人』をはじめとする国学者の古道論の多くが肯綮に当らず、いまだ儒者の僻見邪説を論破しえないのを遺憾とし、儒者の建国論・国民性論の代表的文献を取り上げ詰責したものであるが、そのさい『羅山文集』『弁道書』などにとどまらず、「彼に惑へる徒を弁へんとするに、御国の事のみいひしらへりしは、先づ人々の論ひの欠たる一つなり。」とする観点に立って鋭意外国の文献をも渉猟し例証につとめたのである。そこには、わが国がらの優秀性を宣揚し、外国に「道」なき事実を強調して、従来の儒学者と国学者との論争に終止符を打とうとする意欲的な姿勢が見受けられる。

しからば、わが国がらの優秀性を表象する指標とは何であるか。いうまでもなくそれはさきにみた「天地に徹達る大道」の存在であって、具体的には「御国は神代より君臣皆神の御子孫（ミスエ）にて、奉仕来る官職に貴賤ノ等いく階（シナ）も分れて世々変る事のあらざる」点に存するとされる。それ故にこそ守部は、

> 外国の事どもの入こみて、何事も古き式の失はれ来し今ノ世にはあれど、物の首長と頼むには、あながち時の貧福にもかゝはらず、必ず氏素性正しき家がらの人ならでは人うけひかず。田舎などの村々には高きもなく卑きもなく、おしなべて一ッ農家なる中にも、庄屋名主となる家は一村に二－三戸ばかりの大かたの定りあり。又平（ヒラ）の百姓にもそれぞれの家がらありて、よばれて共に並ぶ時などもおのづから席定りて是も時の貧福には拘はらず、旧家又家がらの人上座につきて誰の次は誰とやうにいづくの国にも定りあり。是レ誰がをしへて然るぞや。たゞ古くよりの為（な）シならはし也。（『稜威雄誥』）

「古き式」の存続

と述べ、廃れたりとはいえわが国に「古き式」の存続している「事実」を力説するとともに、「天皇ノ聞看（キコシメス）天津神ノ道より外に道あるべきにあらず。若シ別に道を立て其道を行

「天下大乱の芽」

ク人いで来なば、既に天下大乱の芽(キザシ)なり。」として、儒学はもとより仏教にも烈しい敵愾心を燃やしていたのである。なぜなら、「人作の寓言」たる外国の道はいずれも「おのづから」(「自然」)の理法にそむいて人々に踰越(ゆえつ)の心を惹起させ、その結果政治的秩序が擾乱されて「いかにも治りがたた」い状況とならざるをえないからである。しかも「既に天下大乱の芽(キザシ)」は現実の社会のそこかしこに表われている。守部が『神代直語』の「衣羅備邪麻(エラビザマ)」において、

古学者・国学者は遊民の如し

今ノ世に古学者・国学者といはるゝ徒の多かるを、いかなるすぢを学ぶぞと見もてゆくに、多くはたゞうたよみなり。歌も誠をみちびく物にて、外国ぶりの詩文に耽るより見れば、まさる所ありぬべし。されども他よりいはるゝ所は、只無用のなぐさみわざにて、うた以(も)て政事もとられず、国も治めがたく、世間の用に立ッものにもあらざれば、つひに立花・茶の湯・俳諧などいふものゝ類とせられぬ。又其レにつきて、古学者・国学者と呼バるゝものも、猶たゞ世の遊民の如くいはるゝ事すでに久し。もし此(コ)をくちをしとおもはん人は、よしやうたはよまずとも、道はかならず学ぶべし。道を学ぶには、神の道をうかゞふにしくものあらざれば、先づ此大本

よりよくさとしてんとてぞ。と叫び、人々に「神の道」修得の緊急性を説いたのも、この危機感のゆえであった。そして「神の道」は、「神秘五箇条」を駆使した「古伝説の本義」の解明によってのみ真の姿を表わす。ただしかし、くり返すまでもなく、人々が「古伝説の本義」を弁え、その主旨たる「幽・顕ノ差別」を実感するとは、結局守部にとって、神意に基づく政治の理法に「私なく」随順する他律的・受動的な生き方を各自の身分的枠内（「階(シナ)」）において体得することにほかならなかったのである。

他律的・受動的な生き方

二　古典研究の内容と成果

詠歌と和歌研究と古道とが一元的に結び合っていた段階から、三者それぞれ自立的地位を与えられ、なかんずく古道が「神秘」として「学問」的結論以外、いなそれ以上のものとされていく経緯については、既述のごとくであるが、「神秘」の整備の進むにつれ、その傾向はいよいよ顕著となってきた。もとより、詠歌の古道理解に資する意義を全く無視し去ったのではないけれども、「歌も古への道に入立ッ一つのたづきなるべけ

「歌も古への道に入立ッ一つのたづき」

れば、」（『稜威道別』）と極めて消極的にしかこれを評価せず、また『古事記伝』に対する評のうちに、「歌書などの釈と一ッに心得てかゝる事をみだりに物せるこそ心うけれ。」（『難古事記伝』）などという弁駁がみえるのは、「歌」や「歌書などの釈」と、「古への道」とを峻別しようとする態度の端的な表明であろう。

「神秘」と「学問」

しかし同時に守部は、「此秘事得たる人は、神秘として人にかたらず、語る人はおのが学問を恃（タノミ）て神秘ある事をしらず。」（『稜威道別』）と述べて「神秘」と「学問」との異質性を強調しながら、その裏に自身は「神秘」と「学問」とを二つだに獲得しえたとする大きな自負があったとみられるのである。これを守部に即していえば、「神秘」の確信なくして真の国学はありえないが、いったん「神秘」を会得するや、それは「秘事」として超越的なものとなり、国学はおのずから「歌書などの釈」と詠歌とに限定されることになるであろう。これはまた、人間の生き方を考えるという側面（「古道」＝「神秘」）と学問上の知識を集積するという側面（「学問」）とが、別個の次元に属する問題として認識されていたことを意味しているともいえよう。

折口信夫氏の評言

折口信夫氏はかつて、「彼（守部）には秋成（上田秋成）の様な反道徳的な強みはなくて、殆道徳には無関心であつたといふよりは、鈍感であつた様に見える。」といい、「彼の文芸上の作物は、歿後冬照の出版した橘守部家集に、長歌・短歌ともに残つてゐる。彼の一生の事業の中で、恐らく一番価値の少いのは、此方面の創作であつたのであらう。あれほどに記・紀・万葉をはじめ、律文要素のある書物に没頭してゐた人で、而も其影響が単に、知識或は形式上の遊戯としては表れてゐても、内的に具体化せられてゐないのは、嘘の様な矛盾である。」(前掲論文)と指摘した。折口氏のこの直感的といってよい批評は、守部学の特性をするどく突いた言葉として、きわめて示唆的である。

二元的な取り扱い

ともあれ守部が、神道関係の著作に情熱を注ぎこむ一方、晩年にいたるまで「学問」への執念をもち続け、「記紀歌謡」『万葉集』、文格・歌格、語学・文法などの研究や辞典の編纂などに多くの業績をあげえたという事実は、「神秘」と「学問」との両立を信じ、これを二元的に取り扱っていたと考えることにより、はじめてよく肯(うけが)うことができるように思われる。

そこで以下には、右のいくつかの分野に属する著作のうち主要なものを選び、それぞれに手短な解説を加えることによって、守部晩年期における古典研究＝「学問」の内容と成果を概観してみることとしたい。

『稜威言別』

「記紀歌謡」の研究　『稜威言別』一〇巻(『全集』第三所収)は、『記紀』の歌謡通計一八三首についての詳しい注釈書である。初名は『芦荻抄』、のち『八十ノ言別』と称したが、天保十五年（弘化元）に『稜威言別』と改題した。これにはおそらく『稜威道別』と対立させるべき意味があり、「神秘」と「学問」との異質性の認定の上に改題されたものと考えられる。はじめ一五巻であったが、最終的には一〇巻として弘化四年（一八四七）六月に完成した。

『八十ノ言別』

著作の主旨は、『心の種』巻末の「著述略目録」（前出）に次のような要領よい説明がある。

○八十ノ言別　十五巻　一名芦荻鈔

此書ハ、右の道別にとき合されたる上古の歌どもの釈也。其大旨ハ、紀記（ママ）中に載レる歌どもを、一ッに合せて、其御代々の順に次第し、其入所の違へるを正し、其時の有ルやうをよく心得させて、一首の意のはらにうまく入べきやうにものせるさま、誠に其代に在てたゞちにきくが如き書也。

音楽的要素と演出的要素

守部の古代歌謡に接する態度としてまず注目されるのは、これを楽府（がふ）の謡い物であり、そのあるものはこれに俳優の舞踊が伴っているとみて、音律・拍子といった音楽的要素や舞台での効果を狙った演出的要素についての、明瞭な意識をもっていたということであろう。この観点に立脚して注釈を進め、契沖の『厚顔抄』、真淵の『冠辞考』、久老の

注釈の一例

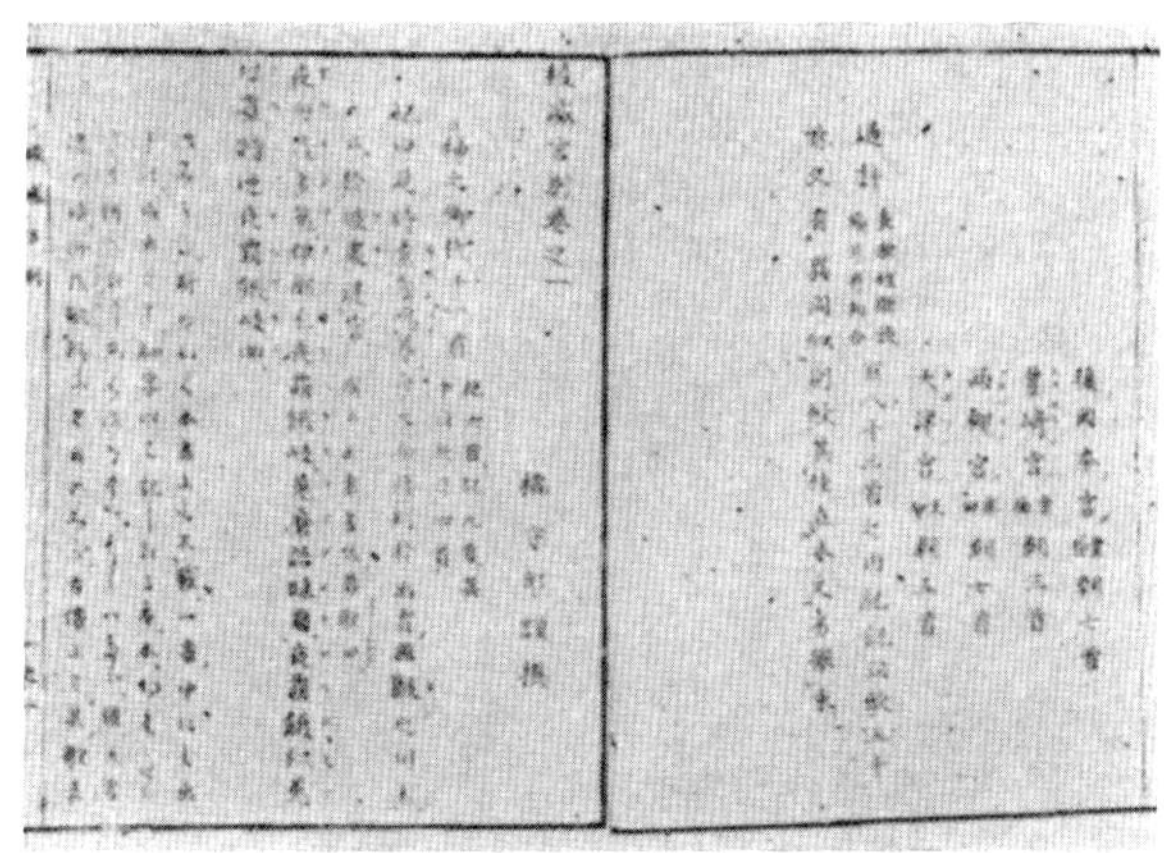

『稜威言別』の版本

『日本紀歌解』、宣長の『古事記伝』などを参看しつつも、それらにとらわれず、つねに創見の提示につとめている。たとえば、かの素戔嗚尊(すさのおのみこと)の「八雲立つ」の歌について、

> 此うたは本ト「立チ出ル雲も、妻隠(ツマゴメ)に、八重垣造るよ」と云フ三句廿一言のうたなりけるが、上つ代の雅楽(ウタマヒ)に、詠(ナガ)めうたふとて三段にしらべ、句をかさねて、然か三十一音とはなりしにこそ。

といい、八千矛神(やちほこのかみ)と、沼河比売(ぬながわひめ)・須勢理毘売(すせりひめ)との唱和の歌について、

> 自レ是以下五首の唱和の状(サマ)、神代の歌とはきこえず。古く来目(クメ)舞(マヒ)の余興に、さま〴〵古風を諷(うた)ひしさまなりければ、其ノ舞につけ

たる楽府の謡物なりけらし。優れて巧にして、人情に通じたる方はさるものから、其詞あまり打とけて、交接の状をさへ崩出し、又凡て俳優めくふしぶし多かる、其処々に云が如し。

と述べ、また、八千矛神の歌の前文に、「片御手者撃二御馬之鞍一。片御足者踏二入其ノ御鐙一而歌曰。」とある箇所を、「何とかや俳優めくこゝちぞすなる。」と指摘しているごとくである。

次には、語釈の一例として応神天皇が「髪長比売を其の御子（大雀命）に賜ひ」し時の歌という「いざ子ども野蒜摘みに云々」中にみえる「ほつもり」（『書紀』には「ふほごもり」とあり、守部はこの方を採る）についての解法をみることにしよう。

○布本碁毛理は、含隠にて、花ノ中に、含み隠る実を云。万葉十四に、由豆流波乃。布敷麻留等伎爾。十八に、佐具良波奈伊麻太敷布売利。廿に、古乃弖加之波能。保ゝ麻例等。などありて、布ゝ、布保通へり。然るに、抄（『厚顔抄』）に、花のいまだ、つぼめるほどを云なりといひ、解（『日本紀歌解』）に、此ノ句にては、含る意として、女のいまだ深窓に籠りて、男せぬほどの譬へとし、……と云るひが事也。……枕ノ冊子に、橘の事を、花の中より、実のこがねの玉かと見えて、いみじくきはやかに見えたる云々といへる、是にて含隠(フホゴモ)る実(ミ)の黄(キ)ばめるを金といひ、花の白きを銀とは云るなり。されば今此句は、其花蘂の内に、隠れる実を、まだ世ごもれる嬢女(ヲトメ)に比喩(タト)へ、……。さるを記伝(『古事記伝』)に、其写ノ誤を、強て助けて云ク、彼ノ布本碁毛理(フホゴモリ)と、又都煩牟(ツボム)と云言とを合せて思ふに、此ノ記の本都毛理(ホツモリ)も、布本美(フホミ)・都煩麻理(ツボマリ)の約りなるべしと云るは、強説なり。さまで約るべきにあらず。……《( )内は引用者》

独特の着想

ともあれ、難解の語句の多い古代歌謡に対して、音楽・舞踊との関連を注意する守部独特の着想は、『神楽歌入文』『催馬楽譜入文』にもすでにみられたところであるが、これをさらに発展させた『稜威言別』の説には、今日においても傾聴に値する解釈が少なくない。もとより個々の語釈・論評には穿ちすぎた奇説もみられるが、音義説や助辞の論を交えての精細な研究は、たとえば飯田武郷(一八二八—一九〇一)の『日本書紀通釈』、とくにその歌謡の注にも大きな影響を与えており、歌謡研究史上には逸することのできない著作といえよう。守部の神典研究は、秘伝的な「神秘」より、それから一応除外されてあった『稜威言別』的な注釈と考証の方面に後継者をもち、かつ学問上にも高く評価され

飯田武郷の『日本書紀通釈』

るべき意義を多くもっているもののようである。

『稜威言別』の出版

『稜威言別』一〇巻は、嘉永三年正月に巻一から巻三まで三冊が冬照の手によって上梓され、明治二十四年（一八九一）七月と同二十七年春の二回に、残余の七巻七冊と目安一冊とが孫の道守によって開版された。この書は、『稜威言別 紀記歌解 草稿』（天理図書館蔵。巻一―巻三、三冊。本文になお些少の相違はあるが、板本に甚だ近い稿本）の自序に、「御代の名を弘化と申す三とせの冬をこがましくはあれどみづから言挙してしるす。橘守部」とあり、巻頭の「撰状」（板本では削除）末に「弘化三年六月」とあることから、弘化三年六月にはほぼその体裁を整えていたと考えられるが、門人瓊舎真瑤・古山文興の二人によって跋文が書かれた翌四年六月をもって完成年次とするのがより適切であろう。

著作年次の遡及

しかるに、板本の底本となった精稿本では、自序の「弘化と申す三とせの冬」の部分を「文政と申す三とせの冬」と書き改め、著作年次を一気に二六年も遡らせるとともに、「撰状」を省略したあとの解題様の短文に「此書は、守部まだいと若かりし時にものして、始メの名は芦荻抄となんいひける。……まだしきうひ学のもとの情（サガ）清まりかねて、見るに堪（タヘ）ぬ事ども多かり。」と断わり、また『稜威道別』巻二では、「彼ノ書（『言別』―引用者）は、三十年以前にものせれば」などと記しているのである。守部はつとに天保元年（文政十三、一八三〇）九月、『稜威言別』の初稿に当る『芦荻抄』一五巻を完成させており、しかも『芦荻抄』執筆の速度から察してそれ以前の幸手（さって）時代すでにかなりの程度まで原稿の整備を進めていたはずであるから（八五ページ参照）、文政三年という年次が全く無根の作為であったともいい切れない。しかし、守部の学問の展開過程からみて、著作年次を故意に文政三年に懸けたのは、この時期におよそ「うひ学のもとの情（サガ）」を払拭しえたとする重要な意味をそこに含ませていたこと（五八ページ参照）、この著作年次書きかえという行為の中に「道」と「言」とを厳しく区別し、「言」は「道」と異なり比較的熱意の乏しい態度をもって対象に接しうるとする、守部自身の主観的意図の込められていたことは、ともに否めない事実であろう。

「道」と「言」との峻別

『万葉集』の研究　守部の『万葉集』の研究には、主として歌格の方面と訓詁注釈の方面とがあり、その成果として前者には『万葉集緊要』（『全集』第四所収）が、後者には『万葉集墨縄』（『全集』第五所収）および『万葉集檜嬬手（ひのつまで）』（『全集』第四所収）がある。

『万葉集緊要』

『万葉集緊要』二巻は、天保十二年（一八四一）六月、越後からはるばる池庵を訪れた門人池浦信基（三島郡和島村坂谷）のためにまず執筆し、ついで同年十二月、やはり池庵に遊学した同国の月下庵幡（はた）麻呂なる者の請にまかせ、これに増補を加えて成ったもので、開版年次は詳かでないが、冬照の跋文の日付が同十三年二月一日とあるから、おそらくこの頃出版されたのであろう。

池浦信基

月下庵幡麻呂

その内容は、『万葉集』の秀歌を抜き出してそれに六種類の篊（せん）をつけ、句中の字眼、一篇の字眼、詞のつづけがら、句の承応、一首の余情などを明らかにし、ついで七種類の句格（連続、四句直絶、四句倒絶、二句起、二句直絶、二句倒絶、三句絶）についてそれぞれ例歌を挙

『万葉集緊要』の内容

『万葉集緊要』の板木（朝日町，飯田宣雄氏蔵）

げ、その体調の優劣を論じている。いま守部の説くところを摘記すれば、実語は古いほど高く雅びてきこえるから憚らず用いよ、虚語は時世につれて動くもののゆえあまり耳遠い古語はかえって興をそぐ結果となるので、斟酌して時世にふさわしい語を用いよ、というにある。ただし巻末には、「上ノ件に、論らひし事どもは、只古への歌どもの上につきて、そのあるかたちをいふまでにして、必ずしも、今の世の人々に、右の句格の外は、よむなといふにはあらず。」とあり、これが純然たる解説書であることを断わり、詠歌と万葉研究との直接の結びつきをむしろ否定しているのは、守部が「歌の上」と「もの学び」とを分離して考えていたことを示すものとして注目される。

『万葉集墨縄』

『万葉集墨縄』八巻（総論一巻と本文七巻）は、『万葉集』の詳注であるが、わずかにその「巻第一」の半ばを注したにすぎず、未完の書である。天保十二年一月に起稿し、翌年二月に八巻分を一応脱稿したらしい。巻一の総論では、『万葉集』が古学上重要である理由から説きおこして書史的研究に入り、さらに先注の批評に及んでいる。たとえば『万葉代匠記』については仏教の影響にくもらされているところがあるとしながらもその価値を十分認めており、『万葉考』についてはよく古言を解き、古意を得て、いわゆる大和魂を強くしたが、一面独断に失した個所も多いといい、『万葉集玉の小琴』については訓はおおむねよいがきわめて一部分しかできていないことを惜しみ、『万葉考槻落葉』については奇説めいたところもあるが先注を離れてひたすら自己の説を出そうと努めていることを諒とし、これも「巻第三」の注のみであることを遺憾とし、『万葉集略解』については先人の考えを集めたのはよしとしながらも、歌の心を十分把握していないうらみがある、と指摘している。巻二以下の注釈は、古本の本文をまず掲げ、これに主として仙覚の訓をつけ、他本の誤脱や異同を注し、そのうえで自説に基づいて校訂した本文を示している。校合には為広本・栜斎(えきさい)本などを用い、語釈では先注の主要なものを列挙し参考としながら、独得の説を出そうと努めている。語釈に当って『万葉集』中の語例を網羅しようとしたこと、古来の難訓歌に対してもこれを闕疑とせずにあえて自見を開陳

先注の批評

語釈の特徴

したこと、歌体の構造分析に力を尽くしていることなどに守部の力量がよく窺われる。

なお、この書の出版を庶幾する守部は、津田千畝に次のような書簡（飯田源兵衛氏旧蔵）を送付し、そのための力添えを求めている。

津田千畝宛の書簡

さて、万葉集註可レ認之旨、（君脱カ）貴之為には如何様にも可レ仕之処、此節上木之事申出候門人有レ之、冬照に相倶に談合居候様子に御座候。乍レ然大部の書故、不ニ容易一儀に付、其旨聞合候所、先一帙五巻今年上木いたし、是を諸門人其外へも頒ち、凡二百帙売候時は、其利潤にて又来春二帙五巻を上木可レ申候。年々左様いたし候ハヾ、終ニ成就可レ致とて、既に当月上旬に一決いたし候所、出金人三人之内壱人公辺事儀被ニ出来一当分欠候て、未究兼候。此頃又門人可レ然者一人一冊持にて、是非〳〵可レ企など申出申候。そは極々上々雕にて一丁十七匁一冊大抵五十丁六十丁位故、十四－五両位に有レ之候。是を当時十人かたらひ二帙出来候ハヾ、年々一帙づゝ出来可レ申。未人数不足故、実は貴君をも誘ひ呉候様世話人申候。尤一冊之外は全部成就迄も御苦労は懸不レ申、遠国ハ証文ニいたし、返納は全部之本と年々の利潤之内を以、勘定可レ申旨ニ有レ之候、不レ苦思召候ハヾ、一冊御持被レ遣可レ被レ下候。

（天保十三年カ）七月十八日　　守部

千畝大人

『万葉集』巻第一半ばまでで注釈が八巻にも達したのであるから、この分量がそのまま持続されたとすれば『万葉集』二〇巻全部に対しては実に厖大な量となるはずであって、このために「大部の書故、不㆓容易㆒儀ニ付」という覚悟のもと、入念に出版準備が進められたのであろう。しかし守部の強い希望にもかかわらず、この書は結局『全集』発刊の時まで、長く橘家の筐底に収められ、開版の機会を得なかった。

『万葉集檜嬬手』

『万葉集檜嬬手（ひのつまで）』六巻・別記一巻は、守部の没する前年、嘉永元年（一八四八）の三月から四月にかけて一気呵成（かせい）に執筆されたものであるが、巻六は他の巻の四分の一程度にすぎず、まだ執筆途上にあったと察せられる。そして後述するように、この年四月末には病床に伏すのであるから、執筆半ばの巻六こそはおそらく守部の著作活動の絶筆となったものである。この書は二巻をもって『万葉集』の一巻分を注する計画であったと見受けられるが、結局、『万葉集』巻第三の半ばまでしか実現しなかったわけであり、これも前著『万葉集墨縄』と同じく未完に終ったのである。前著が先注を引用し、そのあと「今按」

著作活動の絶筆

内容上の特徴

として自説を立てたのに対し、「こたびの釈は、先注どものよきにもあしきにも拘はらず、もはら自らおもふを真なほに述ぶれば、いはゞ悉く新説也」といい、守部の見解だけを示している。この書を通覧して特徴的な点は、古代地理についての考察、歌意の新解釈、本文の誤字・落字の補訂、対句の一方が落ちている場合の脱句の推定、作者不明の歌の作者推定などにあり、その解釈には独断的な面もあるが、先学を越えようとする欝勃たる闘志が随所にひらめき、守部の面目を如実に反映している。

『越路の家づと』

なお守部には、『越路の家づと』一巻（『全集』第四所収）と題する「百人一首」の注もある。著作年次に徴すべきものがないが、この書は題名から越後の門人池浦信基もしくは月下庵幡麻呂の帰郷の際の執筆と考えられるから、天保十二年（一八四一）の成立であろうか。管見では、この年の二度（六月と十二月）以外に越後の門人が池庵を訪問した形跡はない。『百人一首拾穂（しゅうすい）抄』『百人一首改観抄』『百人一首古説』などを参考として、まず作者の略譜を記し、つぎに歌の句ごとの注釈、そのあとに一首の意を説いている。しかしこれらは大概先説に依拠しており、万葉研究と比較して学問上の意義ははるかに乏しい。

『土佐日記舟の直路』

『土佐日記』の研究　天保十三年一月に成った『土佐日記舟の直路』二巻（『全集』第七所収）は、『土佐日記』の注釈書であり、「開板年月は、板本の奥付がない為不明であるが、万葉集緊要と相前後して、守部在世中に出版せられたものと思はれる。」（『全集』解題）。守部がはやくから『土佐日記』に注目し、これを高く評価していたことはすでにみたとおりであって、この『土佐日記舟の直路』は、おそらく自身の先著『土佐日記輻注』に推敲を加えてできたものであろう。この書は、かつて『伊勢物語箋』において試みたと同じ手法、つまり原文の間に必要と考えられる俗語もしくは注解を挿入する手法を採って初学者の理解に資することを目的としている。たとえば、

初学者の理解に資する

〔正月〕十七日、〔朝トク起出テ見ルニ〕くもれる雲なくなりて、あかつきづくよ、いとおもしろければ、ふねを出してこぎゆく。この〔見ワタス〕あひだに〔空ハ浪ニウツリ、浪ハ空ヲ浸シテ〕雲のうへも、海のそこも、おなじごとくになんありける。うべもむかしの〔賈島トカ云シ〕をのこは、〔カヤウナルケシキヲ見テ〕さをはうがつ、波の上の月を、ふねはおそふ、海のうち空を、とはいひけん。〔コハ漁隠叢話前集十九ニ、棹ハ穿ッ波底ノ月。船ハ圧ス水中ノ天ト云句ノアルヲ、ヨク見知テ云ニハアラズ、只人ノ云ヲ少シバカリ〕、きゝざしにきける〔コトヲ云〕なり。

のごとくである。右の引用例中の傍点は、凡例に「此しるしにめをつけて、其章句の骨法をさとるべし。」とあるから、読者が原文そのものを味わうように注意を喚起すべく記したのであろう。俗語解として意味を通すことを考えるあまり、本文の文脈と語句の構成を無理に改めたり、破壊してしまう結果となっている個所もところどころにみられるが、「この書は、たゞうひ学びの輩に、文意をさとすまでの釈にぞある。」という著作の意図は、おおむね達せられているように思われる。

語学・文法の研究　『助辞本義一覧』に続く語学・文法の研究書としては、『五十音小説』『てにをは童訓（わらわのさとし）』『佐喜草』（いずれも『全集』第十二所収）がある。

『五十音小説』

『五十音小説』一巻は、天保十三年（一八四二）二月の日付をもつ浜子の跋文があり、それによれば、「そを一とせ反古の中より見いでゝ、おのが文机のかたはらにおきつるを、わがなみのうひ学びの人々、せちにこへるまゝに、をこがましくはあれど、板にゑらせて、わかつになん。」とある。この書において守部の説くところは、大要次のとおりである。

所説の大要

㈠五十連音は何人の作というべきでなく、自然に伝来したものであり、㈡弘法大師のいろはの字体をみるに、もとは漢字から借りたものであるが、その字形は漢字の筆法に拘泥せずおのおのの声音の性質にしたがって作られた。たとえば、「阿」「和」といった円い音には「あ」「わ」と円く作り、「志」など細長い音には「し」と作る、といった具合である。したがって音義を説くには、その音を口に唱え試みて、その形から考えていくことが肝要である。㊂五音十行の等次は、縦横ともに円く連なっている。縦の五等は「あ」と「お」と相対し、「い」と「え」と相対し、「う」は中央にある。横の十行では「あ行」と「わ行」とが隣り合って、「か行」は「あ行」を助け、「ら行」は「や行」を助け、「さ」「た」「な」「は」「ま」の五行も相助けあって活（はたら）いている。しかるに、「や」は「い」の拗音、「わ」は「う」の拗音から生じたとする説や、また五音相通などという類は久しい以前からの誤りである。㊃反切と延言のことを解説し、㊄十行の大意を説いて「そ（十行—引用者）を今物にたとへていはゞ、あ行は君王也。か行以下は侍臣也。や・わの二行は、棟梁の補佐也。かくて其わ行は君の前駆して、先（キ）に進み、其や行は、後殿（しんがり）して、蹤を押へ、ら行は、徒隷の如くにして、最後（イヤハテ）に従へる也。」と述べ、五十音図の等次を変更して「わ行」を「あ行」の前に置いている。㊅四等——起（未然）・未定（連用）・既定（終止）・令命（命令）——活用図では、か・さ・た・な・は・ま・らの七行を掲げ、あ・や・わの三行を省いている。その理由は「あ行」は活用に与らず、「や行」「わ行」も大かた中段でなければ活かない、しかもや・わの二行は「あ行」と同じく喉音であるから、というのである。

このほか、体用や活用についても論及しているが、この書の主眼は五十音図の等次の変更と、各行の音義の解説とにあったことは明瞭である。しかるに、このような守部の意見は篤胤と同じく音義説に基づくもので、あ・や・わ三行の喉音説も篤胤のすでにほぼ論じたところであり、等次変更の根拠も独断的といわざるをえない。

『てにをは童訓』係り結びと呼応の関係

『てにをは童訓』二巻は、宣長の『てにをは紐鏡』『詞の玉緒』に依拠して、文法上の係り結びと呼応の関係の説明を主な内容とし、宣長の所説で意に満たない個所もしくは誤りと考えた個所を指摘しようとしたもので、天保十五年(弘化元)十一月の自序がある。まず上巻では、『てにをは紐鏡』の三転の格(終止・連体・已然の三形がみな形を異にしている用言)三二種と、二転の格(終止・連体・已然の三形のうち終止・連体が同形のもの)一一種の表に、俗語解をほどこし、それに『詞の玉緒』一之巻(『紐鏡』の四三種の語の結法について証歌を挙げて説明)および二之巻(結法の変格とテニヲハ不調の歌などテニヲハの特殊な用法の説明)の要点を摘記してい

宣長説の補正

る。その中には、宣長の説を補正しようとした次のような個所が目につく。

㈠ 宣長が係り詞の分類を「はも徒」「ぞのや何」「こそ」の三条としているところを、『童訓』では結法に無関係であるとして第二条から「の」を除き、「ぞや何」としたこと。

㈡ 『詞の玉緒』一之巻に変格として挙げている歌は、結びの語を省略してあるので、あえて変格として取り扱う必要はないとしたこと。

㈢ 『詞の玉緒』五之巻「と」の条において「上のてにをはのとゝのひのとの下まで及ぶ格」として挙げた例歌、「雪ふれば木ごとに花ぞさきにけるいづれを梅と分てをらまし」「たれ見よと花さけるらんしら雪のたつ野と早くなりにしものを」など数首に対し、守部は「と」のつぎに「か」が省かれているので、その「か」を「まし」や「らん」と結んだのであると解し、「近世此意をしれる人たえてなし。」と自負していること。

などである。下巻は、『詞の玉緒』三之巻以下（「はも徒」「ぞのや何」「こそ」の係り結び・呼応の関係を詳説）の要約とみられるが、宣長の行なった分類や排列を若干変えたり、「せし」

「しし」「みだる」のように守部が独自に補った条項もみられる。巻末には、

てにをはをよくしらんには、三転の格と二転の格とを、先よくわいだむるにしくはなし。そをわいだめんには、二転の辞を常々よみてそらにおぼゆべし。わづかなれば覚ゆるに安くして、あやまりをふせぐ事、三転の格よりまされり。これ言語の奥義、てにをはの深秘といふべし。

三転の格と二転の格との弁別の重要性

と述べ、三転の格と二転の格との弁別の重要性を力説している。

『佐喜草』

『佐喜草』一巻（著作年次不明）は、助詞「さへ」「だに」「すら」の証歌を挙げ、これら三助詞の傍に俗語を添えて、その意味と用法の差を知らしめようとした著作である。

「さへ」

(イ)「さへ」について。「まづさへの言のこゝろは、其上（ソヘ）のよしなり。すなはち万葉に副（ソヘ）ノ字をあてたるもその意にぞある。副とは彼ノ事のある上に、又此事の副来（ソヒキ）、この物のあるに、又其物の副（ソヒ）くはゝるたぐひなり。」と規定し、そのうえで、(一)「其ノ上ニ……モ」と加えて理解すべきもの、(二)「モ」は「又コレモ」の意であるから「マデ」と置きかえて理解すべきもの、(三)「モ」は「マデ」と相通うから「マデモ」という勢になり、「マデモ」と置きかえて理解すべきもの、(四)「マデ」に「ガ」「ニ」などを加

え、「マデガ」「マデニ」などと置きかえて理解すべきもの、㈤「だに」と紛らわしい「さへ」の用法で、「ソレニツレテ」という句を補足することによって意味の明瞭になるもの（ただしこの用法はきわめて稀であるとして証歌は二例だけを挙げている）、の五種に分類している。

「だに」

㈺「だに」について。これは、「さへ」より「用ひざま」はやや広いが、そのもとは「事かけたる時の辞」で、「逢れずとも夢にだにみん」「及ばぬまでもなしてだにみん」というほどの意であると説明し、「だに」の意味と用法を、㈠「だに」のうえに「セメテ」の語を加えて理解すべきもの、㈡「セメテ」とは加えがたいが、その意を約めて俗にいう「デモ」の意味とすべきもの、㈢事欠いていう「デモ」の語勢にひかれて「かりそめなる事」「わづかなる事」となして詠むべきもの、㈣「ホド」「量リ」を加えて理解すべきもの、㈤その「ホド」「量リ」を上下にわけて、多きに対して少きにも、大に対して小をも、重きに対して軽きにも詠むもの、の五種に分類している。以上、「さへ」と「だに」についてはその証歌を『三代集』に限り、その対象とした歌のすべての用例について検討し分類した、と述べている。

(八)　「すら」について。この用法は『三代集』にも『八代集』にも見当らないといい、主として『万葉集』から例を引き、この語源は「ひたすら」の上略とみられ、その「ひたすら」は「そのまゝ」という語に通い、「そのまゝ」は「なほ」という語に通い、「なほ」は俗語の「ヤッパリ」というに当るとし、したがって「すら」は「ヒタスラ」「ソノマヽ」「ヤハリ」の三種に分類できるという。

これが『佐喜草』の論旨の大要である。

守部以前にも、『てには網引綱（あびきのつな）』二巻『あゆひ抄』六巻などに当該三助詞についての言及がみえるが、『佐喜草』の記述はこれらと比較して、内容もっとも詳細といってよい。ときとして俗語に移しかえようとする意識が強すぎ、また助詞の機能そのものに深く立ち入るよりも、一首全体の趣旨から三助詞の意味と用法を規定しようとした場合があり、これらのさいは分類の仕方に混乱のおきているところも見受けられる。しかし、今日なおその機能の十分明らかにされているとはいい難い「さへ」「だに」「すら」について、豊富な引証をもってともかく帰納的に一定の結論を導き出していることは、注目に値する業績であると思われる（鈴木一彦氏「橘守部の国語意識」(六)―さへ・だに・すら―」『山梨大学教育学部研究報告』第十七号）。

守部の古典研究の、いわば副産物と考えられるものに辞彙方面の著作があり、それには『全集』に収載された『俗語考』（『全集』第九・第十所収）・『雅言考』（『全集』第十所収）のほか、『類語品彙』（天理図書館蔵）・『千代の古径』（慶応義塾大学斯道文庫蔵）などがあり、それぞれかなりの分量にのぼる。

『俗語考』

『俗語考』二二巻は、俗語のみならず、諺（ことわざ）、通俗的な成句、日常用いられる漢語の出典など雑多な語句を五十音順に配列し集成した辞典で、巻頭に天保十二年（一八四一）十一月十四日の日付をもつ「凡例」がある。

『雅言考』

『千代の古径』

『雅言考』一二巻は、『俗語考』の姉妹編で、『記紀』『万葉集』の語を主とし、平安時代以後の歌集にみえる歌詞をも採集した辞典であり、『千代の古径』九冊は『雅言考』の続編とみなすべき内容を備えている。

『類語品彙』

『類語品彙』五六冊は、山岡俊明（一七三二―八〇）の『類聚名物考』の体裁にならい、天文・時令・地理以下故事にいたる二九部門から成り、各門の各項について用例・解説を諸書に求めた百科辞典である。

三　晩年と終焉

色川三中

船曳大滋

秋主の子、いと・元次郎

（弘化三年四月二日付，『色川三中来翰集』所収。静嘉堂文庫蔵）

国学者としての名声が高まるにつれ、守部の学問に注目する者が増加したことは当然ながら、諸国から池庵を目指し出府してくる有志の人々もあった。尾張の津田千畝、長崎の青木永章、越後の池浦信基・月下庵幡麻呂などすでに述べた者のほか、天保七年（一八三六）十二月には常陸土浦城下の商人色川三中（みなか）（一八〇一—五五）が池庵を訪れて入門し（拙稿「国学者色川三中の生活と思想」『地方史研究』七五号）、同十五年には中島広足の紹介によって久留米の青年船曳大滋が笈（きゅう）を負うて到着、翌弘化二年八月末まで逗留、勉学に励んでいる。大滋の到着した年の七月、筑後の大石神社・水天宮、壱岐の一ノ宮などの神主五－六人が一時に来って、折から浄書中の『稜威道別』をかたわらより写し取って帰ったこともあった。この間、秋主の娘いとを天保九年三月（当時十五歳）から同十一年十月まで預かって教育し、同十四年十一月から翌年七月までは、いとの弟元次郎（当時十六歳）がやはり守部宅において和漢の書を学んでいる（高井浩氏前掲「天保期のある少年と少女の教養形成過程の研究」㈠～㈣）。

池浦信基宛の書簡

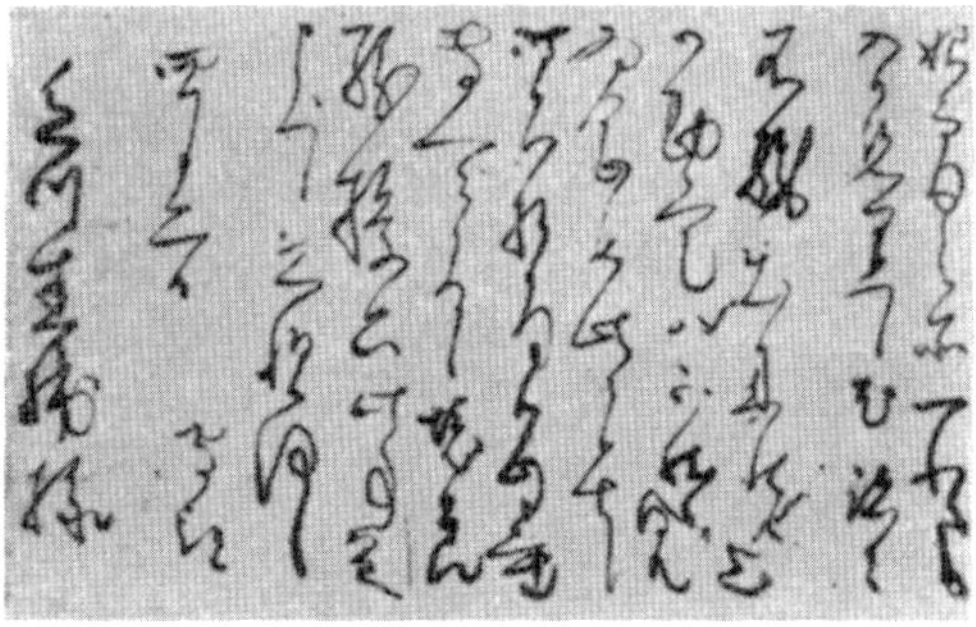

守部の色川三中宛書簡

さきにも一言したように、守部は池庵において小規模ながら私塾も開いていた。

こうして守部は、すでに述べたごとき活発な著作活動を展開するかたわら、門人の指導に、塾徒の教育に、繁忙の日々を送っていたわけであるが、いま、天保後半期における守部の日常生活の一端を、門人池浦信基宛の書簡（渡辺秀英氏「橘守部と解良栄重」『越佐研究』二九。渡辺氏はこの書簡の年次を明確にされていないので筆者が『穿履集』と『万葉集緊要』にみえる信基関係の記事などから、天保十一年と推定した。）により窺ってみよう。

拝読仕候。如ㇾ仰逐日暑気襲候節、倍（ますます）御壮雅被ㇾ為（わた）ㇾ（らせ）度之旨多幸之至に御座候。春中は紛擾之比、早卒に稗調漫（ひちようみだり）に入ニ電覧一候所、御叮嚀之仰越赤面仕候。右御挨拶候て遠境之所乾魚沢山に被ニ饋（おくり）下一御悃篤（こんとく）之御儀奉ニ多謝一候。向後は玉吟にても御見せ被ㇾ下候含（ふくみ）之旨、乍ㇾ不ㇾ及承服仕候。御学問は如何様成処御心懸被ㇾ成候哉、是等之事も窺置候。

愚老は乍二不学一、只学問ばかりの一癖にて、歌は至て下手に御座候。其恩食(おぼしめし)にて御付合可レ被レ下候。

さて今便、色紙短冊可レ認之旨被二仰下一候所、此節料紙遣切、京師へ申遣(つかい)候得共、未だ到着不レ仕、近隣紙屋へ取に遣候所、短冊はかなりに候へども、色紙甚粗末、そのくせ直段高直に御座候。五葉づつ十枚にて二分五文に御座候。さて是を認(したため)候所、境殿屋敷より急なるしらべもの頼参、日々役人両三人とり囲みうるさく候て、中々考え事なども出来不レ申、只心に浮び次第走書候得ば、歌もあしく、又是迄上候同歌も計り難候段御海容可レ被レ下候。時下追々大暑に向候得ば折角御保護専一に希(ねがい)候。取込草々不宣(ふせん)。

六月五日認　　守部

池浦又三郎様梧下

右の書簡にみえる「春中は紛擾之比」とは、おそらく浜子の離婚に関する一家の困惑を意味していたと思われる。この天保十一年二月から、二十四歳の浜子は、結婚後二年半にして明田家から実家へ戻っていたのである。日頃そのような気配を全然察していなかっただけに、守部の心痛一方ならぬものであった。もともと身体の弱かった浜子は、同九年七月にも病気のため二週間ほど実家で静養していたことがある。しかしほどなく、この離婚の原因が浜子の身体上にあったのではなく、嫁ぎ先の家族の不和を浜子の方から嫌ってのことであると知った守部は病身の娘を思いやって心中むしろ安堵したもののようである。浜子は父から書を学んだり、琴・三味線の稽古に励むいとの面倒をみたりしながら、傷ついた心を癒やしていた。この五月には、幸手（さって）から伴ってきた義母が没し、向島長命寺に葬られている（高井浩氏前掲論文㈤）。

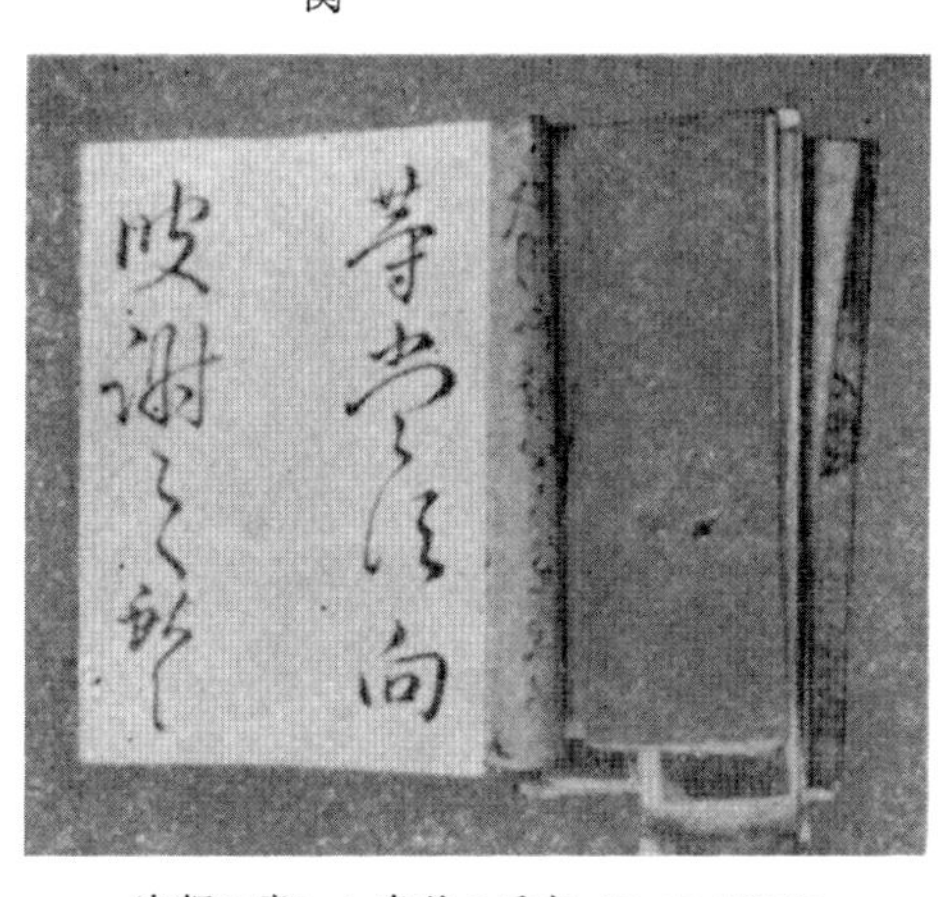

守部の書いた書道の手本（朝日町役場蔵）

書道への関心

守部の書といえば、書道に対する関心はこの時分ますます盛んで、天保十一年一－三月頃の秋主宛書簡によれば、「書ニ心を入候事、学者之道楽ニ候」といいながら、「近比到而貧」の家計をも顧みず「死ぬべき程の事もあるまじくと衣類調度売尽し」、三〇両も投じて「も

守部の書、高い評価を受ける

守部愛用の硯と上蓋の自筆の「鑑識」（天保十二年四月）（朝日町役場蔵）

ろこし明の初代林惟大と申す人の真跡文字」を買い求めるという熱心さであった（高井浩氏前掲論文㈡）。『莞翁歌話』に「此人手跡ことの外見事にして古法帖をも手本としてならハれたるなるべし。江戸の哥人のうちにも信夫顕祖・加藤千蔭両人なくなりし後にハ此人の手跡につぐものハなきほどの事也」とあるから、守部の書は当時かなり高く評価されていたようである。

こうした中にも、『山彦冊子』以下四種の著述が世に行われ、その名が識者の間に知れわたるようになると、毀誉褒貶の声がいろいろなかたちで守部の耳もとにも達したことであろう。しかし、かかる世間的評価とは別に、この頃の守部の内面には自己の学問を真に理解している者など一人もいはしないという思いが広がっていた。浅草転居後一〇年というから天保十二年であるが、この年守部は「述ニ心緒一遣レ悶歌並短歌」（『穿履集』所収、冒頭部分前出、四一ページ参照）を認め、その後半部分において次のような心境を吐露している。

「われをしる人しもあらず」

すみだ川すみよき里と、名に高き浅草寺の、鐘のもと池の上なる、岡の上にふせやをたてゝ、今年はや十(と)とせすめども、あすか川淵瀬とかはる、世中のさまこそうけれ、われをしる人しもあらず、わがしのぶ友しもあらず、たま〳〵にとひよる人の、よめるうた見れどほりせず、かけるふみよめどほりせず、かゝる世に翅(つばさ)ならさば、なか〳〵に鳥なき里の、かはほりとよそめやさしみ、うつたへに家にこもりて、いにしへの人を友とし、おもほしき事かきつけて、あらざらむ後のためにと、愚かなる心のをろを、述ばへおくわざをつとめて、をり〳〵はかりの便に、ふみおくりとひおとづるゝ、をちこちの国に聞えし、人々の心々を、きゝさけておもひしやれば、よしゑやし人はなくとも、よしゑやし世はかはるとも、四方八方(よもやも)の国の中にて、まそ鏡あきらけきめに、見知れらむ人のかぎりを、わが友とおもふもたのし、身もやすくして。

身をつめば花なきさとの鶯のものうかるねもあはれとぞきく

梅さくら皆ちりはてゝ藤なみの春におくるゝ心ちこそすれ

かをりなき花たち花も身の後はむかしとしのぶ人ぞあるらし
しる人ぞその香はしらむ橘の蔭ふむ人のさすがたえぬは

処女作『神風問答』以来、宣長学の補正を一途に学問的課題とし、長期にわたって宣長学との格闘を続けてきた守部だけに、ようやく自己の学問体系を構築しえたとの自信をもって、おもむろに四周を見渡し、辛酸して成ったこの学問を一体どれほどの人が理解してくれるだろうかと考えてみる余裕をもったとき、「われをしる人しもあらず」との感慨にうたれたのであろう。とくに天保十二年当時、『山彦冊子』風の注釈的研究ばかりが公刊され――そして実はこの方面の著述こそむしろ門人たちの待望していたものなのであったが――、守部学の精髄と自負する『稜威道別』以下の神典研究がいずれも未刊であったことは、守部をして深き自持（じじ）の念とともに将来を期する心境にいたらしめたものと察せられる。ただ、よしんば『稜威道別』がこの時期までに公刊され、あるいは守部の生前上梓（じょうし）の運びになっていたとしても、「われをしる人しもあらず」との孤独感は一向に解消されなかったばかりか、いよいよ強められさえしたにちがいない。なぜなら、守部の神典解釈法が「神秘」である以上、それはあくまで守部一個の内面において生きて

深き自持の念

活(はたら)くもので、「神秘」を公開し論証しようとするならばそれは「神秘」を「秘事」でなくすることにほかならず、結局、「神秘」説を学問的に理解し発展させうる後継者など求めて得られるはずがなかったからである。

しかし守部自身は、守部学の真の理解者の出現を後世に託して、その孤独感いな孤高の意識を著述執筆へのエネルギーに積極的に転化させていった。存命中に一つでも多くの著書を残しておきたいとする守部のあくなき執念は、死の直前まで少しも衰えることはなかったのである。

冬照の活動と浜子の力添え

そして書斎にこもりきりの守部——ときに三〇両もの大金を「道楽」に投ずる守部——を、妻政子はもとより、冬照夫妻（結婚後近所に別居）や浜子もそれぞれの立場からよく支え励ましていた。かねてから江戸社中を主宰してきた冬照は、天保十五年（弘化元）三月、上野寛永寺御吟味役と浅草寺取締役となり、外向きの仕事はおおむね冬照が担当し、浜子は、守部の「漸此節惣釈神秘口伝之八ヶ条二巻（『稜威道別』総論上・下—引用者）別本及ニ出来ニ候間、浜女ニ申付写し可ニ差上渡ニ候得共、真字多きニ当惑いたし居候様子ニ御座候。」（天保十五年七月十九日付、秋主宛）という言葉からも知られるとおり、筆写や浄書の作業に精を出していた。

浜子病没

しかし、その浜子の身体はこの頃すでにかなり病魔(肺患)におかされていたようで、翌弘化二年十月には重態におちいり、十二月七日、ついに二十九歳の若さで逝(い)ってしまった。「愚老が力落之儀は、十五日出ニ申上候通ニ而今以無レ現(うつつ)心懸、愚妻は半病人ニ而有レ之候。是を慰め候ニ暇も無ニ御座一候。」(同十九日秋主一家宛)。

守部夫妻の落胆

浜子を失った守部夫妻の落胆はあまりにも大きかった。

奇妙な噂

ただでさえわが子に先立たれた親の悲嘆は筆舌に尽くしがたいのに、加えて浜子の死にはある奇妙な噂がつきまとっていたからである。『全集』首巻所収の「小伝」には、

> かく翁が学界に於て得意であつた弘化二年(この年九月『稜威道別』を朝廷に献じた——引用者)の十二月七日長女浜子が二十九歳で歿したのは、既に六十五歳の高齢であつた翁に対してかなりな精神上の打撃を与へたらしい。それに浜子の死については、小説的な事情が纏綿(てんめん)してゐるやうに思はれる。我が家に語り伝へる所によると、寛永寺の高僧某(伝法院の住職とも言ふ)が、弁天山の池庵を屢々訪れたのを、讒誣(ざんぶ)する者があつて、守部は其の女浜子を、かの高僧の弄(もてあそ)び物に供へてゐるといふ世評が高くなつたので、浜子はそれを苦にし、病を得て死んだのだといふことである。

守部翁が当時の詠に、

いとほしやかなしやうしやさばかりも汚されし名を思ひしみけん
あまかけり国かけりても父の名をすゝがんとてや命しにけん

などある。

という記述がみえる。この噂が当時たしかに流布していたことは、『色川三中来翰集』(静嘉堂文庫蔵)の中の次のような一書簡(弘化元年八月二十七日付、差出人は林清介とよめる)によっても知られる。これによれば、

守部入牢?

守部はその罪ゆえに入牢にさえ処せられたという。

当廿日頃、橘守部めしとりニ相成入牢仕候よし承り申候。右は娘とか妹とかしかと承り不レ申候へ共、右婦人を若衆之姿ニ仕、浅草寺別当伝法院住持へかよはせ申候一件之よしニ御座候。最初婦人めしとりニ相成、其後伝法院主めしとられ、引つゞき守部のよしニ御座候。有志之人物と存候処、存外之儀ニ御座候。奉行御かかりハ関宿様之よしニ御座候。右之外申上度儀海山御座候へ共、在府中取込居り申候ニ付文略仕候。

はたして「入牢」の事実があったか否かはわからないが、このために守部は実際に当

局から詮議を受け、翌二年二月にいたってもまだ裁定が下らなかった。門人の三中にその間の事情を説明した書簡（弘化二年二月二十三日付）で、守部は次のように述べている。

一条之事も御心配被㆓成下㆒、御深切ニ御尋被㆔下置㆒難㆑有仕合ニ奉㆑存候。今以御沙汰も無㆓御座㆒候得共、無実之事その通り之趣ニ御座候而、追々様子も宜候へば最早不㆑遠明白ニ相成可㆑申候。かの長崎高嶋四郎太夫（帆秋）一条も再吟味ニ相成、昨廿二日御評定所へ皆々御呼出ニ相成申候。是は一昨年十月御書済ニ相成、四ケ年目ニ御座候さへさ様相成候へば難㆑有たのもしき御程ニ御座候。此所ニ而先々少々は御安心可㆑被㆑下候。

管見に入った右の二つの書簡のみによって、この事件の真相を把握することはできないけれども、おそらくは守部の名声を妬む悪意の中傷というべく、「無実」なることは守部自身が三中に申し送ったとおりであったろう。

才色兼備の浜子

守部の門人には浅草寺関係の僧侶が幾人かおり、また冬照の職掌上からも寛永寺や浅草寺の僧侶との交遊が多かったこと、浜子自身が才色兼備の女性として浅草近在に聞えていたこと、の理由からこのような噂が飛んだのであろうが、浜子一件は、事実とはまず考えられない。しかも担当奉行が守部の庇護者である久世広周（関宿藩主）とすれば、誤解はまもなく氷解したものと思われる。

浜子と大滋

守部は実は、天保十五年（一八四四）に久留米から池庵に遊学してきた船曳大滋を前途有為の青年とみて浜子の聟にしたいと願い、翌二年八月、大滋が再出府を約して一旦帰郷することになった際は、

まさきくとおもふ外こそなかりけれわが子を旅にやる心ちして
ながらへて在待わたるつくしべにとゞろかす名の聞えくまでは（『穿履集』）

と肉親の情をもって送り、浜子も病床から、

朝夕にむつびなれたるはらからのたらずなりゆく心地こそすれ

と親愛の情を示しているのであって、大滋にも浜子の好意は通じていたであろう。しかし翌三年三月、守部は広足宛に、

> 大滋事も去秋帰国後も、度々文通有レ之候。早春の手紙に出崎の事も申遣候得ば、定めて此節貴地に出候事と致二遠察一候。如レ仰甚頼母敷人物に付、学業の跡目にせんと存候処、娶（とつがせ）候積の女相果、其縁を失ひ残念に奉レ存候。

大滋病没

浅草蔵前桐畠に転居、生薬園と号す

労症の徴候

衰弱の度加わる

『旧事記直日』

という痛恨の書状を呈しなければならなかった。その大滋も翌四年の秋、再び出府の途につこうとしたが不幸にもふとした病に冒され、十月四日浜子の後を追うようにして亡くなった。弱冠二十七歳であった（弥富氏前掲『中島広足』）。

これよりさき守部夫妻は、娘の悲しい思い出のしみついている池庵から一刻も早くのがれたかったのであろう、浜子の没して二〇日後の十二月二十八日にはあわただしく浅草蔵前桐畠に転居し、号も生薬園（いくくすりその）と改めている。庭に生薬を植えて号としたものと察せられる。

ところが、すでにこの時分、守部自身にも労症（肺患）の徴候が明瞭にあらわれて咳嗽（がいそう）を病んでいたのであり、生薬園の号にもこの病気平癒を祈願する心がこめられていたに相違ない。しかしその願いにもかかわらず、翌三年の春からは痩せはじめ、『神代直語』を書きおえた五月、『稜威言別』について最終的点検を行いつつあった六月頃にはさらに衰弱の度が加わってきた。それでも守部は、痩せ細っていくわが身に鞭打ちながら、翌四年四月までに『旧事記直日（くじきなおび）』六巻（『全集』第二所収）を執筆し、『旧事記』の古文なる所以を弁じているのである。

この書は、復古神道家のあいだで偽書として斥けられていた『旧事記』について、その中には信ずべき古伝の含まれていることを論じ、原形の復元を試み、偽書説に偏した見方を是正しようとしたものであるが、その説くところには文献学的にかなりの難点がみられる。ただ守部としては巻頭の自序に「此ノ書をかくいそぎたるは、稜威道別を書キ改めんとてなりければ、只誤字・落字を改メて、引キ用んためにぞある。」と書いているから、『古事記』のみならず『旧事記』をもいわば『日本書紀』の「一書」に加え、「古伝説の本義」解明のための有力な史料としたい、と考えていたのであろう。この時期においてなお、「稜威道別を書キ改めん」とする意気込みをみせていたわけである。

病床に伏す

しかしながら、すでに述べたとおり明くる嘉永元年（一八四八）四月三十日、『万葉集檜嬬(ひのつま)手(で)』巻六の執筆半ばにして守部は病床に伏す身となった。療養一ヵ月、小康を得たのを機として箱根で湯治すべく、政子と上野下久方村の門人田村梶子の姪孫（栄子）、それに越後高田の門人村松瑞枝（出府中）の三名を伴って六月三日、江戸を出立した。このときの羈旅(きりょ)の筆記が『箱根日記稿』三巻（『全集』第十二所収）である。「あめつちの神もたすけよ神の代ののこるふることときはつるまで」と神かけて学業の成就を祈りつつ旅立った守部は、

箱根へ湯治に出立

『箱根日記稿』

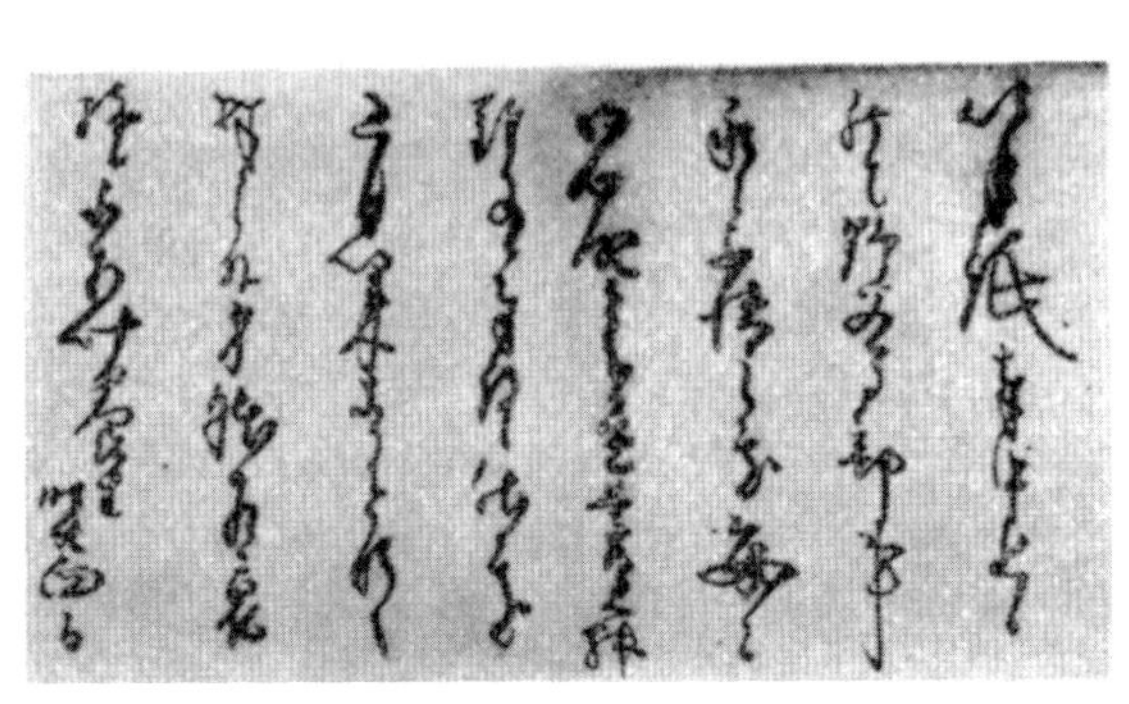

色川三中宛書簡（『色川三中来翰集』所収）

四日　空のけはひきのふのごとし。程がやを過るほど浦風ますく袖ふき返して、打ふくたびに身にこりつける病の禍（まが）の吹ちりゆくこゝちすなるも、祈りし神のたすけにやとかたじけなくうれし。科野（しなの）坂をこえて堺木村といふあり。此所むさしさがみの国境といふをきゝて、

むさしあぶみふた国かけて来し旅のふみたがへにはならずもあらなん

こは家を出るとき、こたびの旅出を皆人の深くあやぶみしおもゝちなるにつきてなり。

などと書き留めながら箱根へ向かい、六日に湯本に到着した。これより木賀・宮の下などに滞在、静養すること五〇日、よほど快気を覚えたので七月二十三日帰途についた。この不在中に家は本所法恩寺向河岸通り北横町に

本所法恩寺橋際に転居 椎本と号す

不帰の客となる

戒名

終焉の模様

守部の病没を伝える冬照の

引移り（守部は七月三日に転居の知らせを受取っている）、号も椎本（しいがもと）と改めた。

しかし、一時は元気恢復したかにみえた守部の病気も、何分労症のこととて全治したのではなく、翌嘉永二年二月には再び悪化し、五月二十四日、ついに不帰の客となった。享年六十九歳、戒名は深達院広耀常円居士といい、墓は現在も変らず向島長命寺にある。いま、冬照が色川三中宛に送った二通の書状によって、守部終焉（しゅうえん）の模様を窺うこととしたい。

(一) 以二手紙一奉二申上一候。然ば野父守部事永々不快之処、毎々御心配被二下置一且は御見舞難レ有奉レ存候。然処過月以来なにとなく殊之外身躰相衰、終（つい）ニ不レ相二叶養生一、昨廿四日暁丑下刻死去仕候。此段為二御念一申上度如レ斯ニ御座候。乍レ憚御舎弟様方ニも可

レ然御伝声被レ下候様奉二願上一候。（五月二十五日）

(二) 永々亡父病気之処養生不二相一叶一遠行致候条、奉二申上一候所、殊之外御愁傷被二下置一、霊代（たましろ）ニ御香料金弐百疋蒙二御備一、有レ難奉二拝謝一候。母初家内とも万々御厚情之段奉二拝謝一候。

守部の墓　墓石裏面に「嘉永二年五月廿四日」，右側面に「依遺言門人中村祐良慎書」とある。ちなみに門人祐良は浅草蔵前の札差商という。

扨昨年四月以来病気之所、実は当春ニ相成候而は別段病と申も無レ之、唯々なにとなくものらく病床ニ而起伏致居、食気も日々鳥又は土亀（泥亀のことか）など相用候得共、更々気力も付不レ申候。当二月比よりはとても無二覚束一様ニ亡父もおもひ居申候事ニ御座候。扨々残念之至不レ過レ之奉レ存候。（六月二十七日）

＊　＊　＊

嗣子冬照と東世子との間には一女があったが、夭折したため、秋主の娘いとが桐生新

冬照と政子の没年・戒名

町の加藤安兵衛（のちの吉田錦所）に嫁して（天保十四年二月結婚）もうけた子息の一人東市を養子に迎えた。東市はのち橘道守と称し、本所に住んで役付きせず、歌人として立ち椎本吟社を興し、門弟も少なくなかった。なお、冬照は文久三年（一八六三）六月二十九日、政子は明治二年（一八六九）五月二十九日にそれぞれ長逝している。冬照は五十歳、戒名は冬照院全恵円良居士、政子は七十八歳、戒名は深政院妙円鏡智大姉という。

略系図

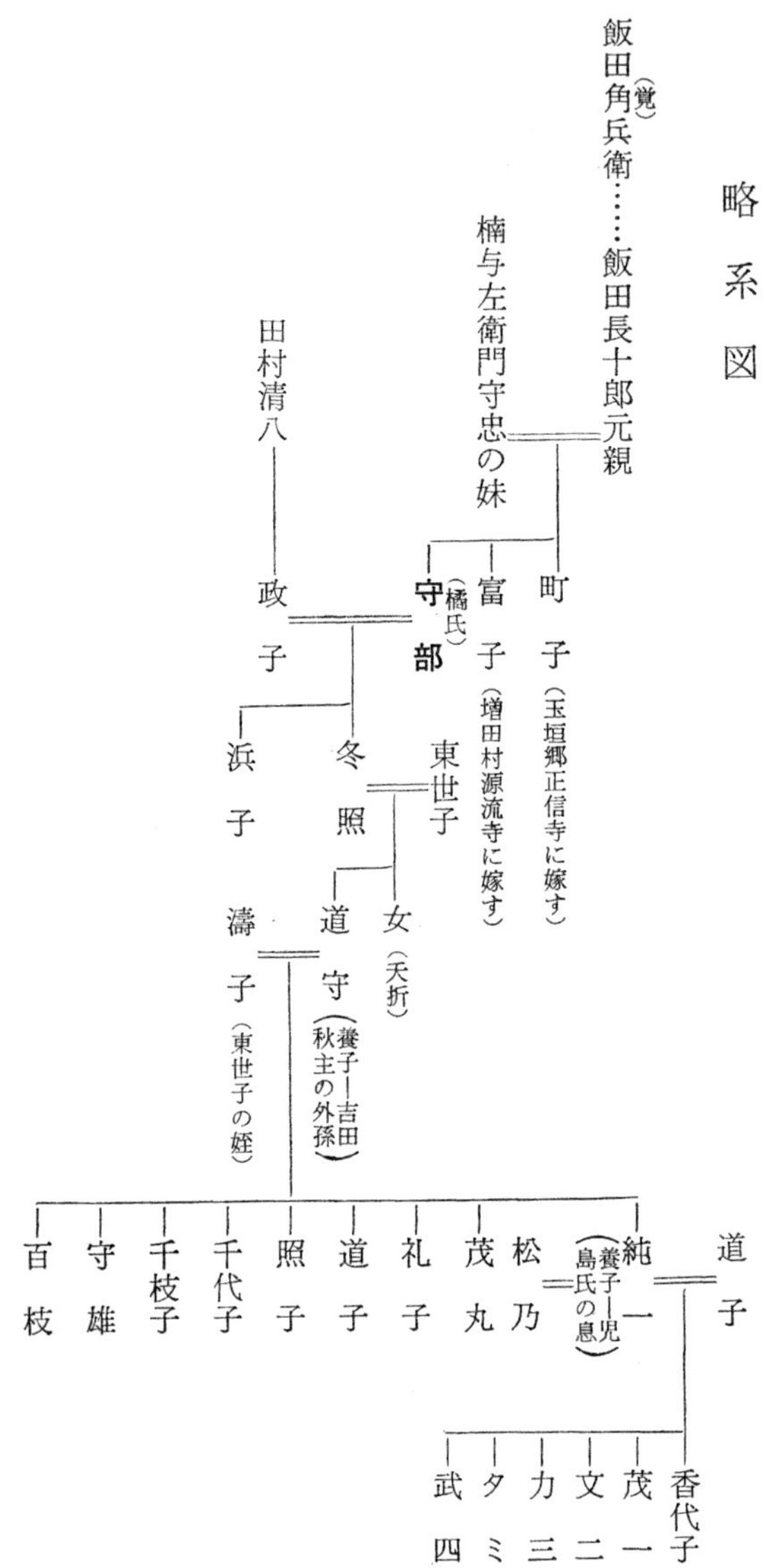
飯田角兵衛（覚）……飯田長十郎元親
楠与左衛門守忠の妹
田村清八
町子（玉垣郷正信寺に嫁す）
富子（増田村源流寺に嫁す）
守部（橘氏）
政子
東世子
冬照
浜子
女（夭折）
道守（養子―吉田秋主の外孫）
濤子（東世子の姪）
道子
純一（養子―児島氏の息）
松乃
茂丸
礼子
道子
照子
千代子
千枝子
守雄
百枝
香代子
茂一
文二
力三
タミ
武四

略年譜

年次	西暦	年齢	事蹟	参考事項
天明元	一七八一	一	四月八日、伊勢国朝明郡小向村に生まれる。名は旭敬。父は飯田長十郎元親、母は同国桑名郡萱町新田村の郷長楠与左衛門守忠の妹。母の名は不明。この年、二人の姉町子と富子は、それぞれ七歳と四歳	一月、湯浅常山没、七四歳○佐賀藩弘道館開設
二	一七八二	二	母、実家へ帰る。その後主として乳母と伯母とに養育される	七月、下総印旛沼干拓に着手○伊勢国朝明・員弁郡に大規模な百姓一揆おこる
三	一七八三	三	母、離縁となる。町子も母の許へ去る。母はのち故あって同国三重郡川原田村岡田平九郎に再嫁する	一月、『赤蝦夷風説考』成る○七月、浅間山大噴火○この年天明の大飢饉はじまる
四	一七八四	四	この頃から継母や父の妾に孝養を尽くすという	
七	一七八七	七	この頃守部、小向村の「一村名主」となり、飯田吉弥と公称したという	六月、松平定信、老中首座となり、寛政改革はじまる

天明八	一七八八	八	縄生村金光寺へ手習いに通う。この頃から家に種々凶事がおこる	七月、田沼意次没、七〇歳
寛政四	一七九二	一二	一家破産する。父元親とともにいったん四日市領伊桑村に移る。まもなく従兄、杉浦信英に伴われて大坂へ、さらに同人に連れられて江戸へ赴く(江戸に約一年滞在する)	五月、林子平禁錮され『海国兵談』絶版に処せられる○九月、ロシア使節ラックスマン根室に来航し通商を求める
五	一七九三	一三	大坂へ帰り、信英方に寄寓する	六月、林子平没、五六歳○七月、松平定信、老中を退く
六	一七九四	一四	春、信英急逝する。このため上町の関一心斎方に寄食する○一〇月三日、伯母(信英の母)も没する	
八	一七九六	一六	九月、父元親重病のため、伊勢へ馳せ帰り看病する○十月八日、父没する	
九	一七九七	一七	一〇月末頃、父の妾と乳母および家僕二人を率い江戸に下り、芝新銭座に住む。下女も雇い主従八人暮し。江戸出立に先立ち、川原田村の生母を訪ね、約一ヵ月逗留する○江戸では鈴木尚邦なる者の援助を受ける○この頃まで「一文不通」であったという	一二月、昌平坂学問所を官学とする
一〇	一七九八	一八		六月、本居宣長『古事記伝』を完成する

年号	西暦	年齢	事蹟	参考事項
一二	一八〇〇	二〇	この頃、悪友を得て金銭や婦人に関する問題で悩む、また遊里で思わぬ危難にあい、金看板甚五郎という侠者に救われ、前後五〇両をめぐまれる	三月、昌平坂学問所が落成し、諸士の入学を許す
享和 元	一八〇一	二一	この頃より仮名付の四書などを読み、手習いを始める	三月、伊能忠敬、全国の測量を開始する○九月、本居宣長没、七二歳
二	一八〇二	二二	この頃、四書五経を一応読みおえる	
文化 元	一八〇四	二四	この頃、八丁堀へ転居する○自炊生活で専心勉学する○王羲之の十七帖や尊円法親王の真跡を求めて書道に励み、まもなく手習塾を開く。麻布の市川貢松台、池の端の蓮池堂文盟とともに当今三人の能筆といわれる	八月、荒木田久老没、五九歳
二	一八〇五	二五	築地の儒者葛西因是の許に経書の講義を受けに通う	一月、幕府、ロシア船来航につき諸大名に警戒を命じる○一〇月、加藤千蔭『万葉集略解』を幕府に献じる○和泉真国没
三	一八〇六	二六	この頃、三河国の由緒家より養子に請われたが断わる○この頃、『元史』など中国の史書を読み、日本歴史研究への意欲をそそられる	三月、江戸芝の大火（丙寅の大火）○七月、伴蒿蹊没、七四歳

年号	西暦	年齢	事項	参考事項
文化五	一八〇八	二六	この頃、清水浜臣（泊洦舎）の門に学ぶ	八月、フェートン号事件○九月、加藤千蔭没、七四歳
六	一八〇九	二七	八月、武蔵国葛飾郡内国府間村に転居する。庭麻呂と称し、蓬壺と号する	一月、江戸日本橋・本所大火○六月、上田秋成没、七六歳
七	一八一〇	二八	葛飾郡大山村で古木の桜を見物する	
八	一八一一	二九	二月、村田春海の死を悼む長歌を詠む	二月、村田春海没、六六歳○五月、式亭三馬の『浮世床』初編刊
九	一八一二	三〇	四月一〇日、清水浜臣、日光参詣の途次、蓬壺を訪れて数日滞在する○八月一五日、利根川に舟を浮かべて楽しむ○この頃、幸手の回漕問屋田村清八の娘政子（二一歳）と結婚する	
一〇	一八一三	三一	○父の一七回忌に長歌を詠む	吉田秋主、星野貞暉に入門する
一一	一八一四	三二	五月二五日、「大御世賀吉詞」を書く○この年、長男茂松生まれる○この年、死に臨むこと二度に及ぶ○この頃、星野貞暉ら桐生・足利有志との接触始まる	
一二	一八一五	三三	四月、東照宮の二百年の大祭礼に寄せて長歌を詠む○この頃、江戸の安田躬弦の許へ『神典の総論』一巻を書いてつ	四月、杉田玄白の『蘭学事始』成る

一三	一八一六	三六	かわす 八月二五日、『神風問答』一巻成る	一月、安田躬弦没○四月〜閏八月、江戸で疫病流行
一四	一八一七	三七	六月「垂顆舎記」を書く○九月一四日自序、『古今和歌集註』○この年、長女浜子生まれる○この年、本居宣長の一七回忌に長歌を詠み、その学恩を敬慕する	
文政元	一八一八	三八	三月一日自序、『伊勢物語箋』二巻○一〇月二三日、「祭賀茂大人御霊祝詞」を書く○一二月二日、清水浜臣の求めに応じ「雪中眺望の詞」を書く○この年、『万葉摘翠集』成る	二月、水野忠成、老中となる○星野貞暉、江戸へ赴き小山田与清に入門する
二	一八一九	三九	五月二五日『古事記索隠頭書』成る○八月一日序、「百五十番歌合」○この年、故郷伊勢を訪れる○この年、「真ノ道」を悟り得たという○この頃、清水浜臣と不和になる	この年、塙保己一『群書類従』正編刊行（続編は文政五年八月にできる）
三	一八二〇	四〇	春、『神道弁』成る○九月一二日、「安田氏記」を書く○一一月二五日、「河辺舎記」を書く○一二月自序、神楽歌・催馬楽の註執筆する	四月、吉田秋主、機屋を開業する○八月、山片蟠桃の『夢の代』成る
四	一八二一	四一	七月、茂三（茂松改め）・浜子とも痘瘡を病む○一〇月一八日、次姉富子没、四四歳	七月、伊能忠敬の『大日本沿海実測地図』完成、幕府に献じる○九月、塙保己一没、七六歳

文政五	一八二二	四二	七月、桐生における「春秋歌合」に、清水浜臣と揃って判詞を書く	七月、秋主、浜臣に入門する
六	一八二三	四三		四月、葛西因是没、六〇歳○七月、オランダ商館医師ドイツ人シーボルト、出島に着任する○一二月、富士谷御杖没、五六歳
七	一八二四	四四	八月一七日、清水浜臣追悼の長歌を詠む○秋、『讃江戸歌並短歌』を詠む	八月、関東・奥羽大洪水○同月、清水浜臣没、四九歳○この年平田篤胤『古道大意』刊
八	一八二五	四五		二月、幕府、外国船打払令を発する
九	一八二六	四六	二月、『土佐日記觿』成る○四月、『讃江戸歌』を出版する○この年、初めて守部と名乗る	
一〇	一八二七	四七	二月、桐生の星野貞暉の門人、あげて守部の門に入る。この時、吉田秋主も入門する○三月、歌合に招かれ、桐生へ赴く○同月、「歌合印南野巻」翌月「百番歌合」	五月、頼山陽『日本外史』を松平定信に献じる
一一	一八二八	四八	九月、秋主ら桐生の重立った門人たちで四五両醵金、桐生では盆・暮に半年分の利息五両ずつ、足利では暮に一回一〇両をそれぞれ守部に送ることに決める○十月、「六十番	一〇月、シーボルト事件、天文方高橋景保ら処罰される○一一月、本居春庭没、六六歳

年号	西暦	年齢	事項	一般事項
			歌合」○秋、「百十番歌合」○この年、「桐生社」誕生する。常連約二〇名	
一二	一八二九	四九	三月、『待問雑記』の草稿を秋主の許へ送る○八月、江戸深川大島町石場橋際に転居し、家号も波激舎と改める○九月、桐生へ赴く○秋、茂三、西嶋蘭渓に詩文を学ぶ（翌年七月まで）○秋、「八十番歌合」○この頃『歴代一覧』成る○この頃『古代髪之考』を書く	正月、柳亭種彦『偐紫田舎源氏』初編刊○三月、神田より出火し江戸大火（巳丑の大火）、下町繁華街全焼する○九月、シーボルトに帰国を命じ、再渡来を禁ずる
天保元	一八三〇	五〇	春、『雛語考』上木にとりかかる○秋、『芦荻抄』稿本一五冊仕上げる。これを祝い十二月に桐生において竟宴が催される○秋、浜子、四千二百石取の旗本堀田伊勢守の屋敷へ奉公に出たが、一一月に病気で帰宅する○この年、茂三、元服して繁三ともいう	三月、伊勢御蔭参り大流行○この年、水戸藩主徳川斉昭、藩政改革に着手する
二	一八三一	五一	五月、『山彦冊子』三巻（『雛語考』改め）成り、一一月、須原屋から刊行される○六月、『文章撰格』粗稿本成る○七月一日、浅草寺境内弁天山に転居する。これより池庵の号を用いる。秋主ら家屋代など負担する○一一月、『短歌撰格』稿本成る○この年、冬照、寛永寺に招かれて出講、年末はじめて門人をとり素読を教授する	五月、寺門静軒『江戸繁昌記』刊○この年、桐生不景気甚しい

年号	西暦	年齢	事項	一般事項
天保 三	一八三二	五二	春以来、肥前平戸藩主、松浦熙の江戸藩邸へ出入を許される○二月初午の日、伊勢の生母九〇寿の祝い開かれ、和歌と反物・帯を送る○秋、門人佐藤方定を破門する○年末までに『土佐日記輻注』を書き上げる。その間に『書目童唱』稿本を執筆する○この年、『長歌撰格』二巻、『短歌撰格』二巻、『文章撰格』二巻を改稿する	正月、為永春水『春色梅児誉美』初編刊○九月、香川景樹の『古今和歌集正義』成る○同月、頼山陽没、五三歳○一一月、佐藤方定ら、守部の許を離れ、村田春門に接近する
四	一八三三	五三	一月、病臥、その徒然に『啻香物語総巻大意』を草する○五月、『古史鉤玄』の主要部分を書きおえる○五月二五日、「四十八番歌合」○七月頃から気分すぐれず○九月、足利在小俣村山藤清風主催で江戸・桐生社中合同の「外山庵二百番歌合」が挙行される○秋、茂三、冬照と名乗る。冬照『祝詞』『万葉集』の研究に出精し、また父を助けて江戸社中（常連一八名位）の指導に当る○一〇月一五日、関宿藩主久世広周の招きで、関宿へ一泊旅行に出かける○一〇月、門人の医師宮本順貞と衣類商起風の二人を故あって破門する○この頃、好きな煙草もやめて倹約につとめる○一一月、『夫木集緊要』三巻成る○一二月、『万代集緊要』二巻成る○同月、手の痛みで小字しか書けず○この頃、池庵で和歌や講釈聴聞の集会がしばしば催される	八月、関東大風雨○九月、本居大平没、七八歳○一〇月、幕府、江戸貧民救済のために米銭を給与する○この年、諸国飢饉、米価騰貴し、このため全国各地で騒動・打ちこわしがおこる

五	一八三四	五四	二月、冬照、一〇日間ほど桐生に滞在し、北畠親房の『職原鈔』を講義する○三月、平戸藩主松浦熙からの依頼で「蓬莱園記」を書く○同月、浜子に縁談が起ったが、生活苦のため断わる○八月、尾張国津島村の津田正生父子が書状をもって入門を懇請してくる○九月二一日序、『神楽歌入文』三巻『催馬楽譜入文』三巻	二月、江戸大火○三月、水野忠邦本丸老中となる○江戸・大坂に打ちこわしおこる○この年、諸国凶作のため餓死者多し
六	一八三五	五五	一月、月に六回、『源氏物語』の講義を始める○七月、『清渚集』の編纂と本格的にとりくむ○秋からテニヲハも講義する○一一月、『助辞本義一覧』二巻成る	閏七月、狩谷棭斎没、六一歳○この頃、滑稽本・人情本さかんに流行する
七	一八三六	五六	八月、『詠歌玉津島』を草する○一二月二日、色川三中が入門する○この年と翌年、一家の生活困窮甚しい	全国飢饉、奥羽地方もっとも甚しく死者一〇万人におよぶ○八月、甲斐で郡内騒動○九月、三河加茂郡で一揆
八	一八三七	五七	一月『三大道弁』成る○二月、大塩平八郎の乱によせて長歌を詠む○六月、秋主ら社中有志三一名が協議し、『助辞本義一覧』出版の板木代一〇両を送ってくる○六－七月頃、浜子の縁談で桐生社の人々に相談をもちかける○八月、浜子結婚する○九月、江戸滞留中の内大臣近衛忠凞の帰洛にさいし、送別の長歌を贈る○この年、生母、伊勢にて没す	二月、大塩平八郎の乱○六月、生田万の乱○七月、モリソン号事件おこる

天保九	一八三八	三八	る。九四歳 一一二月、吉田秋主ら『清渚集』の編纂を手伝う○春、冬照結婚する。この頃、冬照、江戸社中の歌の添削を父からまかされる。また冬照、平戸藩主松浦熙の江戸藩邸へ出講する○三月、壱岐国の門人坂口宣弘の帰国を送る歌を詠む○三月から吉田秋主の娘いと、池庵に滞在し、琴・針仕事・習字・和歌などを稽古する○四月、肥前国の青木永草（長崎諏訪神社大宮司）の帰国を送る歌を詠む○六月、平戸侯の旅立ちを送る○同月、『心の種』三巻（『詠歌玉津島』改題）を刊行○九月に『下蔭集』、一一月に『鐘の響』を刊行	四月、渡辺崋山の『鴃舌或問』成る○同月、江戸日本橋・神田大火○八月、徳川斉昭、内憂外患についての意見書を幕府に提出する（戊戌封事）○一〇月、高野長英の『夢物語』成る○この年、渡辺崋山の『慎機論』成る
一〇	一八三九	三九	一月一九日、『蒙古諸軍記弁疑』一巻成る○三月、『十段問答』成る○五月、冬照、桐生・高崎方面を歴訪する○九月二五日序、『古事記伝考異』五巻（『難古事記伝』前身）○一一月六日「疑難陳三十番歌合」○一二月、『鐘の響』を須原屋から売り弘める○同月序、『古事記伝難注』（『古事記伝考異』改題）○この年暮から翌年春にかけて王羲之の書風を会得したと感ずる○この年頃から中島広足と親交を結ぶ	五月、幕府、渡辺崋山・高野長英らを捕える○一二月、幕府、崋山・長英らを処罰する（蛮社の獄）○この年、奥羽飢饉、死者・流民多数
一一	一八四〇	四〇	二月、広足に埋木の硯を贈る○同月、浜子、婚家から戻る○五月九日、同居していた義母没する○一〇月三日、『長歌	五月、幕府、蘭書翻訳書の流布を取締る○六月、鹿持雅澄

			大意』一巻執筆○同月、吉田いと、帰郷○一一月、生活難をおして明代の書家林惟大の書を三〇両で購入する○一一月九日、門人田村梶子の顕彰碑銘の選文と染筆を行う	の『万葉集古義』成る
一二	一八四一	六一	一一月四日自序、『俗語考』二二巻○一二月一二日序、『万葉集緊要』二巻○この年の末、越後国蒲原郡関崎の月下庵幡麻呂、しばらく池庵に逗留する○この年『越路の家づと』一巻執筆か○この年、「述心緒遣悶歌並短歌」を詠む○この年、『神楽歌入文』『催馬楽譜入文』刊行か	閏正月、屋代弘賢没、八四歳○五月、水野忠邦、天保改革に着手する○七月、林述斎没、七四歳○八月、水戸藩弘道館仮開館○一〇月、渡辺崋山自殺、四九歳○一二月、江戸歌舞伎三座を浅草に移転させる○同月、幕府各種の株仲間・問屋を禁止する
一三	一八四二	六二	一月一日自序、『土佐日記舟の直路』二巻○二月、浜子序、『五十音小説』○同月、『万葉集墨縄』八巻一応脱稿○三月、『記伝概言』四巻（『古事記伝難注』改題）成る○九月、『稜威道別』一一巻の初稿成る○この年、『万葉集緊要』刊行か	六月、柳亭種彦・為永春水ら処罰される○七月、幕府、外国船打払令を緩和する（天保薪水令）
一四	一八四三	六三	五月、浜子筆『橘の昔語』成る○七月自序、『歴朝神異例』○一一月、吉田秋主の息元次郎、池庵に遊学する（翌年七月まで）○この年、『蒙古諸軍記弁疑』刊行か	三月、香川景樹没、七六歳○九月、幕府、江戸・大坂一〇里四方上知令を発布○閏九月、

				上知令を撤回、水野忠邦失脚、阿部正弘が老中となる○閏九月、平田篤胤没、六八歳
弘化元	一八四四	六四	三月、冬照、寛永寺御吟味役・浅草寺取締役となる○五月二五日、『稜威道別』成る○八月、この頃醜聞により寺社奉行から詮議を受ける○一一月自序、『てにをは童訓』○一二月二〇日自序、『虚字詠格』○同月自序、『一字抄おほむね』○この年、船曳大滋、広足の紹介で来たる	六月、水野忠邦、再び老中となる
二	一八四五	六五	四—五月頃、『稜威雄誥』五巻成る○六月一八日、故郷の小向神社に「君恩遍百家郷、神徳著億万歳」と書いた幟を奉納する○九月一七日、『稜威道別』を朝廷に献じる○一二月七日、浜子没する。二九歳○一二月二八日、浅草蔵前桐畠へ転居し、生薬園と号する○冬、咳嗽を病む	一月、江戸大火○六月、幕府、オランダ国王に返書を送り開国勧告を拒否する○九月、幕府、水野忠邦の封を削り蟄居を命じる
三	一八四六	六六	三月、「十五番歌合」○五月二八日自序、『神代直語』三巻○六月、『稜威言別』（『芦荻抄』改題）の草稿本成る○春から夏にかけて衰弱	一月、江戸大火○閏五月、米船浦賀に来り開国を求めるも幕府、拒絶する○一〇月、伴信友没、七四歳
四	一八四七	六七	四月二〇日自序、『旧事記直日』○六月、『稜威言別』完成する○八月、『稜威言別』上木の許可を受けるため昌平坂学	三月、小山田与清没、六五歳○六月、オランダ、幕府の外

年号	西暦	年齢	事項	一般事項
嘉永元	一八四八	六八	問所へ下稿を提出、一〇月、上木許可される 三月二〇日自序、『万葉集檜嬬手』『同別記』○四月三〇日、労症のため臥床○六月三日、小康をえて箱根へ湯治に赴き、七月二二日まで滞在する。この間、『箱根日記』三巻を誌す。箱根滞在中、六月末か七月初め、本所法恩寺向河岸通り北横町に転居、椎本と号する	交について忠告する 一一月、滝沢馬琴没、八二歳
二	一八四九	六九	五月二四日、病没する	四月、葛飾北斎没、九〇歳○一二月、幕府、諸大名に沿岸警備を厳重にすべきことを命じる。

守部門人の分布概況

階層／国	武士	農民	商人	医者	僧侶	神官	文人	不詳	計
江戸	3		2	2	23		3	2	35
相模	1								1
武蔵	2	3	4	3	2			3	17
下野		3	7				2	3	15
上野		8	21	4	2		1	14	50
下総	11	2	3		8			6	30
常陸			1						1
磐城	1								1
陸奥				1					1
信濃	1	2			2			3	8
越後		3	1	1				3	8
越中	1								1
尾張			2						2
美濃	4								4
近江								2	2
大坂								1	1
播磨						1			1
土佐								1	1
筑後								1	1
肥前						1			1
計	24	20	41	11	37	2	6	39	181

注　守部には門人帳がないので、『穿履集』『山彦冊子』『鐘の響』『下蔭集』（初篇付載の作者姓名）などをもとにして作成した。したがって、門人のすべてを網羅したものではない。

主要参考文献

Ⅰ　資料

橘　純一編『橘守部全集』（全一三巻）　国書刊行会　大正一〇年

同　『贈位記念橘守部伝記資料』（非売品）　昭和　四年

守部は、昭和三年十一月十日、正五位に叙せられた。右の『伝記資料』は、曽孫の純一氏がこれを記念して翌四年五月、没後八〇年の忌辰に贈位奉告祭を挙行したさい、橘家に関係ある人々および国語国文学の研究者有志に頒付する目的で編まれたもの。『橘の昔語』（浜子自筆の複製本）『穿履集選』『蓬壺草文辞部』を収録。

太田善麿編『橘守部集』（『国学大系』第一四巻）　地平社　昭和一九年

巻頭の「解説」に続き、『神代直語』『稜威雄誥』（『全集』所収）『十段問答』『古事記索隠頭書』（『全集』未収）の四著を収録。

橘　純一編『新訂増補橘守部全集』（一三巻・補巻一巻）　東京美術　昭和四二年

一三巻は前記『全集』の写真複刻。補巻はそれに漏れた著書のうち『十段問答』『長歌大意』『書目童唱』の三篇と、旧『全集』刊行後の守部研究六篇（佐々木信綱「橘守部の自伝とその著書」、久松潜一「万葉集墨縄及万葉集檜柧」、福井久蔵「歌格の研究家―橘守部」、太田善麿「橘守部―人と学問」、高井浩「橘守部の江戸進出と桐生・足利門生の支援」、同「橘守部の難語考と桐生・足利の門生」）を選んで収録。そのうち「橘守部―人と学問」は前記『橘守部集』の「解説」をそのまま収録したもの。

芳賀　登
松本三之介　校注・解説『国学運動の思想』（『日本思想大系』51）　岩波書店　昭和四六年

守部の著書からは『待問雑記』を収録。芳賀解説「幕末変革期における国学者の運動と論理―とくに世直し状況と関連させて―」の第二節に「桐生連の橘守部支援運動」がある。

Ⅱ　著書

伊東多三郎『国学の史的考察』　大岡山書店　昭和　七年

野村八良『国学全史』 有恒堂 昭和一五年
佐々木信綱『改訂日本歌学史』 博文館 昭和一七年
五十嵐力『国歌の胎生及び発達』 博文館 昭和一八年
村岡典嗣『神道史』(『日本思想史研究』Ⅰ) 創文社 昭和三一年
同『宣長と篤胤』(『日本思想史研究』Ⅲ) 創文社 昭和三二年
松本三之介『国学政治思想の研究』 有斐閣 昭和三二年
芳賀登『幕末国学の展開』 塙書房 昭和三八年
田中宗作『伊勢物語研究史の研究』 桜楓社 昭和四〇年

Ⅲ 論文

村岡典嗣「復古神道に於ける幽冥観の変遷」(『哲学雑誌』三〇—三四二)(『日本思想史研究』) 大正四年 昭和五年
折口信夫「橘ノ元輔源ノ守部」(『アララギ』特別増刊号)(『折口信夫全集』第二九巻) 大正五年 昭和四三年
村岡典嗣「橘守部の学説」(『学校教育』第八九号)(『日本思想史研究』) 大正九年 昭和五年
渡辺刀水「埼玉に鴻爪を印した国学の二大人」(『郷土の偉人研究』㈠、埼玉図書館叢書第三編) 昭和一二年

宮野敏子「橘守部」（光葉会編『文学遺跡巡礼』第一篇） 昭和一三年
橘純一「橘守部の神典研究」（『国語と国文学』一六―一〇） 昭和一四年
柴生田稔「万葉集短歌に於ける三句切」（『文学』七―一） 昭和一四年
同「万葉集に於ける短歌声調の変遷」（『国語と国文学』一七―一〇） 昭和一五年
関根孝三「短歌の様式について」（『文学』八―六） 昭和一五年
太田善麿「橘守部と『記紀歌謡』」（『国語と国文学』一九―七） 昭和一七年
中井信彦「守部学の成立」（『史学』二一―一） 昭和一七年
高井浩「桐生国学発達史」㈠〜㈣・補遺（『群馬文化』三・四・五・七・八） 昭和三二年
同「桐生吉田家所伝史料による橘守部伝の補正―幸手時代まで―」（『群馬文化』二五） 昭和三四年
同「橘守部の稜威言別の執筆経過とその間における桐生門生との交渉」（『群馬大学紀要人文科学篇』一二） 昭和三八年
同「吉田清助秋主伝」（みやま文庫12『近代群馬の人々』(2)） 昭和三八年
同「関東機業地における文化社会の新生―桐生における国学の新生とその文化社会―」（東京教育大学昭史会編『日本歴史論究』） 昭和三八年
同「天保期のある少年と少女の教養形成過程の研究」㈠〜㈥（『群馬大学紀要人文科学篇』一三〜一八、未完） 昭和三八―四三年

同　「橘守部の江戸進出と桐生・足利門生の支援」（『桐生史苑』）（『全集』補巻）　昭和四〇年

同　「橘守部の難語考と桐生・足利の門生」（『上毛史学』一七）（『全集』補巻）　昭和四二年

同　「橘守部の浅草弁天山転居と桐生・足利の門人」（『上毛史学』一八）　昭和四三年

徳田進　「清渚集に見る橘守部の索引事業」（『高崎論叢』四―一）　昭和三一年

同　「吉田家三稿本より見た短歌撰格の成立とその精神」（『関東短期大学研究紀要』第三集）　昭和三二年

同　「長歌撰格成立考―特に守部の未紹介腹稿本と書簡を中心として―」（『高崎論叢』四―二）　昭和三二年

同　「文章撰格の成立の研究―吉田家保存の未紹介資料と土佐日記関係資料を中心として―」（『関東短期大学研究紀要』第四集）　昭和三二年

同　「橘守部の未紹介資料六十番歌合の研究序説―短歌撰格の指導面への展開―」（『関東短期大学研究紀要』第七集）　昭和三七年

鈴木一彦　「橘守部の国語意識（1）―三撰格に関して―」（『山梨大学学芸学部研究報告』一〇）　昭和三四年

同　「橘守部の国語意識（2）―文章撰格に関して―」（『同研究報告』一一）　昭和三五年

同　「橘守部の国語意識（3）―土佐日記舟の直路について―」（『同研究報告』一二）　昭和三六年

同　「橘守部の国語意識（4）―山彦冊子について―」（『同研究報告』一三）　昭和三七年

同　「山彦冊子と大言海と」（『同研究報告』一四）　昭和三八年

鈴木一彦「橘守部の国語意識(5)―『俗語』とは―」(『同研究報告』一六) 昭和四〇年

同「橘守部の国語意識(6)―さへ・だに・すら―」(『同大学教育学部研究報告』) 昭和四一年

平野仁啓「橘守部」(『明治大学日本文学会紀要』一) 昭和三二年
(『万葉批評史研究 近世編』) 昭和四〇年

田辺正男「文章撰格の文体論的意義」(『国学院雑誌』六〇―八) 昭和三四年

小笠原春夫「橘守部に就て―その国学上の立場と思想―」(『国学院雑誌』六九―七) 昭和四三年

渡辺秀英「橘守部と解良栄重」(『越佐研究』二九) 昭和四五年

著者略歴

昭和十四年生れ
昭和三十八年東京大学大学院人文科学研究科国史学専門課程修士課程修了
現在　茨城工業高等専門学校教授等を経て茨城大学教授、中央大学講師

主要著書
水戸藩学問・教育史の研究

人物叢書　新装版

橘守部

昭和四十七年一月二十日　第一版第一刷発行
昭和六十三年十月一日　新装版第一刷発行

著　者　鈴木暎一（すずきえいいち）
編集者　日本歴史学会　代表者 児玉幸多
発行者　吉川圭三
発行所　株式会社 吉川弘文館
東京都文京区本郷七丁目二番八号
郵便番号一一三
電話〇三―八一三―九一五一〈代表〉
振替口座東京〇―二四四
印刷＝平文社　製本＝ナショナル製本

『人物叢書』(新装版)刊行のことば

人物叢書は、個人が埋没された歴史書が盛行した時代に、「歴史を動かすものは人間である。個人の伝記が明らかにされないで、歴史の叙述は完全であり得ない」という信念のもとに、専門学者に執筆を依頼し、日本歴史学会が編集し、吉川弘文館が刊行した一大伝記集である。

幸いに読書界の支持を得て、百冊刊行の折には菊池寛賞を授けられる栄誉に浴した。

しかし発行以来すでに四半世紀を経過し、長期品切れ本が増加し、読書界の要望にそい得ない状態にもなったので、この際既刊本の体裁を一新して再編成し、定期的に配本できるような方策をとることにした。既刊本は一八四冊であるが、まだ未刊である重要人物の伝記についても鋭意刊行を進める方針であり、その体裁も新形式をとることとした。

こうして刊行当初の精神に思いを致し、人物叢書を蘇らせようとするのが、今回の企図である。大方のご支援を得ることができれば幸せである。

昭和六十年五月

日本歴史学会

代表者 坂本太郎

〈オンデマンド版〉
橘　守部

人物叢書　新装版

2020年（令和2）11月1日　発行

著　者　鈴木暎一（すずき えいいち）

編集者　日本歴史学会
代表者　藤田　覚

発行者　吉川道郎

発行所　株式会社　吉川弘文館
〒113-0033　東京都文京区本郷7丁目2番8号
TEL　03-3813-9151〈代表〉
URL　http://www.yoshikawa-k.co.jp/

印刷・製本　大日本印刷株式会社

鈴木　暎一（1939～）

ISBN978-4-642-75134-6